李白与杜甫

郭沫若 著

北京联合出版公司
Beijing United Publishing Co.,Ltd.

只 为 优 质 阅 读

好读
Goodreads

杜甫篇

147　杜甫的阶级意识

169　杜甫的门阀观念

183　杜甫的功名欲望

198　杜甫的地主生活

216　杜甫的宗教信仰

234　杜甫嗜酒终身

252　杜甫与严武

265　杜甫与岑参

284　杜甫与苏涣

303　李白杜甫年表

目录

李白篇

- 3　李白出生于中亚碎叶
- 20　李白的家室索隐
- 41　李白在政治活动中的第一次大失败——待诏翰林与赐金还山
- 61　李白在政治活动中的第二次大失败——安禄山叛变与永王璘东巡
- 81　李白在长流夜郎前后
- 101　李白的道教迷信及其觉醒
- 118　李白与杜甫在诗歌上的交往

李白篇

读李白的诗使人感觉着:当他醉了的时候,是他最清醒的时候;当他没醉的时候,是他最糊涂的时候。

李白出生于中亚碎叶

唐代诗人李白,以武则天长安元年(701),出生于中央亚细亚的碎叶城。

出处见范传正《唐左拾遗翰林学士李公新墓碑》(唐代宗初年曾任命李白为左拾遗,于时李白已死)。新墓作于唐宪宗元和十二年(817),在李白死后五十五年。其文有云:

> 公名白,字太白,其先陇西成纪人。绝嗣之家,难求谱牒。公之孙女搜于箱箧中,得公之亡子伯禽手疏十数行,纸坏字缺,不能详备,约而计之,凉武昭王九代孙也。隋末多难,一房被窜于碎叶。流离散落,隐易姓名。

考碎叶在唐代有两处:其一即中亚碎叶;又其一为焉耆碎叶。焉耆碎叶,其城为王方翼所筑,筑于高宗调露元年(679)。碑文既标明"隋末",可见李白的生地是中亚碎叶,而非焉耆碎叶。

中亚碎叶,玄奘《大唐西域记》中译作"素叶"。《记》云:

"（自凌山）山行四百余里至大清池（原注："或名热海，又谓咸海。"案即今之伊塞克湖。）……清池西北行五百余里至素叶水城，城周六七里，诸国商胡杂居也。"素叶水城即碎叶城为无疑。素叶水即碎叶水，《大清一统志》译作"吹河"，今译作"楚河"。城在碎叶水南岸，说者谓即托克马克，在现在的苏联吉尔吉斯①境内。隋唐时代为西突厥建牙之所，玄奘以贞观三年（629）见西突厥叶护可汗于此处（见《大慈恩寺三藏法师传》卷二）。可见中亚碎叶实为当时之一重镇。

李阳冰在《草堂集序》中所述李白家世大抵相同。《草堂集》是李白诗文集的初名。李白以唐代宗宝应元年（762）冬卧病于当涂，垂危，以诗文稿授其东道主县令李阳冰，请他作序。序中有云：

> 李白字太白，陇西成纪人，凉武昭王暠九世孙。……中叶非罪，谪居条支。……神龙之始（705），逃归于蜀，复指李树而生伯阳。②

李阳冰的说法必然出自李白的口授，但在这里碎叶却改为了"条支"。这是什么原故呢？条支是一个区域更广的大专名，碎叶是一个城镇的小专名，碎叶是属于条支的。唐代有"条支都督府，于诃达

---

① 作者写作时，苏联尚未解体，现今在吉尔吉斯共和国，特此说明，后文不再注释。——编者注
② 伯阳即老聃李耳，相传李耳分娩后，被他的母亲指李树以为姓。（编者按：传说见《汉魏丛书》卷四四八收［晋］葛洪《神仙传》卷一）这儿的一句话着重在一个"复"字，就是说恢复了原姓。——作者注

罗支国所治伏宝瑟颠城置,以其王领之,仍于其部,分置八州。"(《唐书·地理志三》)这个都督府乃"西域十六都督州府"之一,"皆属安西都护统摄",旧不详其地望所在。古有"条支国"见前后《汉书·西域传》,产狮子、鸵鸟等。彼乃大食之异译(波斯文Tajik),今之阿拉伯。其地远隔,不能比傅。今考李白乐府《战城南》中说到"条支",约略表明了唐代条支的地望。

去年战,桑干源。今年战,葱河道;
洗兵条支海上波,放马天山雪中草。

葱河为喀什噶尔河,发源于葱岭东麓。天山也发脉于葱岭,东北走而随地异名。诗中的"条支",与葱河、天山等连文,表示其地望相接,必指唐代条支都督府的条支,而非远在阿拉伯的大食国。此唐代条支,既与葱河、天山等接壤,自当包含碎叶。是则所谓"条支海"或条支都督府所辖之"海",如非伊塞克湖(热海),当即巴尔喀什湖。因而条支都督府所辖地即今苏联境内的吉尔吉斯和哈萨克一带,是毫无疑问的。

关于家世的渊源,李白在自己的诗文里面也有所叙述。

《赠张相镐二首》之二:"本家陇西人,先为汉边将;功略盖天地,名飞青云上。苦战竟不侯,当年颇惆怅。"这所说的就是自己的远祖李广。李广为汉武帝时的名将,虽有边功,匈奴人称之为"飞将军",但终身未得封侯。

《上安州裴长史书》:"白本家金陵,世为右姓,遭沮渠蒙逊难,奔流咸秦,因官寓家。"这所说的便是自己的世系出于凉武昭王李暠。李暠是李广十六世孙,《晋书》中有传。公元5世纪初,东晋安帝元兴年间(402—404),李暠在敦煌、酒泉一带为众所推戴,坐定千里,进号凉公。其子李歆继立,攻沮渠,败死。弟李恂继立,沮渠破敦煌,恂自杀,国亡。事在宋武帝永初二年(421)。"遭沮渠蒙逊难",所指的便是这回事。唯因《书》中有"金陵"字样,胡应麟曾斥为伪作(见《少室山房续笔丛》),注家王琦则以为"必有缺文讹字"。案王说较平实,然王谓"金陵,或金城之误"则未必然。盖《书》中所说"金陵"是指李暠在西凉所设的建康郡,地在酒泉与张掖之间。其所以命名"建康",有意表示对于东晋首都的眷念。东晋都建康,别号金陵,故李白对于西凉之建康亦称之为"金陵"而已。问题倒是在"咸秦"二字。咸秦地望,注家不详所在。如为建都咸阳之旧秦,则与碎叶、条支等相抵触,且由边陲迁入内地而为"官",亦不得言"奔流"。故"咸秦"必系讹字,盖因原字蠹蚀破坏而后人以意补成之。余意"咸秦"当即"碎叶"之讹,碎字左半包含在"咸"字中,葉字下部也包含在"秦"字中。要这样,范传正碑文所转录的"伯禽手疏",才有了它的根据。

以上根据李白的自述和口授,他确是出生在中央亚细亚伊塞克湖西北的碎叶城。但关于他的先人之所以移居到碎叶的经过,在三十五年前,陈寅恪发表过《李太白氏族之疑问》一文(《清华学报》十卷一期,1935年),认为是完全出于"依托",也就是说李白扯了一个弥天大谎。是否这样,值得加以检核。

陈氏根据《新唐书·地理志》,看到在"安西大都护府"下有

"碎叶城",而在"焉耆都督府"下又有"碎叶城",他把两者完全合而为一了。他也看到"条支都督府,领州九",隶属于安西都护府。因此他便十分含混地得出一个结论:

> 碎叶条支在唐太宗贞观十八年即西历六四四年平焉耆,高宗显庆二年即西历六五七年平贺鲁,始可成为窜谪罪人之地。若太白先人于杨隋末世即窜谪如斯之远地,断非当日情势所能有之事实。其为依托,不待详辨。

这是显然把中亚碎叶误认为了焉耆碎叶。焉耆碎叶筑于高宗调露元年(679),不仅太宗贞观十八年(644)平焉耆时还没有,即高宗显庆二年(657)平贺鲁时也还没有。陈氏对于条支的地望,也置而未论。前提非常含混,而结论却十分武断。陈氏认为"不待详辨",其实是很值得加以"详辨"的。请把上述李白的自述和口授的三种文字排比在下边吧。

(1)奔流咸秦,因官寓家。("咸秦"即碎叶之讹)
(2)中叶非罪,谪居条支。
(3)隋末多难,一房被窜于碎叶。

细阅前二种文字,并无因罪窜谪之意,所说的都是被某种社会环境所迫,自行流亡,出奔异地。第三种晚出,加上了一个"被"字,显然是出于误会。其实,古时凡由汉民族居地移住外域,便说为窜谪或降居。如《国语·周语》"不窋……自窜于戎狄之间",便是绝好的证据。《史记·五帝本纪》言"青阳降居江水","昌意降居若水",所谓"降居"也就是谪居。中央亚细亚在隋末即使尚未内附(其实在汉代,康居、月氏等地早已和汉室相通了),商旅往来有"丝绸之路"畅通,李白的先人要移居碎叶,有何不可能?而且在唐代也并不曾把伊犁附近作为"窜谪罪人之地",唐代的窜谪之地主要是岭南或者贵州、四川,把伊犁作为窜谪地是清朝的事。陈氏不加深考,以讹传讹,肯定为因罪窜谪,他的疏忽和武断,真是惊人。

但疏忽和武断的惊人处尚不仅这一点。陈寅恪认为当时西域和内地毫无关系,因而把西域和中国对立,他不相信李白先人西迁,"隐易姓名",入蜀后改还原姓的说法,肯定"太白入中国后方改姓李";于是进一步作出极其奇异的判断,说李白不是汉人,而是"西域胡人"。

> 夫以一元非汉姓之家,忽来从西域,自称其先世于隋末由中国谪居于西突厥旧疆之内,实为一必不可能之事。则其人之本为西域胡人,绝无疑义矣。

毫无确凿的证据,而却断定得非常坚决。这惊人的程度,可算又进了一大步。当然,在南北朝和隋唐时代,有不少的西域胡商或传教者来内地活动,内地也有不少商人流入西域。陈氏为了证成其说,他举出了三两个例子,表明"六朝隋唐时代蜀汉亦为西胡行贾区域"。但这和李白的先人或李白自己之必为"西域胡人",有何逻辑上的必然性呢？

我们首先要问：如果李白是"西域胡人"，入蜀时年已五岁，何以这位"胡儿"能够那样迅速而深入地便掌握了汉族的文化？他自己曾说："五岁诵六甲，十岁观百家"（《上安州裴长史书》）；又说："十五观奇书，作赋凌相如"（《赠张相镐》）。这些难道都是在虚夸或扯谎？事实上李白对于中国的历史和儒、释、道三家的典籍都有广泛而深入的涉历。他的诗歌富于创造性，但和周代的风骚、汉魏的乐府也有极其亲近的血统上的渊源。

单就李白所遗留下来的几篇古赋来说吧。例如，在开元八年二十岁时所作的《大猎赋》，有些辞句在气魄上很足以令人佩服。试举数句如下：

擢倚天之剑，弯落月之弓；
昆仑叱兮可倒，宇宙噫兮增雄。
河汉为之却流，川岳为之生风；
羽旄扬兮九天绛，猎火燃兮千山红。

诗情韵调的清新激越，的确是超过了汉代的司马相如，更远远超过了同时代人杜甫所自鸣得意的《三大礼赋》。请问：一位"胡商"的儿子，在短短的期间，何以便能够在文化上有这样的成就？要说是"天才"吧，那只是诡辩，在这里是无法说通的。

在封建时代，一般说来，种族意识是很强烈的。无论是大民族主义或地方民族主义，都十分尖锐地对立着，往往酿成大规模的流血斗争。开元天宝年间执掌兵权的将领多是胡人，如安禄山是混血胡人，史思明是突厥人，哥舒翰也是西突厥别系突骑施族人。安、史之所以叛乱，哥舒之所以降敌，看来也是有种族意识在作怪。李白如果是"西域胡人"，论理对于胡族应该有一定的感情。但他在诗文中所表现的情趣却恰恰相反。

安禄山这个混血胡人，李白在供奉翰林时，和他有过接触；天宝十一年还到过他的势力范围的核心地带——幽州。但是，李白却没有向他攀援，在游幽州时只感觉着他的反势已成，从而呼天痛哭。安禄山既经叛变之后，李白则屡次想扫荡胡尘。他之从永王东巡，目的是在"为君谈笑静胡沙"（《永王东巡歌》第二首）。到他将死的前一年，上元二年（761），李光弼出师东征，意在铲除安史的残余势力，李白以六十一岁的高龄还踊跃去从军，因病半途而还，有诗纪其事。这表明李白对于安史等人是没有丝毫同情的。

哥舒翰这个突骑施族人，李白也同样看不起他。当他以几万人的牺牲，夺回了吐蕃以几百人所控守着的石堡城时，封官拜爵，威名赫赫，高适在做着他的幕僚，杜甫求为幕僚而不可得，而李白却把他和斗鸡之徒并举：

> 君不能狸膏金距学斗鸡，
> 坐令鼻息吹虹霓；
> 君不能学哥舒横行青海夜带刀，
> 西屠石堡取紫袍。
>
> ——《答王十二寒夜独酌有怀》

这显然没有把哥舒翰看在眼里。但诗集中别有《述德兼陈情上哥舒大夫》一首,却盛称哥舒翰的英勇,说他远远超过了卫青和白起,与《寒夜独酌有怀》中的情趣全相抵触。诗只七言八句,有"述德"而无"陈情",可见诗非全豹。又称哥舒为"大夫",足证诗当作于天宝八年以后。(哥舒翰以天宝八载加御史大夫,见《唐书·哥舒翰传》。)但在天宝八年以后,他们两人绝没有相遇的可能,而诗中也看不出有托人转达的痕迹。因此,说者多以为这诗不是李白所作。我同意这种看法,故在这里特为引述。

关于胡人的相貌,李白在诗中有比较详细的描绘,而且还有所品评。请读他的乐府《上云乐》吧,这是根据梁代周捨的原辞而发展了的。它抓着了老胡文康的特征——碧眼、金发、浓眉、高鼻,虽然没有说到胡子,但一读即可知其为胡人。

> 金天之西,白日所没,
> 康老、胡雏,生彼月窟:
> 巉岩容仪,戌削风骨。
> 碧玉炅炅双目瞳,黄金拳拳两鬓红;
> 华盖垂下睫,嵩岳临上唇。
> 不睹诡谲貌,岂知造化神?

这是原诗的第一节,不仅画出了老胡,也画出了小胡("胡雏")。正因为兼画了老小二胡,所以没有说到胡子,但所绘胡人的面貌是活现着的，并没有缺少什么。"碧玉炅炅（炯炯）双目瞳"形容眼色深蓝而有神；"黄金拳拳两鬓红"形容发色金黄而拳曲。"华盖"形容眉骨的穹隆，"嵩岳"形容鼻梁的高耸。用字并不多，的确抓着了胡人容貌的特征，比之周捨的原辞："青眼眢眢，白发长长，蛾眉临髭，高鼻垂口"，真可以说是点石成金了。周捨虽然说到"髭"，但却毫无效用。

还有值得注意的是：李白的诗既活画出胡人的面貌，而他对于这种面貌的品评却是"诡谲"二字，说它怪得出奇！如果李白是"西域胡人"，他正应该把这种面容看作正常，或者不那么奇怪。然而不然，这就恰恰从反面来证明：李白肯定是汉人，而绝不是"西域胡人"了。

因此，我们可以断言：陈寅恪关于李白"本为西域胡人"的说法，是毫无根据的。

但李白所传授的家世传说，有的地方也不可尽信。例如，凉武昭王李暠九世孙之说便很成问题。首先是唐代的宗正寺不承认，其次是他自己也把握不定，往往自相矛盾。

如果李白真是李暠的九世孙，那他便是唐玄宗李隆基的族祖。唐高祖李渊是李暠的七世孙，李隆基是十一世孙，论理李白要高李隆基两辈。天宝元年（742）七月二十三日，李隆基颁布过这样的诏书：

> 殿中侍御史李彦允等奏称：与朕同承凉武昭王后，请甄叙者。源流实同，谱牒犹著。自今以后，凉武昭王孙宝已下，绛郡

姑臧、敦煌、武阳等四公子孙,并宜隶入宗正寺,编入属籍。

——《唐会要》第六十五卷

天宝初年,李白颇为当时朝廷所重视,他和李彦允也认了祖孙关系。天宝三年被赐金还山,离开长安之后,他曾"就从祖陈留采访大使彦允,请北海高天师授道箓于齐州紫极宫"(见李阳冰《草堂集序》)。如果李白真是李暠的九世孙,为什么得不到"隶入宗正寺,编入属籍"呢?

或者由于谱牒无征,所以得不到承认,但李白自己在行文中却往往自相矛盾,游移不定。李白在自己的诗文里面,特别在标题上,对于同姓的人爱标示出兄弟、叔侄、祖孙等关系。以李暠九世孙为标准来进行核对时,世代多不相符。姑且举若干例在下边以见其出入。

例一,《感时留别从兄徐王延年、从弟延陵》诗:

李延年和李延陵是唐高祖李渊的儿子徐王李元礼的曾孙,是李暠的十一世孙。而李白却称他们为"从兄"、"从弟"。如果李白真是李暠的九世孙,那是把自己降低了两辈。

例二,《饯校书叔云》诗:

李云是李渊的儿子道王李元庆的曾孙,与李延年、李延陵同辈,而李白却称之为"叔"。这又把自己降低了三辈。

例三,《题瓜州新河,饯族叔舍人贲》诗:

李贲是唐高宗李治的儿子许王李素节的孙子,李暠的十二世孙。李白也称之为"叔",把自己更降低了四辈。

例四,《陪族叔刑部侍郎晔及中书贾舍人至游洞庭》诗:

李晔是大郑王李亮的四世孙，李暠的十世孙。论理李白要高一辈，而却称之为"族叔"，把自己降低了两辈。

例五，《寻阳送弟昌岠鄱阳司马作》诗：

李昌岠（"岠"或作"峒"，乃字误，今从缪曰芑本）曾为辰锦观察使，是大郑王的六世孙，李暠的十二世孙。李白又称之为"弟"，更把自己降低了三辈。

例六，《献从叔当涂宰阳冰》诗：

李阳冰是赵郡南祖房李真的八世孙。李真低李暠一辈，论理李白与李阳冰同辈。但李白却称李阳冰为"从叔"，把自己降低了一辈。

例七，《泾川送族弟錞》诗：

李錞是赵郡东祖房李系的十一世孙。李系与李暠同辈，论理李白是李錞的族祖，而李白却称李錞为"族弟"，这是把自己又降低了三辈。

像这样自相矛盾、毫无定准，可见李白自己对于李暠九世孙之说都把握不定。那就无怪乎得不到宗正寺的承认了。

在这里分明是封建意识在作怪。所谓李暠九世孙之说，看来是李白本人或其先人所捏造，目的就在抬高自己的门第。对人称谓的辈数之或高或低，不外是以势利的眼光在看人说话。这暴露了李白的极其庸俗的一面，和他同时而并称的杜甫，在这一点上也和他不相上下。恩格斯在《路德维希·费尔巴哈和德国古典哲学的终结》中批评到德国的诗人歌德和哲学家黑格尔时，有这样的一句话：

歌德和黑格尔各在自己的领域中都是奥林帕斯山上的宙斯，

但是两人都没有完全脱去德国的庸人气味。

"宙斯"是希腊神话中的至上神,与上帝相当。

这句话同样可以移来批评李白与杜甫。生在封建制度的鼎盛时代,他们两人也都未能完全摆脱中国的庸人气味。

李白的排行名叫"李十二",足见他的兄弟辈很多,他的父亲李客由中亚碎叶迁徙入蜀,是拖着一大家子人的。李客必然是一位富商,不然他不能够携带着那么多的人作长途羁旅。他入蜀以后,把李白养成了一个漫游成癖、挥霍任性、游手好闲、重义好施的人,也足以证明他是一个商人地主。但李客也有一定的文化修养,据李白自己的回忆:"余小时,大人令诵《子虚赋》,私心慕之。"(《秋于敬亭送从侄耑游庐山序》)正因为这样,他也使李白从小便受到充分的教育,发展了他的天分。

李白的家在经营商业,在李白的作品里也有痕迹可寻。他在《与贾少公书》里说"混游渔商,隐不绝俗";又在《金陵与诸贤送权十一序》里说"青云豪士,散在商钓"。这些都是证据。因此,有人说李白本人在经商,那和李白的性格和生活习尚未免太相悬隔了。我的看法是:不是他自己本人,而是他至少有一兄一弟在长江沿岸的重要码头上经商,他家的商业范围是相当宽广的,不仅超出了绵州,而且超出了四川。他晚年因从永王东巡获罪、被囚在寻阳狱中时所作的《万愤词》里面,透露了一些消息。

南冠君子,呼天而啼;

恋高堂而掩泣，泪血地而成泥，

狱户春而不草，独幽怨而沉迷；

兄九江兮弟三峡，悲羽化之难齐；

穆陵关北愁爱子，豫章天南隔老妻；

一门骨肉散百草，遇难不复相提携。

"南冠君子"，不用说是指狱中的自己。"高堂"是他的父母还在，有"兄"在九江，有"弟"在三峡，有"子"在山东，有"妻"在南昌，统括成"一门骨肉"。这是唐肃宗至德二年（757）的事，于时李白已经五十七岁了。有人说"兄九江"的"兄"是李白自己，从诗的脉络上看来不能这样说。在"南冠君子"之下历数"高堂"、"兄弟"、"妻子"，而概之以"一门骨肉"，可见"兄"是李白之兄，寄寓在九江，也同李白之弟寄寓在三峡中的某处一样。李白在叹息兄弟隔离，不能生羽翼而相聚首。"兄"虽然近在九江，然李白是在浔阳狱内，也是隔离着的。

问题倒是：在九江的兄与在三峡的弟，他们究竟在做什么？我看除说为在经营商业之外，没有更好的说明。

唐时在巴蜀与吴楚之间，靠着有长江运输的一水之便，贸易已经是十分兴隆的。拿杜甫的诗来作证吧。杜甫在成都作的《绝句四首》之三有句云"门泊东吴万里船"；在夔府作的《秋风二首》之一又有句云"吴樯楚舵牵百丈，暖向成都寒未还"——"吴樯楚舵"，注家以为"当是馈运遣戍之舟"；"寒犹未还，乱未已也"。所谓"馈运遣戍"完全是揣测之辞。其实是说吴楚的商船遇战事被阻或被扣留，经历了半年以上还不见回航而已。长江中商船往返的频繁，可以想见。

杜甫还有《最能行》一首，写三峡中滨江的人们不重读书而重操舟行贾的风气；诗的开头六句是：

> 峡中丈夫绝轻死，少在公门多在水。
> 富豪有钱驾大舸，贫穷取给行艓子。
> 小儿学问止《论语》，大儿结束随商旅。

这所写的是本地人情况。另有《滟滪》一诗，则写到三峡中外来的"估客胡商"。杜甫告诫他们："寄语舟航恶年少，休翻盐井掷黄金！"这些诗可令人想见：唐时峡中重要的码头上是万商云集，而商品的重要一项便是食盐。四川的内江、外江，都有大量的盐井，据传说是秦时的蜀郡太守李冰所开始采凿。商贾们把这种生活必需品运往两湖、江南的口岸，再转运内地供应。李白在《江上寄巴东故人》一诗中也说到"瞿唐饶贾客"。因而"瞿唐贾"在唐代竟成为了一个熟语，请看李益的《江南曲》吧：

> 嫁得瞿唐贾，朝朝误妾期。早知潮有信，嫁与弄潮儿。

"瞿唐贾"与"弄潮儿"为对，"瞿唐贾"自然是跑长江上游的商人。李白的《长干行》《巴女词》《江夏行》，所咏的也都是瞿唐贾。长江中上游的贸易兴盛所带来的副产物——商人妇的闺怨，竟成为了唐代诗人所爱写的题材。白居易的《琵琶行》便是写这种题材的著名的长诗。白居易在被谪贬为江州司马的任期中,有一次秋天的晚上到寻阳江头送客,听到停泊在江边的商船上有人弹琵琶。访问的结果知道是京城的一位琵琶名手嫁给了商人,"商人重利轻别离,前月浮梁买茶去",因而正独守空船。白居易邀请她上官舟弹奏了几曲,那便使白居易留下了那首名诗。"浮梁"在今江西景德镇一带,看来浮梁所采购的茶,很可能是运销到成都、重庆一带的。

《万愤词》中的"兄九江兮弟三峡"正可表明李家商业的规模相当大,它在长江上游和中游分设了两个庄口,一方面把巴蜀的产物运销吴楚,另一方面又把吴楚的产物运销巴蜀。从这里对于李白生活费用的来源才可以得到妥当的说明。李白自从他在开元十三年(725)二十五岁时"仗剑去国,辞亲远游"(《上安州裴长史书》)以来,直到宝应元年(762)六十二岁去世,将近四十年间他没有回到故乡去过。这样长时期的漫游浪费,没有富厚的后台是不能想象的。后台所在,不就是在九江坐庄的"兄"和在三峡坐庄的"弟"吗?

还有,李白出蜀后先后几次隐居庐山。永王失败,李白逃回寻阳而被囚。这些行迹,不正因为有兄在九江的原故吗?长流夜郎时,李白没有取道湖南,而却取道三峡,不正因为有弟在三峡的原故吗?夜郎在今贵州遵义附近,道经湖南是比较捷近些的。杜甫在《天末怀李白》中有"应共冤魂语,投诗赠汨罗?"句,正想象他去夜郎的路径是经由湖南,想象他在过汨罗江时会投诗以吊屈原,然而没有猜准。

由上所述,可见李白的家世,同中国唯一的女帝武则天的家世,有点相仿佛。武则天的父亲是木材商人,伯父是大地主。家财虽多,

18

但不是显族。故骆宾王在讨伐她的檄文中说她"地实寒微"。正由于有这样类似的家境，便赋予李白以双重的性格。一方面他想提高自己的门第以获得一定的权势，这一意识便结想而为凉武昭王九世孙的传说。另一方面却又使他能保持着一定的平民性，能和中下层的民众接近，有时仿佛还能浮云富贵而粪土王侯。又庸俗而又洒脱，这就是李白之所以为李白。

李白的家室索隐

李白以开元十三年（725）二十五岁出蜀，随即进行了第一次长江流域的漫游，南浮洞庭，北游襄汉，东上庐山，直下金陵扬州，东北访汝南一带。据他三十岁时（开元十八年）《上安州裴长史书》里说："见乡人（司马）相如大夸云梦之事，云楚有七泽，遂来观焉；而许相公家见招，妻以孙女，便憩迹于此，至移三霜焉。"可见他是以开元十五年招赘于许家，结婚时已经二十七岁了。所谓"许相公"即许圉师，高宗龙朔年间曾任左相，家于湖北安陆。

就在这结婚后第三年开元十八年的春夏之交，他经由南阳第一次赴长安。到达长安后寓居终南山，靠着他自己的才华和许家的旧有势力，他结识了唐玄宗的妹子玉真公主（后赐号持盈法师）、贺知章、崔宗之等人。在长安住了不久，在同一年的秋末又西游邠州、坊州，在那一带度过了一个冬天。开元十九年的春间回到终南山。当年五月以猎取功名无着，乃离京泛舟黄河东下，中途遇风浪，遂在梁园（开封）留下了。这一段经过，以前的研究家们都忽略了。稗山氏曾撰《李白两入长安辨》（见《中华文史论丛》第二册），首先注意及此；但他把这第一次入长安的时期，拟定在开元二十六年与二十八年之间，却是毫无根据的。我基本上采取了他的看法，但把时期提前了将近十年。我的根据是什么呢？李白《与韩荆州（朝宗）书》中有这样的话：

> 三十成文章，历抵卿相。虽长不满七尺，而心雄万夫。王公大臣，许与气义。

开元十八年，李白三十岁。那时玄宗在西京。十九年十月玄宗曾赴东都，十一月即返长安。到二十二年正月又就食洛阳。李白在三十岁时要"历抵卿相"与"王公大臣"等交游，只有到西京去才有这样的可能。这就肯定着：李白在三十岁时断然去过一次西京。杜甫的《饮中八仙歌》所列举的八人是贺知章、汝阳王李琎、左相李适之、崔宗之、苏晋、李白、张旭、焦遂。苏晋死于开元二十二年（见《唐书·苏珦传》）。如果李白仅于天宝初年去过一次长安，苏晋何以能预"八仙"之游，前人多不知其故。今知李白曾两次去长安，"八仙之游"缔结于开元十八、九年，问题便可迎刃而解了。这样又恰好成为李白曾两次去长安的又一左证。杜甫的诗作于天宝初年，诗中所说有时涉及后来的事，如李适之为"左相"是在天宝元年，李白受诏侍宴也是天宝元二年间事，把历史事实前后错综，这是诗人的常用手法（写诗不是在写史），不足为异。

李白是功名心很强的人，他既为许圉师的孙女婿而不依仗许家的旧势力以猎取功名，是不能理解的。现在我们可以理解了，他在结婚后三年便曾经去过长安，那倒是很合乎常理的事。他的第一次长安之游，无疑使他的名气更大了，但并没有捞到一官半职。因而这一段史实，一千多年来，在他的一生之中，成为了被人忽视的暗礁。

李白后来移家到山东去了。他在《秋于敬亭送从侄嵩游庐山序》里面说："酒隐安陆，蹉跎十年。"这是说他招赘于许圉师家之后，前后经过了十个年头才离开了安陆，移家到鲁郡兖州任城东门内，其时当在开元二十四年。他何以要移家而且到鲁郡？详细的动机不明。《唐书》本传以为"父为任城尉，因家焉"，那是莫须有的事，前人已辨其妄。李白在《五月东鲁行，答汶上翁》诗里说："顾余不及仕，学剑来山东；举鞭访前途，获笑汶上翁。"古时称"山东"本来指华山之东，范围很广。但此诗言及"汶上"，题为"东鲁行"，可见他到东鲁是为的"学剑"。李白的性格对于所接触的事物都相当认真。他读书认真，铁杵磨针的故事可证。作文认真，他对少年时所作的《大鹏赋》，"悔其少作，……中年弃之"可证。交朋友认真，《上安州裴长史书》中所述葬友人吴指南事可证。学道认真，他竟成了真正的道士可证。……因此，他为认真"学剑"而移家东鲁，当不会是泛泛的敷衍话。

和李白同时有一位击剑名人叫裴旻。唐文宗太和初年（827）曾把李白诗歌、张旭草书、裴旻剑舞，称为"三绝"。裴旻事略，在《新唐书》中，附见《李白传》后。他曾随幽州都督孙佺北伐奚人，为奚人所围，乃舞刀立马上，飞矢四集，迎刃而断。奚人大惊，解围而去。裴旻又曾为北平守，当时北平多虎，一日射虎三十一头之多。这样一位舞剑名人、射虎能手是李白所崇敬的，愿意拜他为师。李白曾经写信给裴旻,说:"如白,愿出将军门下。"(见裴敬《翰林学士李公墓碑》)裴旻当时或许隐居在东鲁,故李白移家就教。这个推测虽然没有更进一步的确切证据,然李白为了学剑愿拜裴旻为师,也可见李白学剑的要求是如何认真了。李白的武艺也达到惊人的高度,他在幽州打猎,曾经"一射两虎穿,……转背落双鸢"(《赠宣城宇文太守兼呈崔侍御》)。他不认真练习,断难具有这样的本领。

李白对于他的家室的感情也非常认真。他的许氏夫人为他生了一子一女,大体上是各种文献所共通的说法。许氏早逝,但死于何时是一个问题。儿女的年岁也有各种不同的揣测。这些虽然是无足重轻的问题,但在了解李白的性格和他部分作品的创作年代上是值得加以探索的。

我们确切知道,李白于天宝元年(742)四月曾登过泰山,不久便携儿女南游。他先把他们寄放在南陵(在唐属宣州宣城郡),他自己南下会稽,和道士吴筠同隐居于剡中,在今浙江省曹娥江上游。吴筠不久受到唐玄宗的征召进京,由于吴的推荐,更有贺知章、持盈法师等为之揄扬,因此朝廷也派使臣征召李白,他因而得到第二次进京的机会。他先回到南陵与儿女相别,有《南陵别儿童入京》一诗以纪其事。

> 白酒新熟山中归,黄鸡啄黍秋正肥。
> 呼童烹鸡酌白酒,儿女嬉笑牵人衣。
> 高歌取醉欲自慰,起舞落日争光辉。
> 游说万乘苦不早,著鞭跨马涉远道。

会稽愚妇轻买臣，余亦辞家西入秦。
仰天大笑出门去，我辈岂是蓬蒿人？

时令是在季秋，在南陵山中有一个"家"。家中有"儿女"，但没有说到儿女的母亲，而且在大骂轻视朱买臣贫贱的"会稽愚妇"。李白别有七绝《别内赴征三首》，旧时注家均以为天宝元年同时所作，其实那是天宝十五年末应永王李璘的征召下庐山时的诗，留待下面加以说明。儿女看见父亲回来了，但还不知道父亲又将远别，故"嬉笑牵衣"。这时的儿女看来还相当小，但小的总会有五六岁了。太小而无母，则不能同出远门。李白在入京前先回南陵，主要的目的看来就是要安顿儿女，很明显他是托人把儿女带回到东鲁去，然后单身进京。

李白以天宝元年的冬季，第二次入长安，受到唐玄宗的引见，奉命供奉翰林。做了一年多的宫廷诗人，虽然名噪一时，但也并没有实受到一官半职。由于张垍、高力士、杨玉环的相继谗毁，在天宝三年的春季便被排挤出京，美其名曰"诏许还山"。这是李白在政治活动上的第一次大蹭蹬。李白以当年三月经由商州东下，漫游了梁宋和齐鲁。在这期间，他和杜甫、高适相遇，并一同游览。特别是李杜的相遇，在中国文学史家们是视为一件大事。杜甫自己也很重视，他在晚年的诗中曾经两次回忆到："昔者与高李，晚登单父台"（《昔游》）；"忆与高李辈，论交入酒垆"（《遣怀》）。但他们的相处并不很久。我们知道李白以天宝四年即南下金陵，漫游了会稽、霍山、庐江、寻阳等地。天宝九年又北游洛阳与龙门。十年的春季回到了东鲁的寄居。其后不久又南下,便没有再回过东鲁了。

李白尽管南北漫游,登山临水,求仙访道,饮酒赋诗,仿佛忘记了身外的一切,然而他对于自己的幼儿幼女是非常关心的。在他的诗中多次提到他的儿女。不妨把它们引证在下边吧。

一、《送杨燕之东鲁》诗,这里只摘引诗的后半段:

> 我固侯门士,谬登圣主筵。一辞金华殿,蹭蹬长江边。
> 二子鲁门东,别来已经年。因君此中去,不觉泪如泉。

这诗当作于天宝六年春,时在金陵。李白是以天宝四年秋离开东鲁,故诗云"别来已经年"。诗里也只说到"二子",没有说到二子的母亲。李白是那么旷达的人,为什么他一说到子女便那么伤心?这里面应该有对于孩子们的母亲的怀念。

二、《寄东鲁二稚子》(原注"在金陵作"):

> 吴地桑叶绿,吴蚕已三眠。我家寄东鲁,谁种龟阴田?
> 春事已不及,江行复茫然。南风吹归心,飞堕酒楼前。
> 楼东一株桃,枝叶拂青烟。此树我所种,别来向三年。
> 桃今与楼齐,我行尚未旋。娇女字平阳,折花倚桃边。
> 折花不见我,泪下如流泉。小儿名伯禽,与姊亦齐肩。
> 双行桃树下,抚背复谁怜?念此失次第,肝肠日忧煎。
> 裂素写远意,因之汶阳川。

诗里说和儿女相别已经快三年了，故可推定：诗必作于天宝七年的春天。这和南陵相别已经五年多了。就诗中描绘的情况看来，长女平阳的年纪已不很小，故作父亲的人会作诗慰问。次子伯禽也长到和姐姐的肩头那样高了。姐弟的高低相差一头地，看来年岁的相隔是有十年光景。诗里明明说出："抚背复谁怜？"的确是没有母亲的。这和南陵相别时的情况是一样，可见许氏夫人是早死了。

三、《送萧三十一之鲁中，兼问稚子伯禽》：

> 六月南风吹白沙，吴牛喘月气成霞。……
> 夫子如何涉江路，云帆嫋嫋金陵去？
> 高堂倚门望伯鱼，鲁中正是趋庭处。
> 我家寄在沙丘旁，三年不归空断肠。
> 君行既识伯禽子，应驾小车骑白羊。

诗当作于天宝八年的夏天，伯禽又大了两岁。作父亲的人悬想到他"应驾小车骑白羊"，看来应该有十三、四岁的光景了。没有提到长女平阳，封建时代已经长大了的姑娘是不好轻易见客的。

把上面几首诗综合起来，再参照以魏颢在《李翰林集序》中所述，可以比较正确地了解到李白在开元年间到天宝初年的家室情况。

> 白始娶于许，生一女一男曰明月奴。女既嫁而卒，又合于刘，刘诀。次合于鲁一妇人，生子曰颇黎。终娶于宋。

——魏颢《李翰林集序》

魏颢的序文，夺误颇多，很难属读。单是这一小节便有不少的问题。既言许氏"生一女一男"，而接着却只标出一个"明月奴"的名字。"明月奴"很明显的是女孩子的小名，不像男孩子的名字。因此"一男"二字是后人加上去的。刊本或作"二男"，更谬。除去"一男"二字，即"白始娶于许，生一女，曰明月奴"，文字便毫无问题了。

"女既嫁而卒"也不知所云。魏颢与李白的相遇是在天宝十三年，序文之作是李白长流夜郎途中的乾元元年。如谓平阳既嫁而许氏卒，则在平阳未嫁之前而许氏早就不在了。如谓平阳既嫁而平阳卒，这应该是后来的事。但我们明确地知道，李白以至德二年（757）在浔阳狱中所作的《百忧章》里面有"草捃二孩"句，可见当时平阳尚未嫁。平阳嫁于何时，甚至是否曾经出嫁，都不得而知。卒于何时更不得而知。论理父亲在监狱或流窜期中，没有母亲的女儿是不会轻易出嫁的。故"女既嫁而卒"，应该是"女既笄而卒"，古者女子十五曰及笄，应该是平阳在十五岁时或者将近十五岁时，而许氏去世了。因许氏去世，所以才"又合于刘"。这样才能顺理成章。李白与许氏结合是在开元十五年，平阳比伯禽要高一头地，看来她即生于开元十五年末或十六年。待她及笄或将近及笄，则为开元二十八或二十九年。我拟定许氏之卒在开元二十八年的年末。她是移家东鲁之后去世的。移家东鲁在开元二十四年，伯禽之生当在开元二十五年，与长姐平阳相差十岁。因有长姐带领小弟，故天宝年间李白才能长期在外漫游，然而是经常在思念着他们的。这样的定年才可以合情合理。

"又合于刘，刘诀"。这位刘氏可能是李白在天宝元年游江东时的结合，结合不久便离异了，在《南陵别儿童入京》中，所大骂的"会稽愚妇"应该就是这个刘氏。这个刘氏是不安于室的，李白有《雪谗诗赠友人》一首可证。诗中也在大骂妇人："彼妇人之猖狂，不如鹊之彊彊；彼妇人之淫昏，不如鹑之奔奔；坦荡君子，无悦簧言！"前人以为骂的是杨贵妃，显然是臆解。诗中虽然提到妲己、褒姒、吕后、秦始皇的母亲，但转语是"万乘尚尔，匹夫何伤？"是侧重在"匹夫"，而非侧重在皇室。可以推想到那位刘氏与李白离异后，曾向李白的"友人"处播弄是非，故李白乃"雪谗"自辩。事情是明白如火的。

"次合于鲁一妇人，生子曰颇黎"。这位无名氏的鲁妇人，看来是出于魏颢的误会。魏颢自号为王屋山人，他是李白的崇拜者，在天宝十三年曾经从王屋山（在山西阳城县西南）到东鲁去访问李白，不遇，便南下追寻。他本人游遍了浙江，归途在扬州才同李白见了面。故他对于李白家室的叙述，有的是根据李白的口授，有的是出于他的推测。所谓"生子曰颇黎"，其实就是伯禽。伯与颇，音相近。禽字由黎字的音推测，应该本作"离"。伯离即颇黎，被后人误为了伯禽。"伯禽"本是西周初年周公旦的长子鲁公的名号，李白何至以古人的名字来名自己的幼儿？然伯离一千多年来已误为"伯禽"，我们也只好将错就错了。无名氏的鲁妇人可能是李白友人的眷属（如"竹溪六逸"中除李白而外的任何一位），是李白拜托她来照拂自己儿女的，被魏颢误会为李白的夫人了。

"终娶于宋"。"宋"字是"宗"字的错误，前人已言及。李白的最后一位夫人是宗楚客的孙女，有《窜夜郎于乌江留别宗十六璟》一诗可证。

> 君家全盛日，台鼎何陆离！斩鳌翼娲皇，炼石补天维。
> 一回日月顾，三入凤皇池。失势青门旁，种瓜复几时？
> 犹会众宾客，三千光路歧。皇恩雪愤懑，松柏含荣滋。
> 我非东床人，令姊忝齐眉。浪迹未出世，空名动京师。
> 适遭云罗解，翻谪夜郎悲。拙妻莫耶剑，及此二龙随。
> 惭君湍波苦，千里远从之。白帝（城）晓猿断，黄牛（峡）过客迟。
> 遥瞻明月峡，西去益相思。

"娲皇"指武则天。宗楚客是武后的从姐子。兄弟三人（秦客、楚客、晋卿）都被重用。曾因贪赃，同被流窜岭南。秦客在岭南病死，楚客与晋卿遇赦（"一回日月顾"）。楚客在武后与中宗时代曾经三次拜相（"三入凤皇池"）。后因韦后搞宫廷政变，谋害了唐中宗，李隆基（后来的唐玄宗）起兵把韦后杀了。同时也杀了宗楚客和晋卿，因为他们迹附韦后。但从诗里看来，宗家不久又恢复了名誉。所谓"失势青门旁，种瓜复几时？"便是借用秦东陵侯邵平的故事来喻宗家的遭遇，邵平因秦亡而曾种瓜青门外。但宗家的失势并没有多久。这和同时被李隆基斩杀了的上官昭容的遭遇相仿佛。李隆基杀了她，不久却令宰相张说（悦）为她编集作序，在序中极力加以赞扬。

李白和宗氏的结合，时期估计当在天宝三年（744），地点当在梁园（河南开封）。于时是在李白"空名动京师"之后，而宗氏则已"失势去西秦"（《自代内赠》）。梁园是宗氏的寓居，李白也说他自己"一朝去京国，十载客梁园"（《书情赠蔡雄》），可见他在梁园也有家，往来于此，累十年之久。宗璟是李白的妻弟，长流夜郎时，水程送了他一千里。夜郎在今贵州遵义附近，但李白是由长江溯流而上，到了巫峡遇赦，并不曾到达遵义，可知"乌江"不是贵州境内的乌江。注家王琦以为寻阳江，则宗璟的湍波千里远送，可见是从黄河流域远道赶来的。

永王失败时，李白逃奔至寻阳，即被囚系于寻阳狱中。夫人宗氏曾经为他奔走营救。《在寻阳非所寄内》（"非所"即监狱）一诗中说得很清楚："闻难知恸哭，行啼入府中。多君同蔡琰，流泪请曹公。知登吴章岭，昔与死无分。崎岖行石道，外折入青云。相见若悲叹，哀声那可闻！"那时宗氏寄居在豫章（南昌），闻难奔赴寻阳营救，途中要翻过峻险的吴章岭。崎岖道上的奔波，极类蔡文姬营救董祀时的心情。"曹公"指的是江南宣慰大使崔涣，或者是御史中丞宋若思。崔、宋二人都曾替李白昭雪，故李白以曹操相比拟。特别是宋若思，他把李白从狱中释放了出来，还让他参加了他的幕府。李白是很感激的，有诗纪其事，诗题云《中丞宋公以吴兵三千赴河南，军次寻阳，脱余之囚，参谋幕府，因诗赠之》。看来宗氏的奔走也和蔡文姬一样产生了效果。宋若思还向朝廷推荐李白，"请拜一京官，献可替否，以光朝列。"（见李白集中所谓《为宋中丞自荐表》）但朝廷不仅没有批准，反而追究了李白的"罪行"，长流夜郎。这就是《别宗璟》诗里面所说的"适遭云罗解，翻谪夜郎悲"了。刚从狱里释放出来，却又不得不长流夜郎，李白的悲愤是可以想见的。

宗氏和李白有相同的信仰，她也是信仰道教的人。李白有《题嵩山逸人元丹丘山居》诗，诗有序："白久在庐（江）、霍（山），元公近游嵩山，故交深情，出处无间；岩信频及，许为主人，欣然适会本意。当冀长往不返，欲便举家就之，兼书（同读道书）共游，因有此赠。"诗题和诗序不相应，序只言有意应邀，诗题却是已经到了山居，题诗壁上。看来，诗题是后人误加的，诗序即是诗的长题。这诗，注家多以为作于天宝九年，大抵近是。于时李白的神仙迷信还非常浓厚，元丹丘是他亲密的道友，他竟想举家隐遁，和元丹丘同读道书，一道学仙。值得注意的是诗的末尾四句：

拙妻好乘鸾，娇女爱飞鹤。提携访神仙，从此炼金药。

"拙妻"自然是宗氏，"娇女"是平阳。照上述的估计，这时平阳已经有二十二、三岁了，受了她父亲的影响，同时也是时代潮流的影响，她也在梦想乘鸾驾鹤了。在这首诗里面，诗人的情趣有了很大的变化。他不像在《南陵别儿童入京》里面那样，大骂"会稽愚妇"；也不像在《寄东鲁二稚子》里面那样，深叹"抚背谁怜"。他是把妻女并提，而且准备全家修道，当然连儿子伯禽也是包含着的。为什么会有这样的变化？无疑是因为他认为宗氏和前妻的子女能和睦相处。

白有《秋浦寄内》诗，有句云"我今寻阳去，辞家千里余"。这个"家"不是指东鲁的家，是指梁园的家。宗氏是寄居在梁园的，故又云:"我自入秋浦,三年北信疏。……有客自梁苑(园),手携五色鱼;开鱼得锦字,归问我何如。"李白是以天宝十二年秋离梁园南下,"三年"了,诗当作于天宝十四年。又有《自代内赠》一诗,不一定是李白的代作,唐代妇女能诗的人不少。诗云:"估客发大楼(山名),知君在秋浦。梁苑空锦衾,阳台梦行雨。妾家三作相,失势去西秦,犹存旧歌管,凄清闻四邻。"《秋浦寄内》便是回答这首诗的。由种种迹象看来,李白在写了《秋浦寄内》之后不久,在天宝十四年的冬季曾经回过梁园。适逢其会,遇到安禄山的叛变,洛阳陷没,潼关阻塞,因而匆匆地改变胡装,和宗氏南奔。连留在东鲁的一对儿女都顾不及了。有《奔亡道中五首》便是这时的纪事。这五首诗,前人均以为作于至德二年(757)永王失败之后,与《南奔书怀》同时,内容与情调全不相属。姑且举出第四首以示例:

函谷如玉关,几时可生还?洛阳为易水,嵩岳是燕山。
俗变羌胡语,人多沙塞颜。申包惟恸哭,七日鬓毛斑。

这有丝毫的迹象,表现出江南情景吗?此外,如《扶风豪士歌》的"我亦东奔向吴国",《猛虎行》的"窜身南国避胡尘",《赠武十七谔》的"爱子隔东鲁,……千里阻同奔"等语,如李白不曾于天宝十四年冬初北返梁园,这些奔窜的情迹是无法说明的。但反过来,也就是李白于天宝十四年冬初确曾回过梁园,遇安禄山之乱而仓皇南奔。到达江南已是天宝十五年的春天了。他和宗氏,先在江南流寓过一些地方,最后上了庐山。

在这里，最适宜于《别内赴征三首》七绝的叙述。

（其一）王命三征去未还，明朝离别出吴关。
　　　　白玉高楼看不见，相思须上望夫山。
（其二）出门妻子强牵衣，问我西行几日归？
　　　　归来倘佩黄金印，莫见苏秦不下机。
（其三）翡翠为楼金作梯，卷帘愁坐待鸣鸡。
　　　　夜泣寒灯连晓月，行行泪尽楚关西。①

这三首诗，前面曾提到注家都以为天宝元年应唐玄宗征召、与《南陵别儿童入京》同时所作，那是完全弄错了。不仅诗的情趣不一致，地望也讲不通；因此，也有人说《别内赴征》是伪作。其实这三首诗是至德元年（即天宝十五年）应永王璘的征聘时所作的。李白有《与贾少公书》，说到了"王命三征"的实际。

　　白绵疾疲苶，去期恝退。才微识浅，无足济时。虽中原横溃，将何以救之？王命崇重，大总元戎，辟书三至，人轻礼重。严期迫切，难以固辞。扶力一行，前观进退。

"中原横溃"显然是指安禄山的叛变，当时东西二京都陷没了，正是安禄山的毒焰不可一世的时候。"大总元戎"显然是指永王璘东

---

① 第三首第二句多作"谁人独宿倚门啼？"，第三句"夜泣"作"夜坐"，今从别本。——作者注

巡。故"王命崇重，……辟书三至"，不就是"王命三征"的实际吗？把历史背景弄清楚了，诗意便可以豁然贯通了。

永王东巡事，《唐书·永王璘传》叙述得相当扼要：

> 天宝十四载十一月安禄山反范阳。十五载（即肃宗至德元年）六月玄宗幸蜀。至汉中郡，下诏以璘为山南东路及岭南、黔中、江南西路四道节度采访等使，江陵郡大都督，馀如故。（案：开元十三年封永王，十五年五月遥领荆州大都督，二十年七月加开府仪同三司。）

> 璘，七月至襄阳，九月至江陵，召募士将数万人，恣情补署。江淮租赋，山积于江陵，破用巨亿。……肃宗闻之，诏令归觐于蜀，璘不从命。十二月，擅领舟师东下，甲仗五千人，趋广陵。

江陵是永王的根据地。永王之聘请李白，论理是在他到了江陵之后，估计是在天宝十五年的十月中旬。前后派人去庐山聘请了三次，可知前两次的聘使在江陵或江夏与庐山之间作了两次往还。第三次的聘使还蹲在庐山上敦促。这第三次的聘使就是韦子春，他是永王"谋主"之一人。李白有《赠韦秘书子春》的诗，所写的就是敦聘时事。"气同万里合，访我来琼都。披云睹青天，扪虱话良图。留侯将绮季，出处未云殊。终与安社稷，功成去五湖。"把韦子春比为张良，把自己比为商山四皓中的绮里季。为了保卫汉惠帝，是张良建议把商山四皓请下山来的，这典故用得很明显。"琼都"就是庐山。《郡国志》："庐山叠嶂九层，崇岩万仞。《山海经》所谓'三天子都'，亦曰'天子障'也。"（案见《海内东经》[①]）韦子春见《唐书·玄宗纪》，天宝八载四月，"著作郎韦子春贬端溪尉，李林甫陷之也。"又见《宋高僧传》卷十七《唐越州焦山大历寺神邕传》，"著作郎韦子春，有唐之外臣也，刚气而赡学。"查《唐书·职官志二》，在秘书监之下有二局：一曰著作，二曰太史；著作局中有著作郎二人。故"著作郎"韦子春又可以称为"秘书"。就是这位韦子春的广长舌把李白说动了，使白在诗中宣告："苟无济代（世）心，独善亦何益！"而终于下了庐山。

李白随韦子春下庐山应在十二月下半月，已是冬末，故《别内赴征》第三首中有"夜泣寒灯连晓月"句。他是被聘请去江陵的，故有"行行泪尽楚关西"句。时令与地望都完全吻合。但到李白下山时，永王的楼船已经到了九江了，在这样的情况下，李白便匆匆忙忙地上了楼船。

诗中的"白玉高楼"、"翡翠为楼金作梯"等是道家的惯用辞令，以金玉比坚贞洁白，正合乎宗氏的信仰。由诗的情趣看来，宗氏是不大同意李白下山的。第二首中表现得虽然隐约，但在雾中分明有山。"出门妻子强牵衣，问我西行几日归？""妻子"即妻，犹如夫称"夫子"。《韩非子·外储说左上》："郑县人卜子，使其妻为袴。其妻问曰：今袴何如？夫曰：象吾故袴。妻子因毁新令如故

[①]《郡国志》以下乃引自《太平寰宇记》卷一一一，其文作"三天子障"与"天子都"，而《山海经·海内东经》："庐江出三天子都入江，彭泽西，一曰天子鄣。"此系作者引《太平寰宇记》而又据《山海经》校正其文字。——编者注

袴。"此其证一。又杜甫《舍弟观归蓝田迎新妇二首》之一,诗中云"汝去迎妻子";"新妇"已称"妻子",此其证二。"出门妻子强牵衣",乍看,好像有点小儿女子态,舍不得别离。但到下两句便把真相透露出来了。"归来傥佩黄金印,莫见苏秦不下机",这是反用苏秦的故事来作回答。苏秦先游说秦王,失败而归,"妻不下纴,嫂不为炊,父母不与言"。苏秦的一家人是势利鬼,待后来游说六国,身佩六国相印,于是态度一变。但宗氏的态度,照李白的诗看来则完全不同。诗意是说:"如果我佩着黄金印回来,你不要看到我这个庸俗的苏秦而不肯理睬吧。"这就透露了宗氏的不同意,而是勉强让他去从永王东巡的。反用典故应该说是李白的创举。

把李白的家庭生活情况弄清楚了,同时有好些难解的作品也才可以得到理解。乐府《公无渡河》便是一个很好的例子,顺便揭举在这儿,加以解说。

> 黄河西来决昆仑,咆哮万里触龙门。
> 波滔天,尧咨嗟;大禹理百川,儿啼不窥家;
> 杀湍堙洪水,九州始蚕麻;其害乃去,茫然风沙。
> 披发之叟狂而痴,清晨径流欲奚为?
> 旁人不惜,妻止之:"公无渡河!"——苦渡之。
> 虎可搏,河难凭,公果溺死流海湄。
> 有长鲸白齿若雪山,公乎公乎挂罥于其间。
> 箜篌所悲竟不还!

"黄河西来"是说黄河倒流，向西而来。李白每有这样的用法，例如《古风》第三首："秦皇扫六合，……诸侯尽西来"；《梁甫吟》："朝歌屠叟辞棘津，八十西来钓渭滨"；都是向西而来。又《孟子·滕文公下》："当尧之时，水逆行，氾滥于中国"，是李诗所本。黄河倒流是喻安禄山的叛变。"昆仑"喻唐代的朝廷。"尧"喻唐玄宗，因为他把帝位让给了他的儿子李亨。"大禹"，有人以为即肃宗李亨，其实是指当时的天下兵马元帅——李亨的长子广平王李俶。李亨是处在虞舜的地位，诗中没有点出。"披发之叟"有人以为喻永王李璘，其实是李白自喻。"旁人不惜妻止之"的"妻"，不就是"出门妻子强牵衣"的那位宗氏吗？"长鲸白齿"喻当时的谗口嚣嚣，杜甫《不见》诗中的"世人皆欲杀"。"挂胃于其间"喻系寻阳狱中及长流夜郎。这首乐府很可能是在长流夜郎的途中所作。他当时没有料到：仅仅三个年头便在中途遇赦，故有"箜篌所悲竟不还"的结语。

关于宗氏，李白还有《送内寻庐山女道士李腾空二首》，值得叙述。

（其一）君寻腾空子，应到碧山家。水春云母碓，风扫石楠花。若恋幽居好，相邀弄紫霞。

（其二）多君相门女，学道爱神仙。素手掬青霭，罗衣曳紫烟。一往屏风叠，乘鸾着玉鞭。

李腾空是有名的"口蜜腹剑"者——奸相李林甫的女儿，《庐山志》中说她"幼超异，生富贵而不染，遂为女冠，入庐山，居屏风叠之北"。可见唐代风气，凡是不愁穿吃的闲男闲女，大抵都在求仙访道，遁世出家。所谓"不染"，其实是另一种染法。李腾空是"相门女"，宗氏也是"相门女"，她们自然更是同气相求了。值得注意的是：李白送宗氏单独去庐山，而没有陪着同去。我推想这两首诗很可能作于长流夜郎、遇赦放回以后的上元二年（761）左右。李白寄居金陵，复往来于宣城、历阳之间，已年逾六十；因过分失意而迅速衰老，对于道教的迷信已逐渐破除。然而宗氏则愈益醉心隐逸，看来他们两人可能是在那时作了情投意合的最后诀别。

关于伯禽，也还有一些材料可以补充。

《赠武十七谔》一诗有序："门人武谔，深于义者也。质木沉悍，慕要离之风，潜钓川海，不数数于世间事。闻中原作难，西来访余。余爱子伯禽在鲁，许将冒胡兵以致之。酒酣感激，援笔而赠。"诗中也说到"狄犬吠清洛，天津成塞垣；爱子隔东鲁，空悲断肠猿。"这很明显是天宝十五年初做的诗，于时安禄山占据了洛阳，但长安还没有沦陷。伯禽已近二十岁，姐姐平阳则快三十岁了。诗中没有提到平阳，但平阳当时还没有出嫁，其后不久在寻阳狱中做的《百忧章》中有"星离一门，草掷二孩"二句，可以证明。同时所作的《万愤词》中有"穆陵关北愁爱子"句，"爱子"则不限于伯禽，而是把平阳也包含着的。女子子也是子，《东鲁别二稚子》一诗即可为证。

在至德二年的当时，伯禽姐弟还在东鲁。但在长流夜郎、遇赦放回后，伯禽显然在江夏一带随侍着他的父亲了。《门有车马客行》乐府中有云："叹我万里游，飘摇三十春"，飘流在外已经三十年。

"廓落无所合，流离湘水滨"，表明是在乾元二年最后漫游潇湘时所作。那时有远客来访，"乃是故乡亲"，是从四川来的。于是便"呼儿扫中堂，坐客论悲辛"。这个"儿"，毫无疑问，就是伯禽了。

伯禽以后似乎一直在他父亲身边。上元二年（761），李白去世的前一年，早春，寓居金陵。有《游谢氏山亭》一诗，开头两句是"沦老卧江海，再欢天地清"，表明了环境和时代。末尾两句是"醉罢弄归月，遥欣稚子迎"，"稚子"无疑是指伯禽，说不定也还包含着平阳。作父母的人对于自己的儿女，尽管已经长到二、三十岁了，始终是看作"稚子"的。

伯禽在李华《故翰林学士李君墓志》中曾被称誉。"有子曰伯禽，天然，长能持（侍），幼能辩（贬），数梯公之德，必将大其名。""天然"以下八个字似有夺误，意不甚了了。姑照字面解释，似言其性情不矜持，对于长者能奉侍，对于幼者能自损，即"老吾老以及人之老，幼吾幼以及人之幼"之意。然而"必将大其名"的预言，却并没有说中。

伯禽是定居在当涂的，死于李白死后三十年的贞元八年（792）。贞元十二年，宣歙池等州观察使范传正为李白建立新墓。据其《新墓碑》云：伯禽有女二人，"一为陈云之室，一乃刘劝之妻，皆编户甿也。"两女都嫁给了普通的农民。据两女的诉说，"有兄一人，出游一十二年，不知所在。父存无官，父没为民，有兄不相保，为天下之穷人。"看来伯禽的儿子，是在伯禽在世时就离开了家，其后不知下落。但李白的这两位孙女倒很有志气，范传正哀怜她们成了农民的妻室，向她们建议"改适于士族"，被她们拒绝了。这是很值得称赞的，不愧是李白的孙女！

再隔四十八年后的会昌三年（843）三月，裴敬所作的《墓碑》，记载着墓左人毕元宥的话："二孙女不拜墓已五、六年。"看来这两姊妹是在李白去世后七十五、六年先后去世的。李白没有直系的后代，是所谓"绝嗣之家"；但他的墓长留在当涂，直到今天都还被人民保护着。一九六四年五月，我曾经去过采石矶，看到了古人所谓燃犀渚或牛渚。长江边上的太白楼也焕然一新了。我当时做了一首《水调歌头》以纪行，抄录在下边，作为本文的结束。

久慕燃犀渚，来上青莲楼。
日照长江如血，千里豁明眸。
洲畔渔人布罾，
正是鲥鱼时节，我欲泛中流。
借问李夫子：愿否与同舟？

君打桨，我操舵，同放讴。
有兴何须美酒，何用月当头？
《水调歌头·游泳》，
畅好迎风诵去，传遍亚非欧
宇宙红旗展，胜似大鹏游！

李白在政治活动中的第一次大失败
——待诏翰林与赐金还山

　　李白虽然号称为"谪仙人",其实他的功名欲望是非常强烈的。他喜欢称道的历史人物,如傅说、吕尚、管仲、范蠡、乐毅、鲁仲连、信陵君、张良、韩信、诸葛亮、谢安等,都是所谓"定国安邦"的风云人物。他每每以他们自比。这些历史人物,在出世之前,大都有过一段隐遁或者不得志的时期。这在李白看来,也仿佛是"尺蠖之屈"、"龙蛇之蛰",是必不可少的历程。有时他连这一段出世前的隐遁也都加以批评。例如,对于诸葛亮,他曾经这样说过:"耻学琅邪人,龙蟠事躬耕。"(《邺中王大劝入高凤石门山幽居》)又如,对于谢安石,他也曾经这样说过:"莫学东山卧,参差老谢安。"(《送梁四归东平》)这些都表明着:他的热衷于用世是怎样强烈。

　　他出蜀后,在开元十五年(727)被招赘于故相许圉师家,即隐居在安陆的北寿山中。有友人孟少府致书规劝,说他安于小隐,不肯出外见见大世面。他于是写了一通《代寿山答孟少府移文书》,表明了自己的志趣。《书》里面有这样的一段话:

近者逸人李白，自峨眉而来，……遁乎此山。仆（北寿山）尝弄之以绿绮，卧之以碧云，漱之以琼液，饵之以金砂。既而，童颜益春，真气愈茂，将欲倚剑天外，挂弓扶桑，浮四海，横八荒，出宇宙之寥廓，登云天之渺茫。俄而，李公仰天长吁，谓其友人曰：吾未可去也！吾与尔达则兼济天下，穷则独善一身。安能餐君紫霞、荫君青松、乘君鸾鹤、驾君虬龙，一朝飞腾，为方丈、蓬莱之人耶？此则未可也！乃相与卷其丹书，匦其瑶瑟，申管晏之谈，谋帝王之术，奋其智能，愿为辅弼，使寰区大定，海县清一。事君之道成，荣亲之义毕，然后与陶朱、留侯，浮五湖、戏沧洲，不足为难矣。

这就是李白的一整套人生观，基本上是儒家与道家思想的混合。不得志时拼命想做官，得志后便尽可能明哲保身，功成身退。这种处世方略，在封建时代的士大夫阶层，是具有普遍性的。大概就因为有这位孟少府的敦劝，李白在开元十八年（730）的春夏之交，便曾经经由南阳到长安去进行过政治活动。这就是他在《与韩荆州书》里所说的"三十成文章，历抵卿相"之年了。这一次他待了一年多点，结识了一些有名人物，如唐玄宗的妹子玉真公主（赐号"持盈法师"）、秘书监贺知章等，并结成了"酒中八仙"之游。虽然并没有达到"为辅弼"的愿望，但使他的名声煊赫了起来，为天宝元年（742）唐玄宗的召见打下了基础。

天宝元年的夏季，李白与道士吴筠同隐居于浙江曹娥江上游的剡中。吴筠首先受到唐玄宗的征召,由于他的直接推荐,更由于贺知章与持盈法师等的间接支持,因而唐玄宗也派人征召李白入京。这样一来,使得这位"谪仙人"高兴得大大地出乎意外;他大约以为:从此便可以满足他的"使寰区大定,海县清一"的大愿了。请看他的《南陵别儿童入京》一诗的末尾两句吧:"仰天大笑出门去,我辈岂是蓬蒿人?"扬扬得意的神态,不真是有点如闻其声、如见其人吗?

第二次入京,气派也迥然不同。它不像第一次那样隐居终南山,漫游坊州、邠州等地,自叹穷途末路;有时为斗鸡徒所窘迫,几乎不能脱身;而是在金銮殿上被召见,并得以代草王言,侍从游宴,待诏翰林,准备大用。关于这一段生活,李白自己一直到晚年都以为非常光荣。且把乾元二年(759)五十九岁时所作的《赠从弟南平太守之遥二首》之一中的回忆,摘录如下:

> 汉家天子驰驷马,赤车蜀道迎相如。
> 天门九重谒圣人,龙颜一解四海春。
> 彤庭左右呼万岁,拜贺明主收沉沦。
> 翰林秉笔回英盼,麟阁峥嵘谁可见?
> 承恩初入银台门,著书独在金銮殿。
> 龙驹雕镫白玉鞍,象床绮席黄金盘。
> 当时笑我微贱者,却来请谒为交欢。[1]

---

[1] 所谓"当时",应指开元十八年第一次去长安的时分。这两句诗也足证李白曾经两次去长安。——作者注

你看他写的多么得意！把唐玄宗比成汉武帝，把自己比成司马相如。实际上恐怕连司马相如都还不曾受过他所受到的优待。皇帝见了他而满面笑容，使得天下皆春。满朝文武都在为皇帝得人而庆贺，高呼"万岁"。看来李阳冰在李白《草堂集序》中所述的情况是合乎实际的。

> 天宝中，皇祖下诏，征就金马。降辇步迎，如见绮皓（以绮里季为代表的商山四皓）。以七宝床赐食，御手调羹以饭之。……置于金銮殿，出入翰林中。问以国政，潜草诏诰，人无知者。

但这些情况，由李白自己屡次在诗文中夸述，读起来是不能令人愉快的。南宋诗人陆游也就曾经讥刺过他："以布衣得翰林供奉，此何足道！遂云'当时笑我微贱者，却来请谒为交欢'，宜其终身坎壈也。"[①]受人讥评，在李白是理有应得。但陆游的讥评，说得并不中肯。李白那两句诗是在讥刺趋炎附势者流，何以讥刺了趋炎附势者便应当"终身坎壈"？其实李白的值得讥评处是在他一面在讥刺别人趋炎附势，而却忘记了自己在高度地趋炎附势。以翰林供奉的身分待诏了一年多，以为可以大用，但结果依然落了一场空。这样的后果，在待诏的后期，李白自己也约略预感到。有《翰林读书言怀呈集贤诸学士》一诗可以为证。

---

① 陆游《老学庵笔记》卷六。——编者注

晨趋紫禁中,夕待金门诏。观书散遗帙,探古穷至妙。
片言苟会心,掩卷忽而笑。青蝇易相点,《白雪》难同调。
本是疏散人,屡贻褊促诮。云天属清朗,林壑忆游眺。
或时清风来,闲倚檐下啸。严光桐庐溪,谢客临海峤。①
功成谢人间,从此一投钓。

在冷衙门里做着闲员,候补着官职,和同事们有些合不来。由于自己的"疏散",被人批评为"褊促",他已经生出了天空海阔的想法,想去游山玩水、当隐君子了。李白这个人看来毕竟是天真,他轻率地说出了自己的心事,而且还要呈献给同人。于是,他的愿望很快就得到满足,没有等到他"功成"便让他去当严子陵或者谢康乐去了。他的被"赐金还山",实际上就是被下令逐客。

李白遭受到这种待遇,他是很失望的。和他视被征召为十分光荣一样,他也视被谗逐为十分遗憾。对于这一失败,他在诗文里面反复说过多次。在《答高山人》一诗里说:"谗惑英主心,恩疏佞臣计";又在所谓《为宋中丞自荐表》里说:"为贱臣诈诡,遂放归山。"(表文不会是李白代笔,内容涉及事实处应是由李白传出。)这所说的"佞臣""贱臣"到底是谁,没有点名。魏颢在《李翰林集序》中点了张垍的名,谓"以张垍谗逐"。这一定是李白亲自告诉他的。张垍是做过宰相的张说的次子,他是唐玄宗的女婿,受到宠爱,

---

① 谢灵运有《登临海峤》诗,"临海"乃郡名。——作者注

住在宫中,以中书舍人的身分供奉翰林。这人后来投降了安禄山,又为安的部下所杀。像这样没有气节的人,要谗毁李白,很够资格。而且他手里也掌握着可供谗毁的第一手资料。那就是上举《翰林读书言怀呈集贤诸学士》那首诗。张垍既在供奉翰林,李白的诗当然也"呈"了给他。他尽可以把这首诗拿去给唐玄宗看,说李白十分清高,身在魏阙而心在江湖。这样便可以轻而易举地把李白驱逐出朝了。李白曾经说过"谗巧生缁磷"(《赠崔文昆季》),可见进谗者是相当巧妙的。(古语有"磨而不磷,涅而不缁"的话,是说白玉磨不损,染不黑。巧妙的谗毁使白玉也被污损了。)

进谗者其实不只张垍一个人。张垍虽然"佞"而并不"贱",所谓"贱臣"必然还另有所指。这个人无疑是指宦官头子高力士。唐人韦叡的《松窗录》(原书已佚,《太平广记》中有收录)记载高力士以脱靴为深耻,挑拨杨玉环,说李白在《清平调词》中"以(赵)飞燕指妃子,是贱之甚矣"!因而使李白失掉了杨玉环的欢心。唐玄宗曾经三次想授李白以官职,便被杨玉环阻挠了三次。这件逸事,宋人乐史在《李翰林别集序》里也叙述到,进谗的手法也相当"巧",不会是虚构的小说。高力士也是谗毁者之一人,完全可以肯定。杨玉环不用说也参加了进谗者的行列。

张垍、高力士、杨玉环,他们的谗毁可能是分别进行的,也可能是合流进行的,或者先分别而后合流。然而,进行谗毁必须有接受谗毁的基础。如果唐玄宗真正器重李白,哪怕有更多的张垍、高力士、杨玉环,也无法动摇。唐玄宗之于安禄山便是一个很好的旁证。在安禄山将要反叛的前一二年,连杨国忠那样的人都屡次进谏,断言安禄山必反；然而唐玄宗却一味纵容，终竟酿成了大规模的叛逆。李白的情况却是两样。唐人段成式的《酉阳杂俎》中有一段话，道出了事实的真相。

> 李白名播海内，玄宗于便殿召见。神气高朗，轩轩然若霞举。上不觉忘万乘之尊，因命纳履。白遂展足与高力士曰："去靴！"力士失势，遽为脱之。及出，上指白谓力士曰："此人固穷相。"①

这就是唐玄宗对于李白的真实评价。尽管李白"神气高朗"，而在玄宗看来则是"穷相"。唐玄宗眼里的李白，实际上和音乐师李龟年、歌舞团的梨园子弟，是同等的材料。两千多年前汉代的司马迁曾经说过："文史星历，近乎卜祝之间，固主上所戏弄，倡优畜之，流俗之所轻也。"（见《汉书·司马迁传》）这就是张垍、高力士、杨玉环之所以能进行谗毁的基础了。

一年多的翰林待诏的生活，对于李白究竟带来了什么好处呢？他做了一些歌颂宫廷生活的诗，如《清平调词三首》，《宫中行乐词八首》，《侍从宜春苑奉诏试赋龙池柳色初青听新莺百啭歌》一首，等等，至今都还留存着。杜甫所称为"清新""俊逸"的，大概就是以这些作品为代表吧？其实不过是御用文士的帮闲献技而已。李白曾上《宣鸿猷》一篇，没有保留下来。任华在《杂言寄李白》诗中提到

---

① 《酉阳杂俎》卷十二。——编者注

它,"《大鹏赋》、《鸿猷》文,嗤长卿,笑子云",可以知道它和赋体接近,是对统治者的歌功颂德,如像司马相如(长卿)的《封禅文》、扬雄(子云)的《剧秦美新》。又他所潜草的"诏诰"和"答蕃书"之类,也没有流传下来。但这些文字的失传,对于李白来说,应该算不得是什么损失。

李白的性格是相当矛盾的,他有时表现得清高,仿佛颇有浮云富贵、粪土王侯的气概,但他对于都门生活乃至宫廷侍从生活却又十分留恋。集中有两首《赠崔侍御》的诗,不妨并引在下边,以见李白并不太清高的一面。

第一首:

> 黄河三尺鲤,本在孟津居。点额不成龙,归来伴凡鱼。
> 故人东海来,一见借吹嘘。风涛倘相因,更欲凌昆墟。

第二首:

> 长剑一杯酒,男儿方寸心。洛阳因剧孟,托宿话胸襟,
> 但仰山岳秀,不知江海深。长安复携手,再顾重千金。
> 君乃輶轩佐,余苦叨翰墨林。高风摧秀木,虚弹落惊禽。
> 不取回舟兴,而来命驾寻。扶摇应借力,桃李愿成阴。
> 笑吐张仪舌,愁为庄舄吟。谁怜明月夜,肠断听秋砧?

这两首诗,前人都以为是同时做的。细审诗的内容,断然有先后

的不同。第一首应该作于开元十八年第一次离开长安之后，第二首则作于第二次游长安，被赐金放还之后。两首诗的主旨虽然大体一致，希望崔侍御替自己"吹嘘"，使自己能够登上高位，但第一首只说"点额不成龙"是毫无收获；第二首则说到待诏翰林，又说到"复携手"和"再顾"。这就显示了不是作于同时。同性质的两诗先后同赠于一人，正足证明李白想用世的心是怎样殷切，也足证明李白和崔侍御的交情不同寻常。

在这里想顺便解决一下崔侍御为谁的问题。崔侍御是崔宗之，名成辅，以字行，崔日用之子。韩朝宗荐之于朝，开元中官至右司郎中侍御史，故被称为崔郎中或崔侍御。他也是"酒中八仙"之一人，杜甫诗："宗之潇洒美少年，举觞白眼望青天，皎如玉树临风前"（《饮中八仙歌》），这就等于是李白诗中的"但仰山岳秀，不知江海深"的注释了。"山岳秀"言其风姿之美，"江海深"言其气量之大，也可以解为酒量之大。崔宗之后被谪贬于湘阴，有《泽畔吟》之作，李白曾为之序。继又移官金陵，与李白相遇，诗酒唱和。他比李白先死，李白有《忆崔郎中宗之游南阳遗吾孔子琴，抚之潸然感旧》一诗以哭之。有句云"一朝摧玉树，生死殊飘忽；留我孔子琴，琴存人已殁"，两人情谊的深厚可以想见。

成辅或作成甫，李白集中附有"摄监察御史崔成甫《赠李十二》"诗一首，即是崔宗之所赠；注家或误以为另一人。另一崔成甫乃崔沔之长子，其弟"佑甫字贻孙，相德宗"，具见《新唐书·宰相世系表（表第十二下）》。此人比崔宗之稍晚。李华《崔孝公（沔）文集序》云："长子成甫，进士擢第，校书郎，陕县尉，知名当时，不幸早世。"颜真卿《崔孝公宅陋室铭记》亦云然，唯不及陕县尉。其为陕县尉时在天宝元年，略见《唐书·韦坚传》。此人和李白似无关系。

李白在被赐金放还后，对于别人也在请求援手。有时显然有点不择对象。他有一首《走笔赠独孤驸马》，和《赠崔侍御》第二首是同样性质的诗。"独孤驸马"是独孤明，唐玄宗的又一个女婿，尚信成公主。

> 都尉朝天跃马归，香风吹人花乱飞。
> 银鞍紫鞚照云日，左顾右盼生光辉。
> 是时仆在金门里，待诏公车谒天子。
> 长揖蒙垂国士恩，壮心剖出酬知己。
> 一别蹉跎朝市间，青云之交不可攀。
> 倘其公子重回顾，何必侯嬴长抱关？

前四句写出驸马公的威风，中四句回忆待诏时的光荣，末尾四句写出自己的落魄。把独孤明比为信陵君，把自己比为侯嬴。希望独孤明重回青顾，挽救自己的失脚。单从诗面看来，李白与独孤明之间的"青云之交"，事实上是标准的势利之交，正如李白自己慨叹过的"前门长揖后门关，今日结交明日改"（《赠从弟南平太守之遥》）。然而李白却不惜低首下心地向这样的人请求援手。这是李白的又一面。任华在《杂言寄李白》诗中称赞李白"数十年为客，未尝一日低颜色"，看来有时是不尽然的。

其实李白要想被当时的朝廷所重用，认真说是等于梦想。在开元、天宝之交，唐代的统治已经由最高峰折入下行阶段。幸运儿同时又是败家子的唐玄宗，自中年以后迷信神仙符箓，专意渔色享受，政权操在奸相李林甫手里。李林甫为了巩固自己的相位，凡是稍有骨气的人都受到他的排斥和杀害。左相李适之，"酒中八仙"之一人，因与李林甫抵触被贬，终于被胁自杀。凡与李适之接近的人差不多都被贬斥，甚至被杖杀。如为李白与杜甫所推崇过的李邕（北海）便是被杖杀者之一。李林甫为了预防文臣的出将入相，影响他的相位，他怂恿玄宗以非汉族的武人为将。因此，当时的大将，大都不是汉人。以非汉人为将是唐代的传统，这本不是坏事，显示出没有民族的歧视。但因动机不纯、用人不择，却酿成了大祸。像安禄山那样屡次败阵、屡犯死罪的人，竟倚为独当一面的重镇；安之所以叛变，事实上是唐玄宗和李林甫有以养成的。在这样的局势之下，稍有远见的人，都不安于位或洁身退隐。如李白的推荐者吴筠和贺知章，都比李白早离开了长安。关于这样的局势，李白自己也未始没有感觉到。上举《翰林读书言怀》一诗也正表明了他的预感。同样的诗，有《送裴十八图南归嵩山》二首，值得加以研究。

第一首：

何处可为别？长安青绮门。胡姬招素手，延客醉金尊。
临当上马时，我独与君言。风吹芳兰折，日没鸟雀喧。
举手指飞鸿，此情难具论。同归无早晚，颍水有清源。

第二首：

> 君思颍水绿，忽复归嵩岑。归时莫洗耳，为我洗其心。
> 洗心得真情，洗耳徒买名。谢公终一起，相与济苍生。

两首诗毫无问题是天宝二年秋或三年春在长安做的。值得注意的是两首的立意互相矛盾。前一首是说：你归隐嵩山，我不久也要回去了。后一首是说：你归隐不要独善其身，总应该东山再起。这矛盾如何解决呢？据我看来，第二首先作，是和其他钱别者一同做的，是门面话；第一首后作，是"临当上马时，我独与君言"的心里话。由第一首看来，李白对于当时的局势是很清楚的。"风吹芳兰折"，是说贤者遭到摧残。"日没鸟雀喧"，是说世道晦暗，群小喧嚣。这两句诗，如果和《答杜秀才五松山见赠》开头一节印证起来，意趣便非常显豁。

> 昔献《长杨赋》，天开云雨欢。当时待诏承明里，皆道扬雄才可观。敕赐飞龙二天马，黄金络头白玉鞍。浮云蔽日去不返，总为秋风摧紫兰。……

又在夸耀他被玄宗征召、待诏翰林的往事。说到"浮云蔽日"、"秋风摧紫兰"，不就是"风吹芳兰折，日没鸟雀喧"复写吗？《送裴图南》是天宝二年或三年在长安时做的，有话不好明言；《答杜秀才》是隔了十年之后的回忆，往年的哑谜便自行透出谜底来了。

还有值得注意的是：在裴图南之外同时又有一个人名裴周南，是李白亲密的酒友。范传正《翰林学士李公新墓碑》有云："时人又以公及贺监（知章）、汝阳王（李琎）、崔宗之、裴周南等八人为酒中八仙。"杜甫《饮中八仙歌》则为贺知章、汝阳王李琎、左相李适之、崔宗之、苏晋、李白、张旭、焦遂，无裴周南之名。前人以为"八仙"各有异说，故范、杜所举不同。但仅知其然，而不知其所以然。我的看法是：杜甫所咏"八仙"是早期开元年间形成的；范传正所言则是后期天宝年间的演变。杜甫所咏的苏晋死于开元二十二年（见《唐书·苏珦传》）。他被列入"八仙"是在李白以开元十八年第一次入长安时事。苏晋去世后，世人又以裴周南代替了他，故范、杜所举不一致。在这里又可以发现第二个问题。裴周南既与李白有这样深厚的交谊，他和裴图南是否就是一个人？我看是很可能的。"周"与"图"字形极相近，二者必有一误，论理以"图南"为更适。

像这样诗友、酒友、道友，有的退隐，有的贬谪，有的受害，李白自己也有意离开，只是时期有早迟罢了。

然而李白的心境始终存在着矛盾。他一方面明明知道朝廷不能用他；但另一方面他却始终眷念着朝廷。他有《鲁中送二从弟赴举之西京》诗，一开首就有这样的四句：

鲁客向西笑，君门若梦中；霜凋逐臣发，日忆明光宫。

这忠心耿耿的程度是不亚于"每饭不忘君"的杜甫的。约略同时所作的《单父东楼秋夜送族弟（李）况之秦》，诗中也有这样的几句：

> 长安宫阙九天上，此地曾经为近臣；
> 一朝复一朝，发白心不改；
> 屈平憔悴滞江潭，亭伯流离放辽海。

自比为屈原，其实也就是比唐玄宗为楚怀王。自比为崔骃（亭伯），那对于上层有所不满便更加暴露了。崔骃在东汉和帝时为大将军窦宪的主簿，由于切直，为宪所疏远，使出为乐浪郡的长岑县令。崔骃自以远去，不得意，遂不就任。李白用了这个典故，显然是借以表示自己的不得意。

这些诗都是"赐金还山"后不久的诗，但这种矛盾的心境，直到后来长流夜郎遇赦放回之后，都依然没有改变。《经乱离后，天恩流夜郎，忆旧游书怀，赠江夏韦太守良宰》那首长诗便是绝好的证明。诗长八百三十字，是李白现存诗歌中最长的一首。这诗可以说是李白的自传。诗中叙述到他在天宝十一年十月去过幽州，看到安禄山势力的庞大，曾经痛哭流涕。他责备了唐玄宗养痈遗患，"君王弃北海，扫地借长鲸"；也责备了唐玄宗无知人之明，"无人贵骏骨，绿耳空腾骧"。他自己是"心知不得语"，"挟矢不敢张"，无可奈何。但到后面说到长流夜郎遇赦放回后，他又希望韦良宰进京时为他说项，使他能够回到朝廷，为朝廷报效了。

> 五色云间鹊,飞鸣天上来。传闻赦书至,却放夜郎回。
> 暖气变寒谷,炎烟生死灰。君登凤池去,勿弃贾生才。

他又自比为贾谊,希望韦良宰向朝廷建议,把自己召回。这时的朝廷已经是肃宗朝廷了,其实是每况愈下。肃宗李亨为了能早日收复长安,曾与回纥相约:"克城之日,土地、士庶归唐;金帛、子女归回纥。"父亲把天下的一半送给安禄山,儿子则把人民的一半以上卖给回纥。这样的卖民天子,没有可能召回李白这样一位"贾生",也是理所当然的。

从忠君思想这一角度来看问题时,李白和杜甫的态度有所同,也有所不同。同,是他们始终眷念着朝廷;不同,是李白对于朝廷的失政还敢于批评,有时流于怨怼;杜甫则对于朝廷失政讳莫如深,顶多出以讽喻。李白是屈原式的,杜甫则是宋玉式的。封建意识愈朝后走,愈趋向于宋玉式的忠君。所谓"臣罪当诛,天王圣明"(韩愈语),成为自唐以来君臣关系的典则。因此,旧时代的士大夫们对于杜甫的"每饭不忘君"能够津津乐道,对于李白的"日忆明光宫"则视若无睹。这是主观意识在作怪。旧时代的文人爱把杜甫比为"圣人",把李白看作"浪子",实际上是不么平允的。就如王安石那样的人,他也说过这样的话:"李白识见卑下,诗词十句,九句言妇人、酒耳。"诗中言酒,杜甫比李白的还要多。诗中言妇人,特别像关于歌伎侑酒之类,是封建时代的恶习,李白与杜甫都未能脱出这个泥沼。但李白在诗中也屡次讥刺"荒淫"和"好色",足见他也深知其非。

神女去已久，襄王安在哉？荒淫竟沦替，樵牧徒悲哀。

——《古风》第五十八首

陈王徒作赋，神女岂同归？好色伤大雅，多为世所讥。

——《感兴八首》之二

公平地说来，李白在封建时代的文人中还算是比较有节概的。他比较能和民众接近，他所交往的上层也还比较有所选择。他能藐视权贵倒是事实。例如，高力士是唐玄宗所信任的宦官头子，已经做到"将军"，太子"兄"事之，诸王公主等称之为"翁"，而李白却没有把他看在眼里。又例如，右相李林甫，他在文字上一次也没有提到过。从这些事例看来，李白的为人比较还能洁身自好，虽然他也有他的十分庸俗的一面。

要之，李白和杜甫一样，在封建制度鼎盛时代，都紧紧为封建意识所束缚。他们的功名心都很强，都想得到比较高的地位，以施展经纶，但都没有可能如意。他们的经纶究竟是怎样？两人都不曾作过系统的叙述。单就李白来说，他在《明堂赋》《大猎赋》中透露了一些梗概。

《明堂赋》：

> 下明诏，颁旧章。振穷乏，散敖仓。毁玉沉珠，卑宫颓墙。使山泽无间，往来相望。帝躬乎天田，后亲于郊桑。弃末返本，人和时康。

《大猎赋》：

> 饱人以淡泊之味，醉时以醇和之觞。鼓之以雷霆，舞之以阴阳。虞乎神明，狃于道德。张无外以为罝，琢大朴以为杙。顿天网以掩之，猎贤俊以御极。……使天人晏安，草木蕃殖；六宫斥其珠玉，百姓乐于耕织；寝郑卫之声，却靡曼之色。

大抵上是儒家思想与道家思想混合起来的一套所谓"仁政"——大公无私，举贤任良，节用爱民，重农轻商。封建时代的士大夫阶层大都有这样的空想，实际上任何朝代的统治者都没有认真实施过。李白诗中对于地方官吏的治绩每每加以称道，也不外是施行"仁政"的那一套刻板文章。但有一点突破了陈套，值得注意的东西，那便是《题瓜州新河饯族叔舍人贲》一诗中的开头四句。

> 齐公凿新河，万古流不绝。丰功利生民，天地同朽灭。

"齐公"指齐澣。《唐书·玄宗纪》：开元二十六年"润州（今江苏镇江）刺史齐澣开伊娄河于扬州南瓜州浦。"又《齐澣传》：开元二十五年"迁润州刺史。润州北界隔吴江，至瓜步沙尾纡汇六十里。船绕瓜步多为风涛之所漂损。澣乃移其漕路于京口塘下，直渡江二十里。又开伊娄河，二十五里即达扬子县。自是免漂损之灾，岁减脚钱数十万，……迄今利济焉。"这是值得称赞的建设事业。它的好处不仅在"岁减脚钱数十万",而是减少了人民的牺牲,节省了人民的劳役,可以多尽力于农作。李白对这建设事业作了极其高度的评价,"丰功利生民",是有眼识的。可惜他没有用他的诗笔来对这一事业加以尽情的描绘,而只是短短地写下了二十个字。

另外有一首《丁都护歌》,解释上有异说,值得在这里讨论一下。

云阳(即丹阳)上征去,两岸饶商贾。吴牛喘月时,拖船一何苦!水浊不可饮,壶浆半成土。一唱都护歌,心摧泪如雨。万人凿(缪本作系)盘石,无由达江浒。君看石芒砀,掩泪悲千古。

宋人萧士赟疑是讽刺韦坚。天宝初,江淮南租庸等使韦坚,曾导引浐水至长安城东,成广运潭。二年而成,民间萧然愁怨。(见《分类补注李太白诗》)

明人胡震亨袭其意,以为讽刺齐澣。"澣新河在瓜步者,白尝作诗颂美,此独言其苦。瓜步岸卑易开,润州岸高难开,地势至今然,白诗并纪实也。……芒,石棱;砀,石纹;指所凿盘石言。"(见《李诗通》)

王琦所见有异于萧、胡。王云:"芒砀诸山实产文石。或者是时官司取石于此山,僦舟搬运;适当天旱水涸,牵挽而行,期令峻急,役者劳苦,太白悯之而作此诗。'凿'字旧本或作'系'字,'万人系盘石,无由达江浒',诗旨益觉显然。"(见《李太白文集

辑注》）

今案王说近是。诗意分明言拖船运石之苦，并非言凿石开河之苦。但"芒砀"在此乃迭韵联语，犹言"莽撞"。胡以石棱、石纹解之，王说为"诸山"，均系望文生义。芒山在沛，砀山在梁，于此了不相涉。揣诗意当是采取太湖石由运河北运，故言"云阳上征"。太湖石，在唐代已见珍视。《唐书·白居易传》："罢苏州刺史时，得太湖石五，……以归"，可证。又唐昭宗时人吴融有《太湖石歌》，首四句云："洞庭山下湖波碧，波中万古生幽石；铁索千寻取得来，奇形怪状谁能识？""铁索千寻取得来"即"万人系盘石"之意，原文当以作"系"为是。太湖石多孔穴如眼。搬运时或用席类裹之，以防损坏，故诗云"掩泪悲千古"。自来统治阶级即多佳木奇石之贡，如《禹贡》已言青州"厥贡……铅、松、怪石"。有李白此歌，可见开元、天宝年间已有太湖石之采贡。这正可以补足史籍的缺文。李白深感其劳苦，故言莽撞的太湖石都在同情劳苦人民，而流出千古伤心之泪。这和齐澣有何干系？胡震亨受了萧士赟的暗示而别立新说，其实是说不通的。李白对于齐澣开新河既那样超级赞美，岂能复加以讽刺而矛盾至此！

齐澣是有才干和权变的历史人物，曾受到武则天和李隆基的器重，为姚崇、宋璟所信赖。姚与宋曾言："欲问今，问齐君。"[1]他以进士出身，而却颇有政治手腕。史书上说他"行贿中官"，得到高力士的支持，因而在地方上做出了一些事业。为了推进事业，减少阻碍

---

[1]《资治通鉴》卷二一一。——编者注

而与中官联系，是否可以目为"行贿"，是值得考虑的。然而就是那样有权变的齐澣，而终为李林甫所遏制未能大用，这恐怕也就是李白之所以极力称赞他的另一个原因吧？

李林甫做了二十年的宰相，死后是杨国忠继承了他的权势。杨国忠死后，又是由肃宗时代的李辅国继承。当时的政局实实在在有如江河日下。李白显然没有齐澣那样的才干，他生在这样的时代，而又不能"摧眉折腰事权贵"（《梦游天姥吟留别》），尽管他有"兼善天下"的壮志，要想实现，岂不完全是个梦想？

李白在政治活动中的大失败，在第一幕结束之后还有第二幕，不久也就要开场了。

李白在政治活动中的第二次大失败

——安禄山叛变与永王璘东巡

天宝十四年（755）十一月，安禄山以肃清君侧、诛锄杨国忠为名，叛变于范阳，出兵西犯，河东诸郡相继陷没。十二月攻占东都洛阳。第二年六月攻破潼关，哥舒翰被生擒而降贼。于是，被李白比为汉武帝的唐玄宗李隆基便成了逃亡天子，匆匆忙忙地向四川逃跑。一百四十年的李唐统治，中国封建时代的最高峰，仿佛从天上掉到地下，几乎一蹶不振。

安禄山是突厥人与波斯人的混血儿，他得以成为最大的军阀以至于叛变，事实上是唐玄宗和李林甫们把他养成的。根据《唐书·安禄山传》，可以看出自天宝元年至十三年他的官职升进的惊人的迅速。天宝元年任第一任的平卢节度使，兼柳城太守，又兼渤海、黑水等四府经略使。二年，晋骠骑大将军。三年又兼范阳太守、河北采访使。六年，晋御史大夫，封为柳城郡公，不久又晋封为东平郡王。九年，兼河北道采访处置使，又兼云中太守、河东节度使。十三年，任尚书左仆射，实封千户。他真可以说是位极人臣，就只剩下做皇帝了。

他不是仅有虚位，而是大权在握的。今天的河北、内蒙古、东北、乃至黑龙江以北、乌苏里江以东的一大片土地差不多都是他的势力范围，他不断地在招兵买马，蓄积势力。连杨国忠在天宝十二、三年时都感觉到他必然叛变，而唐玄宗却一味宠信他，甚至于把他收为杨玉环的义子。在这样的情况之下，使这个混血胡人终至于叛变了。

安禄山叛变当时，所谓"盛唐"是怎样呢？同一《安禄山传》中有扼要的叙述，可怜得几乎令人不能相信。据说当时州县的铠甲兵器都锈坏了，不能用。临时招募的兵士，连弓套都不能解、剑鞘也不能拔。拿起木棒抗敌，当然不能抵抗。于是，地方官吏们便弃城逃跑，或者自杀，或者被俘虏。这样的情况，每日不断。这就是所谓"盛唐"的真实面貌。一方面是十几年的养精蓄锐，另一方面是几十年的文恬武嬉，两相接触，其结果也就一目了然了。自安禄山叛变之日起，仅仅三十三天便攻陷了洛阳；到明年正月安禄山在洛阳称帝，国号"大燕"，几乎在中国历史上留下了一个新的朝代。安禄山在叛变后的第三年，即唐肃宗至德二年（757）正月，被他的儿子安庆绪杀了。安庆绪也不到三年，即在乾元二年（759），又被突厥人的史思明杀了。而史思明也不到三年，即在上元二年（761），又为他的儿子史朝义所杀。史朝义后为回纥兵所败，在唐代宗广德元年（763）自缢，为期也不到三年。就这样，整整八年间的所谓"安史之乱"基本上也就平定了下来，李唐算幸运地没有失掉它的统治。然而这八年间，黄河流域的居民是遭了大劫的。经过乱离之后，全国人口只有一六九〇万强，比天宝十三年减少了将近十分之七。李白诗所哀痛的"白骨成丘山，苍生竟何罪？"（《流夜郎，忆旧游书怀，赠韦良宰》)看来不是夸大。

在安禄山叛变前三年,即天宝十一年(752)十月和十一月,李白去过幽州——安禄山势力范围的中心地带。他当时也感觉到安禄山的叛变已迫在目前。他在追忆诗《经乱离后,天恩流夜郎,忆旧游书怀,赠江夏韦太守良宰》中有所叙述。

> 十月到幽州,戈铤若罗星。君王弃北海,扫地借长鲸。
> 呼吸走百川,燕然可摧倾。心知不得语,却欲栖蓬瀛。
> 弯弧惧天狼,挟矢不敢张。揽涕黄金台,呼天哭昭王。
> 无人贵骏骨,绿耳空腾骧。乐毅倘再生,于今亦奔亡。

这一段叙述得很沉痛,这里对于玄宗朝廷是有严峻的批评的。"扫地借长鲸"的"君王"是谁呢?就是唐玄宗李隆基!可见李白认为:酿成了安史之乱,李隆基要负很大的责任。是唐玄宗把当时天下的将近三分之一和盘送给了安禄山,使得他庞然坐大,一呼一吸可以使百川沸腾,连燕然山都会被吹成飞灰。这还只是天宝十一年十一月左右的事,再隔三年的天宝十四年十一月,终于使"天下横溃",实现了李白的预感。李白在游幽州的当时非常伤心,伤心他自己知而不能言、言而无人听。这样的话,在他的乐府《远别离》和《梁甫吟》中还反复地说过,只是把地上的舞台移到了天上或者把今时的人物换为了古时,在现实的描绘上,加盖了一层薄薄的纱幕而已。

他曾经在黄金台上"呼天哭昭王"是可以使人理解的。他在那时的确是无从进言,即使有进言之路,唐玄宗也不会信他。连杨国忠、韦见素的话都等于耳边风，李白以一个被谗逐的文人，所说的话能有多重的分两？"心知不得语，却欲栖蓬瀛"，这里面包含有自我批评。用了一个"却"字，那就等于说：在国难临头的时候公然还想游仙避世，是不应该的。诗作于乾元二年（759），上距天宝十一年（752）已经八年了。李白是经历了长流夜郎的刑余之人，他的思想有了相当大的变迁，故他回忆往事时能够批评自己。但他的自我批评是不够深刻的。在国难临头的时候，求仙固然不应该，"奔亡"也同样不应该。这种退婴逃跑的思想到后来一直纠缠着他。安禄山叛变时，他正采取了"奔亡"的道路，应该说是李白一生中所犯的最大错误。但他还在护短，说"乐毅倘再生，于今亦奔亡"，这正表明他的自我批评的极不深刻。

请读他的《扶风豪士歌》吧。"洛阳三月飞胡沙，洛阳城中人怨嗟；天津流水波赤血，白骨相撑如乱麻。"这分明是天宝十五年三月安禄山占领着洛阳时的情况。在这样的情况下，他却是"我亦东奔向吴国，……来醉扶风豪士家"。"扶风豪士"不知道是甚么人，看来也不外是一个逃亡分子，并不能算作甚么"豪"！但李白不仅誉之为"豪士"，而且还跟着一道胡闹——大开酒宴，吴歌楚舞，脱帽在手，抛向空中，却自比为张良，实在是太不成话！

再请读他的《猛虎行》吧。同样是在天宝十五年的三月，在溧阳酒楼和草书名家张旭相遇，"槌牛挝鼓会众宾"，同样在歌舞作乐。尽管"秦人半作燕地囚，胡马翻衔洛阳草"，是国难严重的时候，而他和张旭却是忘乎其性。歌中又把张旭比为张良，而把自己比为韩信。他又在说："有策不敢犯龙鳞，窜身南国避胡尘。"这时的逃避却是万万不能使人谅解了。他即使不能西向长安,为什么不留在中原联结有志之士和人民大众一道抗敌?而却"窜身南国",还要胡乱享乐,自鸣得意!李白在这时实在是胡涂透顶了!

长安以天宝十五年六月下旬为安禄山的部下所占领,但在这之前的六月十二日唐玄宗早已离开了,逃跑得非常匆忙。十四日到了马嵬坡,侍从部队兵变,把阿飞宰相杨国忠杀了,玄宗被迫缢杀了杨玉环。十五日应老百姓们的请求,留下了太子李亨以图恢复北方,逃亡皇帝继续逃亡。七月二十八日逃到成都,据说"从官及六军至者千三百人",人数虽不多,对于沿途的骚扰一定是大有可观的。

在逃亡途中的七月十五日,玄宗听从了房琯的建议,下出分置的制诏,史书上称之为"制置",这在当时是紧急而重要的一项措施。根据《资治通鉴》(肃宗至德元年,即天宝十五年)所述,照录其内容如下:

> 以太子亨充天下兵马元帅,领朔方、河东、河北、平卢节度都使,南取长安、洛阳,以御史中丞裴冕兼左庶子,陇西郡司马刘秩试守右庶子;
> 永王璘充山南东道、岭南、黔中、江南西道节度都使,以少府监窦绍为之傅,长沙太守李岘为都副大使;
> 盛王琦充广陵大都督,领江南东路及淮南、河南等路节度都使,以前江陵都督府长史刘彙为之傅,广陵郡长史李成式为都副大使;
> 丰王珙充武威都督,仍领河西、陇右、安西、北庭等路节度

都使，以陇西太守济阴邓景山为之傅，充都副大使。

应须士马、甲仗、粮赐等，并于当路自供。

其诸路本节度使虢王巨等，并依前充使。

其署置官属及本路郡县官，并任自简择，署讫闻奏。

当时规定，盛王李琦、丰王李珙都不出阁，随侍在玄宗左右。只有太子李亨和永王李璘分赴任所。这用意非常明白，李亨所负的是恢复黄河流域的使命，李璘所负的是经营长江流域的使命。江南东路、淮南、河南等虽然不归永王管辖，但盛王既不出阁，为之傅的刘彙是房琯的"私党"（见下引《唐书·房琯传》贺兰进明语），而权位在都副大使李成式之上，可见盛王的领域实际上也属于永王的势力范围了。李璘所负的使命，看来比李亨所负的使命还要重要。黄河流域如能恢复，则天下仍归于一统，自然是最好的前程。但就当时的情势看来，北路的恢复事业比较困难，希望颇为渺茫；而南路的经略则大有把握，至少可以维持到南北朝时代的局面。因此，李璘的赴镇，关系很重大。他所负的使命是在天下不能归于一统时准备建立"东唐"或"南唐"。在他离开玄宗时，无疑是曾经被面授过机宜的。

但在这"制置"下达之前，太子李亨于七月十二日已即位于灵武，改元"至德"，尊玄宗为"上皇天帝"。直到八月十二日，灵武的通报到达成都，唐玄宗只好听从太子的摆布。再隔六天，八月十八日，玄宗派遣了韦见素、房琯、崔涣等把传国玉玺送给李亨，正式禅位，估计要九月中旬才能到达。于是父子之间的矛盾告一段落，兄弟之间的矛盾便突出而且激化了。

李璘是玄宗的第十六个儿子。据说幼时失母,是李亨把他抚养大的。开元十三年(725)三月封为永王,十五年五月遥领荆州大都督,二十年七月加开府仪同三司。"制置"之诏下达后,他离开了玄宗,以天宝十五年七月至襄阳,九月至江夏。到了江夏后,《唐书》本传说他"召募士将数万人,恣情补署,江淮租赋山积于江陵,破费巨亿"。其实这些都是按照"制置"的规定行事的。《新唐书》本传又说他"见富且强,遂有窥江左意。以薛镠、李台卿、韦子春、刘巨鳞、蔡駉为谋主,……以浑惟明、季广琛、高仙琦为将"。史官们忽略了"制置"的用意,偏袒李亨朝廷,而以李璘为叛逆。其实真正违背父命的是李亨而不是李璘。李亨既已擅自做了皇帝,天下成为了他的私有物,不愿意被别人分割。他是不同意"制置"的用意的。《唐书·房琯传》中,有北海太守贺兰进明,在肃宗李亨面前谗毁房琯的一段话,实际上道出了李亨的心事。

> 琯昨于南朝,为圣皇(指玄宗)制置天下,乃以永王为江南节度,颍王为剑南节度,盛王为淮南节度。制云:命元子(指肃宗)北略朔方,命诸王分守重镇。……此虽于圣皇似忠,于陛下非忠也。琯立此意,以为圣皇诸子但一人得天下,即不失恩宠。又各树其私党刘秩、李揖、刘彙、邓景山、窦绍之徒,以副戎权。推此而言,琯岂肯尽诚于陛下乎?

贺兰进明的这番话受到肃宗李亨的赏识,话是说到他的心坎上了。像这样,把玄宗集团说为"南朝",则肃宗集团自然是"北朝"。父子之间，俨然敌国；更何况乎兄弟！实际上李亨当时是同两个方面在争夺天下，一个方面是同安禄山、史思明争，另一个方面是同"圣皇"和"圣皇诸子"之间争。因此，在东西二京都尚未收复的情况下，兄弟之间的内战便爆发了。

关于永王的东下，李白有《永王东巡歌》纪其事。诗现存十一首（其中第九首前人定为伪作），透露了当时的一些真实情况，很值得研究。因此，我想一首一首地加以解释。

第一首：

> 永王正月东出师，天子遥分龙虎旗。
> 楼船一举风波静，江汉翻为雁鹜池。

这表明永王正式宣告出师的时期是在至德二年正月，就在这一个月内安禄山被他的儿子安庆绪所杀，作诗的日期或者在其前，也可能在其后而消息尚未传到。"天子"自然是唐肃宗。"遥分龙虎旗"是说授权出兵。由这句诗可以看出，永王军中还不知道唐肃宗李亨已经在上一年十二月对他们下了讨伐令：一方面以高适（他是反对"制置"的人）兼御史大夫，扬州大都督府长史，淮南节度使，领广陵等十二郡，与江东节度使来瑱，率东部兵会师于安州（今湖北安陆），以申讨伐；另一方面则派遣宦官啖廷瑶、段乔福去与地方势力广陵采访使李成式等联系；事实上永王已经处在了腹背受敌的形势之下。由于永王军中还不知道这个形势，人们是很乐观的，由李白的诗即可以看出。第一歌的下二句是说：永王一出师，长江流域首先就安定了下来，江汉变成了鹅鸭的池塘。情绪是多么乐观！他们要乐观，当然也有道理。在他们看来，"制置"是玄宗的意旨，论理会为肃宗所同意。永王的出师是奉命行事，还会有什么阻碍呢？然而，他们是把实际情况估计错了。玄宗和肃宗父子之间的冲突，这个新因素，他们没有料到。

第二首：

> 三川北虏乱如麻，四海南奔似永嘉。
> 但用东山谢安石，为君谈笑静胡沙。

由于安禄山的叛变，黄河中下游的地主阶级苍黄南奔，又出现了晋代永嘉南渡的现象。李白在同年秋季所作《为宋中丞请都金陵表》中也说到"天下衣冠士庶，避地东吴，永嘉南迁，未盛于此"。两者是互为印证的。李白在自比谢安，以为"谈笑"之间便可以扫荡胡尘。自负得有点惊人，乐观得也有点惊人。"三川"是秦郡名，汉改为河南郡，在荥阳、洛阳一带，因有河、洛、伊三水，故名。

第三首：

> 雷鼓嘈嘈喧武昌，云旗猎猎过寻阳。
> 秋毫不犯三吴悦，春日遥看五色光。

永王是由江夏出兵的，这时已经过了寻阳，到了江苏境内了。这儿在说"秋毫不犯"，赞扬永王水师的纪律好；但在二年后所作的

《流夜郎,忆旧游书怀,赠韦良宰》诗中却说:"帝子许专征,秉旄控强楚;节制非桓、文,军帅拥熊虎。"看来后者是老实话,前者是在宣传。五彩云笼罩着春日,完全是太平景象。幸好还有一个"遥"字,只是说有很乐观的前景,在李白的心境中可见还是有一定的分寸的。

第四首:

  龙盘虎踞帝王州,帝子金陵访古丘。
  春风试暖昭阳殿,明月还过鸤鹊楼。

这首表明永王已经到过金陵,使"龙盘虎踞"的六代帝都又恢复了生意。春风着手在吹暖着昭阳殿,明月从新又照亮了鸤鹊楼。李白本有迁都金陵的主张,故加意写出金陵的复活。这里可以提出一个问题:永王既经到过金陵,为什么没有以金陵为根据地而停留下来?下面的歌辞中有回答,便是永王想去"救河南地"(唐代的"河南道"包含着今河南省和山东省的全部,安徽、江苏等省的一部分,其中包含着东都洛阳),用的是"水师",所取的路线有两条,一条是"浮海",一条是通过运河。但这目的没有达到,只是在李白的这些诗里面留下了些痕迹。

第五首:

  二帝巡游俱未回,五陵松柏使人哀。
  诸侯不救河南地,更喜贤王远道来。

"二帝"自然指玄宗与肃宗,当时东西二京都尚未恢复,玄宗在成都,肃宗在彭原。"五陵"是在长安附近的五座先王的坟墓,即李渊的献陵,李世民的昭陵,李治的乾陵,李哲的定陵,李旦的桥陵。诗的后二句把永王出师的目的点明了,就是要"救河南地",企图去收复洛阳。当时没有从旱路出兵,而是采取的水路,看来是有直捣幽燕(安禄山的根据地)的想法。

第六首:

> 丹阳北固是吴关,画出楼台云水间。
> 千岩烽火连沧海,两岸旌旗绕碧山。

这里点出了永王水师所在之地,是在镇江附近。镇江是南北运河衔接的枢纽。看来当时的用兵计划,除"浮海"之外,很想利用运河北上,至少可以运输粮食伕马。诗人着力在写当时的印象,两岸旌旗,连天烽火,浮江海浪,映水楼台,是一幅壮丽的油画。

第七首:

> 王出三江按五湖,楼船跨海次扬都。
> 战舰森森罗虎士,征帆一一引龙驹。

水师已由长江中游到了下游,目的是准备"跨海",即主力军经由海路北上。其中一部分或许是辎重部队,已经到了扬州了。从这首诗里面可以看出永王军事的部署，他确实是想跨海北征的。"三江"之说甚多，在此当是长江、汉江、赣江。

第八首：

> 长风挂席势难回，海动山倾古月摧。
> 君看帝子浮江日，何似龙骧出峡来？

"古月"切胡字，出师的目的是在摧毁胡人安禄山、史思明的势力。乘长风破万里浪，海陆（陆是经由运河）并进，故云"海动山倾"。"帝子"指永王，"龙骧"是西晋龙骧将军王濬，他以晋武帝咸宁五年（279）十一月率龙船下益州，大举伐吴。这里以王濬比永王是合乎分寸的，足证下面的第九首确是伪作。

第九首：

> 祖龙浮海不成桥，汉武寻阳空射蛟。
> 我王楼舰轻秦汉，却似文皇欲渡辽。

"祖龙"是秦始皇，"文皇"是唐太宗，"渡辽"是说唐太宗用兵辽东。这里把永王比成唐太宗，而且超过了秦皇、汉武，比拟得不伦不类，和其他十首也不协调，前人以为伪作，是毫无疑问的。《东巡歌》应该只有十首，其后不久作的《上皇西巡南京（成都）歌》也只有十首，显然是仿效大小《雅》以十首为一"什"的办法。第九首无疑是永王幕府中人所增益，但却为永王提供了一个罪状，便是有意争夺帝位，想做皇帝了。

然而诗尽管不是李白做的，却有史料价值。诗中说到"浮海"，说到"渡辽"，可证永王幕府中人的确是想由海路北上直捣安史的根据地。这一首，把第七首和第八首的含意更突露出来了。

第十首：

> 帝宠贤王入楚关，扫清江汉始应还。
> 初从云梦开朱邸，更取金陵作小山。

这首又回顾了一下"制置"的使命，经营长江流域，以金陵为根据地，并出师北伐。值得推敲的是第二句的"还"字。"还"到哪里？第十一首作了回答："西入长安到日边！"这对于肃宗李亨要李璘还蜀，也作了正面的回答。"初从云梦开朱邸"，是说坐镇江陵（长江中上游的重镇）。"更取金陵作小山"，便是要以江宁为根据地。这句诗中的"金陵"是指紫金山。"小山"用的是淮南小山的典故；淮南小山，旧说以为人名，或以为文体名。但李白有《白毫子歌》（"白毫子"是隐士，言其眉有白毫），首二句云"淮南小山白毫子，乃在淮南小山里"；又说"小山连绵向江开，碧峰巉岩绿水回"，则"小山"分明是山名。李白当有所本。此处是说要把紫金山作为永王苑里的"小山"，显示了永王有以江宁为根据地的用意。

第十一首：

> 试借君王玉马鞭，指挥戎虏坐琼筵。

南风一扫胡尘静,西入长安到日边。

这首是预想到凯旋的时刻了,在庆功宴上献俘,李白要加以指挥。但最重要的是"西入长安到日边"句,不仅要"救河南地",恢复洛阳,而且还要"西入长安"。这就是"东出师"的最终目的。向"东"是为了"浮海"——走海路进兵,"出师"是为了"一扫胡尘",消灭安史的势力,光复东西二京。

但这个行军计划没有可能实现,大约就在李白做出这几首《东巡歌》之后不久,问题揭晓了。首先是吴郡采访使李希言,用了对等的照会,写上了李璘的名字,诘问东下的用意。永王李璘被这事激怒了,复照加以申斥,其文如下:

寡人,上皇天属,皇帝友于,地尊侯王,礼绝寮品。简书来往,应有常仪。今乃平牒抗威,落笔署字,汉仪隳紊,一至于斯!

于是便派浑惟明去攻取李希言,派季广琛去袭击广陵采访使李成式。内战的局面便展开了。李希言的"平牒抗威",很明显是和李成式一样,已经和李亨朝廷取得了联系,而永王却还蒙在鼓里。他的"友于皇帝"早在打他的主意,他却一点也不知道。转瞬之间,堡垒又由内部崩溃了。是季广琛首先发难,永王的军帅们几乎全部背叛了。《新唐书·永王传》里面有所记载:

广琛知事不集，谓诸将曰："与公等从王，岂欲反耶？上皇播迁，道路不通，而诸子无贤于王者。如总江淮锐兵，长驱雍洛，大功可成。今乃不然，使吾等名继叛逆，如后世何？"

众许诺，遂割臂盟。

于是，惟明奔江宁，冯季康奔白沙，广琛以兵六千奔广陵。

武将们真真正正地星离云散了，没有脱离的就只有一位高仙琦。永王的军势在丹阳附近被地方势力击败，永王仅以五骑由丹阳奔鄱阳，打算南走岭南。但以当年二月，在大庾岭为江西采访使皇甫侁所擒而被杀害，高仙琦不知所终。就这样，连高适和来瑱的兵都还没有过江，战事便很快地结束了。

看来，永王为人是刚愎自用的。他的幕下也未始没有人才，而是有才而不能用。就如李白，他派了他的"谋主"之一人韦子春到庐山去把他请下山来，三请而后达到目的。李白有《赠韦秘书子春》一诗以纪其事。李白初下山时是至德元年（天宝十五年）十二月下半月，适逢永王的水师也由武昌开到九江。李白当时是兴高采烈的。《在水军宴韦司马楼船观伎》中有云："诗因鼓吹发，酒为剑歌雄"，得意之态如在目前。韦司马可能就是韦子春，秘书是旧职，司马是新官。同时所作的诗还有《在水军宴赠幕府诸侍御》，说他自己参加了宴会，"如登黄金台"，以燕昭王比永王，而以乐毅自比。然而不久他就幻灭了。李璘对于他，实际上并不那么重视。李白《与贾少公书》，充分证明了这一点。

> 白绵疾疲苶，长期恬退。才微识浅，无足济时。虽中原横溃，将何以救之？王命崇重，大总元戎，辞书三至，人轻礼重。严期迫切，难以固辞。扶力一行，前观进退。……徒尘忝幕府，终无能为。唯当报国荐贤，持以自免。斯言若谬，天实殛之。

这很明显是在永王幕府中写的信，估计在他写了《东巡歌》之后不会太久。他自己已经感觉着，在幕府里面等于灰尘了。李白在幕府中的生活，整个计算起来，只有两个月光景。心境转变得很快，环境也转变得很快。还没有来得及让他荐贤自代，他只好从前线奔亡了。有《南奔书怀》诗，别题为《自丹阳南奔道中作》，其中有这样几句叙述到永王部下的崩溃情形和自己的心境：

> 天人秉旄钺，虎竹光藩翰。……不因秋风起，自有思归叹。主将动逸疑，王师忽离叛。……宾御如浮云，从风各消散。

秋风思归，用的是张翰的故事。张翰在西晋齐王冏的幕下，因秋风起而思食江东莼羹，因而离开了齐王。不久齐王失败被杀，张翰得免于难。李白说自己早就有思归之叹，并不是待秋风起而思莼羹，这和《与贾少公书》中所说是一致的。真正的原因是李璘并不重视他。从这一点看来，李璘远不如他的"友于皇帝"李亨。李亨还知道重用高适以为讨伐李璘的统帅，而李璘却使李白感觉着自己在幕府里只像是灰尘。李白既受到这样的待遇，其他有才智之士尽可以类推。就如季广琛所说的"总江淮锐兵，长驱雍洛"也并不是错误的见解。可见永王部下的武臣们也并不赞成内战。如果李璘能够集思广益，一方面抚慰人民，真正做到"秋毫不犯三吴悦"，另一方面联络地方上的实力派，真正做到"总江淮锐兵，长驱雍洛"，他实在是大有可为的。然而他却急于首先揭开了内战的幕，使好端端的一个局面，被他自己的独断专行葬送了。李白高度激昂的心境很快地转而为极端的灰心，不是没有来由的。

李白是被挟在两种私心之间遭受到灾难，他对于李璘的忘公谊而急私忿固然早就失望，而对于肃宗李亨的先安内而后攘外也是十分痛心。但他不敢明言，却屡屡借题讽喻。例如《箜篌谣》："汉谣一斗粟，不与淮南春；兄弟尚路人，吾心安所从？"又如《上留田行》："参商胡乃寻天兵？……尺布之谣，塞耳不能听。"所谓"汉谣"是讽刺汉文帝刘恒与淮南王刘长之间的冲突。刘长不守法度，被充军西蜀，不食而死。民间因有《尺布之谣》："一尺布，尚可缝。一斗粟，尚可舂。兄弟二人不相容。""参商寻天兵"的故事，见《左传》昭公元年，据说古代高辛氏有两个儿子不和睦，老是在天上打仗，高辛氏便叫大儿子去主管商星（又名心星或大火）、二儿子去主管参星。这两个星座是对立着的，在晚上的天空中不能同时出现。两者既不会见面，当然不会再打仗了。这个神话很古，可能传自殷代。（卜辞十二辰中有两个不同结构的"子"字，即第一位的"子"与第六位的"巳"，是对立着的。）李白的诗，毫无疑问，是在利用这些传说来讽喻时事。

又《南奔书怀》中有句云："秦赵兴天兵，茫茫九州乱"，诗意全同。何以标出"秦赵"？旧时注家未得其解。今案《史记·赵世家》云："赵氏之先与秦共祖。"中衍之后飞廉有子二人，其一曰恶来，其后为秦；恶来弟曰季胜，其后为赵。故秦与赵乃兄弟之国。"秦赵兴天兵"即"参商寻天兵"。"秦"自指肃宗集团，"赵"则喻永王军势。李白是反对打内战的，然而李亨与李璘毕竟把"北寇"丢在一边以干戈相见，而李璘已一败涂地。"过江誓流水，志在清中原；拔剑击前柱，悲歌难重论。"这是《南奔书怀》的最后四句，表明了李白的失望和痛心。真正是"尺布之谣，塞耳不能听"了！

永王失败被杀，同时他的几位"谋主"——薛镠、李台卿、韦子春、刘巨鳞、蔡駉，《新唐书·永王传》以为"皆伏诛"，其实并不尽然。其中李台卿一名便确实没有被杀，李白在长流夜郎遇赦放回后还有诗送他，即《赠别舍人弟台卿之江南》。诗作于乾元二年（759），是李白游潇湘时与李台卿相遇。诗中云"良图委蔓草，古貌成枯桑；欲道心下事，时人疑夜光"，所说的便是永王东巡事。又云"吾弟经济士，谪居我何伤？潜虬隐尺水，著论谈兴亡"。可见李台卿被谪贬在潇湘附近。李白称之为"经济士"，又称之为"潜虬"（卧龙），看来他们之间的感情并没有变。李台卿不是背叛投降是可以肯定的。他之没有被诛，一定是有有力者保护了他，详细的情况不明。

李白虽然没有被列为永王的"谋主"，但他的名气大，他的出处关系也大。照杜甫的诗看来，他在当时是"世人皆欲杀"（《不见》）的。何以也没有被杀？在这里，裴敬在《翰林学士李公墓碑》中叙述了一段逸事：

（李白）尝有知鉴，客并州（太原），识郭汾阳于行伍间，为脱免其刑责而奖重之。后汾阳以（已）功成官爵，请赎翰林。上许之，因免诛。其报也。

碑文作于唐武宗会昌三年（843），在李白死后八十一年，郭子仪死后六十二年。《新唐书·李白传》、乐史《李翰林别集序》都转载此事。前人大率信而不疑，近人詹锳根据颜真卿《家庙碑》，得知，郭子仪弱冠应举，即趋显达，时当在开元四年左右，李白尚未出夔门。又天宝以前，子仪并未尝任职并州。故断言："太白解救汾阳之说，纯属伪托；至汾阳之以官爵赎翰林，确否虽不可必，然其决非报德。"（《李白诗文系年》十七页）詹氏考证颇详，"伪托"之说可信。唯沿旧说，谓"汾阳之以官爵赎翰林"，则是把裴敬碑文的"以功成官爵，请赎翰林"误解了。今案"以"字应该读为"已"，前人照字面作"用"字解，把事实太夸大了。永王失败时，郭子仪任左仆射兼天下兵马副元帅，他为爱才起见，对于李白的处分发表过从宽的意见，应该是合情合理的事。有了郭子仪的缓颊，李白因而得免于诛戮，但传入民间便傅益成为郭李相救的传说。这传说，其后尚有发展，如《警世通言》的《李谪仙醉草吓蛮书》（后收入《今古奇观》），竟说李白在长安游街，看到郭子仪犯法，被绑赴刑场，出面把他搭救了。这应该说是民间的同情心的表现，是李白所赋有的平民性的一面所得到的回报。民间对于所爱好的人，是不愿意他被杀乃至死亡的，李白其后病死于当涂也被美化为入水捕月而骑鲸飞升的传说，是出于同样的心理。

永王死后，《新唐书》本传中还有一些尾声，足以看出封建统治阶级在狗咬狗的闹剧中，所表演出的假仁假义。

> 璘未败时，上皇下诰：降为庶人，徙置房陵。及死，（皇甫）侁送妻子至蜀，上皇伤悼久之。
>
> 肃宗以少所自鞠（抚养），不宣其罪。谓左右曰："皇甫侁执吾弟，不送之蜀而擅杀之，何耶？"由是不复用。

分明是自己的狡兔三窟之计，南北并进，而却把李璘作为替罪羊，既废之而又"悼之"；分明是自己下令讨伐，东西夹攻，而却斥责皇甫侁的"擅杀"，既罪之而又"不宣其罪"；依然在尔虞我诈、我诈尔虞。这就是封建帝王父子兄弟之间的现实关系。皇甫侁自以为体得了意旨而落得"不复用"，只是兔死狗烹之又一例证而已。假如他不"擅杀"，难保不会以同情叛逆的罪名，而受到更严烈的处分的。

要之，永王的迅速败亡，是李白在政治活动中的又一次大失败，而且失败得更惨，更加突如其来。他虽然没有被杀，但寻阳的监狱在等待着他，夜郎的流窜在等待着他，迅速的衰老和难治的疾病在等待着他，李白所表演的悲剧逐步地快要接近尾声了。

李白在长流夜郎前后

永王败走，李白也只好苍黄南奔。他奔到彭泽自首，于是便以附逆之罪被投入狱中。这在他真是没有梦想到的天外飞来的横祸。他的从永王"东巡"，本来是出于一片报国忧民的诚意，谁想到竟落得成为一个叛逆的大罪人？他是异常悲愤而伤痛的。他在狱中做了《百忧章》《万愤词》等诗，说他"举酒太息，泣血盈杯"（《百忧章》），又说"泪血地而成泥，狱户春而不草"（《万愤词》）。他在精神上受了很大的打击。

意外的是，他这时和十年前的诗友高适却成为了对立面。高适是反对房琯"制置"建议的人。《唐书·高适传》："永王璘起兵于江东，欲据扬州。初，上皇以诸王分镇，适切谏不可。及是，永王叛。肃宗闻其论谏有素，召而谋之。适因陈江东利害，永王必败。上奇其对，以适兼御史大夫、扬州大都督府长史、淮南节度使。诏与江东节度使来瑱率本部兵平江淮之乱，会于安州。师将渡而永王败，乃招季广琛于历阳。兵罢。"高适，与李白、杜甫相反，成为肃宗集团的人，因而飞黄腾达起来了。高适既是讨伐永王的统帅，李白自然也就是他所讨伐的对象。李白的下狱是否出于高的指令不得而知，他至少是采取着作壁上观的态度。这在受者直等于幸灾乐祸。因此，李白对于高适的感情也就可想而知了。李白有《送张秀才谒高中丞》一诗，实际上是对于高适的一篇《广绝交书》。诗有序：

> 余时系寻阳狱中，正读《留侯（张良）传》。秀才张孟熊，蕴灭胡之策，将之广陵（扬州），谒高中丞（适）。余喜子房之风，感激于斯人。因作是诗以送之。

"中丞"为御史大夫的副职，史称高适兼御史大夫，盖尊称之。张孟熊"蕴灭胡之策"，是说他有恢复东西二京，消灭安庆绪、史思明的计划。当年正月安庆绪已经杀了他的父亲安禄山，仍然盘据在洛阳。张孟熊是想去见高适，劝他进兵洛阳。所以使得李白"感激"——深深地有所同感，而认为张孟熊有其远祖张子房（良）之风。因为这样，所以作诗送他。无疑也是有意通过他把诗给高适看，以表达自己的心境。诗的前半段称颂张良"智勇冠终古"，初则为韩报仇而反秦，继复佐汉解纷而灭楚。张孟熊既有平定安史之乱的计划，因而说他发扬了先人的"清芬"。接下去便转入了当时的现实。

> 胡月入紫微，三光乱天文。高公镇淮海，谈笑却妖氛。采尔幕中画，戡难光殊勋。我无燕霜感，玉石俱烧焚。但洒一行泪，临歧竟何云？

在胡尘涨天的时候,东西两京沦陷,玄肃二帝蒙尘,日月五星的运行都混乱了。在这时出镇淮海的"高公",在"谈笑"之间扫却了"妖氛"。但这所谓"妖氛"并不是主要的敌人安庆绪、史思明,而是准备去进攻安史的皇帝的兄弟永王;把永王打败了的也并不是出镇淮海的"高公",而是地方势力。事实的经过赋予诗以讥讽。张孟熊怀有"灭胡之策",假使"高公"能够采取这个计划,把内战的矛头转向外战,转向真正的主要敌人,那就会认真建立"殊勋"了。这些诗句,对于"高公",应该是很犀利的刺。

由于内战,使得"玉石俱焚",李白本人正被囚在狱中等待处分。说"我无燕霜感",其实正是我有涨天的燕霜之感。这诗可以和《古风》第三十七首对照着读。

> 燕臣昔恸哭,五月飞秋霜;庶女号苍天,震风击齐堂。
> 精诚有所感,造化为悲伤。而我竟何辜?远身金殿旁。
> 浮云蔽紫闼,白日难回光。群沙秽明珠,众草凌孤芳。
> 古来共叹息,流泪空沾裳。

"邹衍无罪,见拘于燕。当夏五月,仰天而叹,天为陨霜。"(《论衡·感虚篇》引古说)"庶女叫天,雷电下击,(齐)景公台陨,支体伤折,海水大出。"(见《淮南子·览冥训》,高诱注云:"庶贱之女,齐之寡妇。无子,不嫁。事姑谨敬。姑无男有女。女利母财,令母嫁妇。妇益不肯。女杀母以诬寡妇,妇不能自明,冤结叫天。天为作雷电,下击景公之台。陨,坏也;毁景公之支体,海水为之大溢出也。")

李白在这首《古风》中自比为邹衍与齐女，受了冤屈，大有燕霜齐电之感。这首《古风》，注家多以为作于被谗逐的天宝初年，如果当年便有燕霜齐电之感，那么在永王事件后被系狱于浔阳，更不能说没有燕霜齐电之感了。"但洒一行泪，临歧竟何云？"无话可说，也正可以解释为无言的抗议。

送张孟熊的诗，无疑是被高适看过的，但他来了个不予理会。从此，李白和高适之间便再也看不出有何关系了。高适镇广陵不到一年，在至德二年（757）的冬天改授太子少詹事，移驻洛阳。又不一年半光景，乾元二年（759）三月，九节度使师大溃于相州（今河南安阳），高适由洛阳南奔，绕道襄阳、邓州而至长安。五月出任彭州刺史，在任一年多，于上元元年（760）又改任蜀州刺史。当他在西蜀的任内，照杜甫的诗看来，西蜀的上层舆论认为李白是该杀的（《不见》："世人皆欲杀"）。刺史是左右舆论的人，可以想见高适对于李白一直处在敌对的地位。李白以乾元二年春在长流夜郎的途中——巫峡，遇赦，东下江陵，在江夏、潇湘等地还流连了一年多，但他没有回到西蜀而放浪于长江下游，看来不是没有原故的。尽管杜甫在《不见》一诗中希望他回乡："匡山读书处，头白好归来"；然而他一直到死，终竟没有回到他少年时的读书处——绵州的大匡山。

李白和高适这两位诗人在梁宋之游所结下的友谊，成为了玄宗与肃宗父子之间、李亨与李璘兄弟之间权力争夺的牺牲。从这个角度来看，《古风》第五十九首的含义，才可以得到切实的理解。

恻恻泣路歧，哀哀悲素丝。路歧有南北，素丝易变移。万事固如此，人生无定期。田（蚡）窦（婴）相倾夺，宾客互盈亏。世途多翻覆，交道方岖嵚。斗酒强然诺，寸心终自疑。张（耳）陈（馀）竟火灭，萧（育）朱（博）亦星离。众鸟集荣柯，穷鱼守枯池。嗟嗟失欢客，勤问何所规？

"路歧有南北"，不就是贺兰进明所指的玄宗集团的"南朝"和与之对立的肃宗集团的北朝吗？纯白的丝，染于苍则苍，染于黄则黄，看你是靠近哪一边。汉景帝时的窦婴与田蚡都以外戚相继得势，宾客即互为盈亏，趋炎附势者流只朝有权势者的一边跑。交道是所谓"翻手作云覆手雨"的。饮酒高歌、慷慨激昂时所发出的盟誓，毕竟不过是一时的心血来潮。张耳与陈馀那样共同起义过的朋友，后来不是火并了吗？——张耳为汉将，把陈馀杀掉了。萧育与朱博那样的刎颈交，后来不是也势不两立吗？这些话里面，不能说没有含蓄着李白与高适的分道扬镳。"嗟嗟失欢客"另有所指，我以为指的是杜甫，留待下文适当的地方再加以说明。

李白对于交道的反复尽管这样悲叹，但他依然是得到了朋友的帮助。首先他的被捕下狱，又继之以长流夜郎而未遭到杀戮，有材料说明他是得到郭子仪的缓颊。不然，他是很难免于死的。

确实给了帮助的还有宰相张镐、江南宣慰使崔涣和御史中丞宋若思。这些人，李白都有诗呈赠。特别是宋若思，在直接管理他的案件，曾经审讯过他，为他昭雪。他释放了李白让他参加了自己的幕府，还极力向肃宗朝廷推荐。李白有诗赠宋，题为《中丞宋公以吴兵三千赴河南，军次寻阳，脱余之囚，参谋幕府，因诗赠之》。诗中有句云："组练明秋浦，楼船入郢都；风高初选将，月满欲平胡。"所叙是秋天的气象，无疑是八、九月间的事。可知李白在狱中，可能呆了半年光景。

李白对于宋若思是很感激的。他从监狱里被释放了出来，在宋的幕府里虽然只住了短短的一两个月，却以宋的名义留下了一些有力的文章，足证李白又有了一个精神亢扬的期间。

《为宋中丞请都金陵表》把当时的局势叙述得比较醒豁。

今，自河以北，为胡所凌；自河之南，孤城四垒。大盗蚕食，割为鸿沟；宇宙屼屼，昭然可睹。

这是说黄河流域要光复旧业，很难办到。于是用对比的手法，接着写出金陵的形胜，表明最上的办法只好南迁。

臣伏见金陵旧都，地称天险；龙盘虎踞，开局自然。六代皇居，五福斯在；雄图霸迹，隐轸犹存；咽喉控带，萦错如绣。天下衣冠士庶，避地东吴，永嘉南迁，未盛于此。

请注意，当时黄河流域的地主阶级南奔吴越，不仅有似永嘉南渡，而且可能超过了永嘉南渡。这是很好的史料。从这里可以看出：迁都金陵建立"东唐"或"南唐"，是当时的一种舆论。李白虽然在替宋若思立言，其实表达了一般地主阶级的意见，也表达了自己的意见。李白之所以肯从永王"东巡",其目的至少一半即在实现这种希望。李璘失败了,希望未能实现,现在他又通过宋若思去恳求李亨来实现了。然而唐代的统治者毕竟是幸运。由于敌人的内讧,也由于得到回纥的协助——是付了高度代价的协助,就在至德二年的九月和十月,也就是在宋若思上表的期间,东西二京都相继收复了,南迁或东渡的必要也就自然消除了。尽管洛阳的收复以后还有些波折,但恢复中原已成定局,中国不至于再分裂为南北朝了。

另一篇文章是《为宋中丞祭九江文》,文章虽短,却同样有力。这等于是一篇誓师文,值得重视。"祭九江"其实就是祭长江。文中称长江为"长源公"。王琦注引《唐书·玄宗纪下》"(天宝六载)封河渎为灵源公,济渎为清源公,江渎为广源公,淮渎为长源公"。王谓"今祭江神而曰'长源公',盖字之误也"。字误是没有问题的,但不是李白文的字误,而是《唐书》的字误。长江,源远流长,应是长源公;淮水,源多流广,应是广源公。李白文倒可以纠正《唐书》之误。

长江,何以又称为"九江"?旧时有种种说法,大抵都在两湖和江西境内寻出九条支流以充数,以说明所谓"江流九派"。但从《禹贡》的"九江孔殷,沱、潜既道,云土梦作乂"看来,在"九江"的总目下涉及了在四川境内的支流和湖北境内的云梦,可见古时所谓"九江"必然有不同的含义。我揣想,应该是指长江上游的九条大支流,即岷江(古以为长江之源)、大渡河、金沙江、沱江、嘉陵江、黔江、湘江、汉水、赣江。是这样的九条大水综合成为长江,故长江又称为"九江"。这样,《禹贡》的叙述也才可以得到妥帖的说明。

古以五岳四渎为神。四渎，《唐书》以江、淮、河、济当之，但亦有江、淮、河、汉之说。宋若思誓要誓师北伐，故李白为之作文以祭长江。虽然视长江为神而加以禋祀，沿袭了古来的迷信，但这是时代的限制。从文章的角度来说，《祭九江文》倒是值得欣赏的一篇古文。文章并不长，不妨把全文引在下边。

谨以三牲之奠，敬祭于长源公之灵。

惟神（指长江）包括乾坤，平准天地，划三峡以中断，疏九道以争奔。纲纪南维，朝宗东海。牲玉有礼，祀典无亏。

今万乘蒙尘，五陵惨黩。苍生悉为白骨，赤血流于紫宫。宇宙倒悬，欃枪未灭。含识结愤，思剪元凶。

若思忝列雄藩，恪当重寄。遵奉王命，大举天兵。照海色于旌旗，肃军威于原野；而洪涛渤潏，狂飚振惊。

惟神使阳侯卷波，羲和奉命。楼船先济，士马无虞。扫妖孽于幽燕，斩鲸鲵于河洛。

惟神佑我，降休于民。敬陈精诚，庶垂歆飨。

仅仅一百七十五个字，把长江的气魄、时局的艰危、战士的振奋，表现得颇有力量。这和《春夜宴桃花园序》对照看，是别具风格的文字，一边是轻松，一边是凝重，但无疑都是经过充分锤炼的作品。

另有一篇文章《为宋中丞自荐表》，前人似乎不曾怀疑过，但却是大有可疑。"自荐"本来不是什么稀罕的事，但代人立言自荐却是十分奇特的。代人自荐，很难立言。被代者何苦对所荐者一定要出这样的难题？这是逼着人自己称赞自己。宋若思既是御史，自能执笔。即使要找人代笔，他的幕府中也绝对不会只有李白一个人。

表文中所叙述，有的地方和事实不符。例如，"遇永王东巡，胁行，中道奔走，却至彭泽。"李白从永王"东巡"，是受了三次聘请，最后由韦子春请下庐山的。下庐山时兴致勃勃，在永王水军中的初期也兴高采烈，并不是"胁行"。《流夜郎，忆旧游书怀，赠韦良宰》诗中有云："半夜水军来，寻阳满旌旃；空名适自误，迫胁上楼船。"这个"迫胁"犹言"迫遽"、"迫促"，是说自己匆匆忙忙地上了楼船。这和《与贾少公书》中所说"严期迫切，难以固辞，扶力一行，前观进退"，是一致的。但改说为"胁行"则是完全被动了。这在宋若思，是有意为李白开脱；但如出于李白的笔下，那就太不光明磊落了。

"中道奔走"也不符事实。李白有《南奔书怀》诗，一题作《自丹阳南奔道中作》，丹阳是永王与地方势力作战的最前线，可见李白是到了最前线。诗中所写，如"舟中指可掬，城上骸争爨"，也完全是前线作战的情形。这就证明：李白并不是"中道奔走"。写为"中道奔走"，在宋若思是有意为李白开脱；但如出于李白的笔下，那也太不光明磊落了。

表文中称赞李白的地方，有些措辞过分夸大。例如说，李白"文可以变风俗，学可以究天人，一命不沾，四海称屈"，这由宋若思或别的代笔人写出，可以表示对于李白的衷心的钦佩和同情；但如果出自李白的笔下，那就有点过于狂妄自大了。又例如说："昔四皓遭高皇而不起，翼惠帝而方来，君臣离合，亦各有数。岂使此人（指李白）名扬宇宙，而枯槁当年？"把李白比为商山四皓，把唐肃宗却比为懦弱无能的汉惠帝，这个典故，用得很欠斟酌。而且说李白"名扬宇宙"，也未免太夸夸其谈了。执笔者既责备了唐玄宗无知人之明，又对于唐肃宗施加以非用贤不可的压力；文章实在大有毛病。这如果真是出于李白的手笔，李白不简直是个狂人吗？

因此，我的看法是：这篇《荐表》决不是李白的代笔，甚至是否经过李白看过，都值得怀疑。但为什么又成为了李白的代笔呢？我看，这是当时肃宗朝廷里面认为李白该杀的一批人的任意栽诬。李白既在宋若思幕中，宋若思所上的表文，自然可以认为出自李白的手笔了。这样便增加了李白的狂妄之罪，率性严加究办，长流夜郎！这在李白真是活天冤枉。后人不察，把这篇文章收入李白的诗文集中，这样的冤罪还蒙受了一千多年，更是李白所意料不及的。

长流夜郎！——李白又意外地遭受到大祸，于是刚得到解脱的心境又由亢扬的高峰陡降入苦痛的深谷。李白因而生了病，不能不离开设在武昌的宋若思幕府，暂时到宿松去避难养病。李白有《赠张相镐》诗二首，题下自注云："时逃难，病在宿松山作。"诗的第一首中有云："拥旄秉金钺，伐鼓乘朱轮；虎将如雷霆，总戎向东巡。"这和至德二年十一月张镐东征的史实相符。《新唐书·肃宗纪》：至德二年"十一月丙午（初二日，刻本误作'丙子'），张镐率四镇伊西北庭行营兵马使李嗣业、陕西节度使来瑱、河南都知兵马使嗣吴王（李）祗，克河南郡县。"故知《赠张相镐》诗必作于至德二年十一月。

又同书《肃宗纪》至德二年十二月初二，因玄宗由成都回到长安，为了表示庆贺，赐"民酺五日"（叫老百姓饮酒作乐五天）。李白有诗《流夜郎闻酺不预》，因为是充军的罪犯没有资格参加庆典，可见长流夜郎的定罪至迟当在当年的十一月底。

李白首途赴夜郎（在今贵州遵义附近）即以当年十二月初旬或中旬由宿松出发，溯江西上。在起程的一段路上，有他的妻室宗氏和妻弟宗璟陪同，送到浔阳江才分别了。沿途有些逗留，同地方官吏或过境官吏时有应酬，还能游山玩水，饮酒赋诗。但李白的心境是近乎绝望的。他没有在浔阳狱中时的"百忧"和"万愤"了。他似乎感觉到"忧"既无益，"愤"也多余，而是有点"听天由命"了。"天命有所悬，安得苦愁思？"（《流夜郎，永华寺寄浔阳群官》）"我去黄牛峡，遥愁白帝猿；赠君卷葹草，心断竟何言？"（《留别龚处士》）不过，他也还没有完全绝望，那就是希望有万一的机会遇赦，"我愁远谪夜郎去，何日金鸡放赦还？"（《流夜郎赠辛判官》）

这个等于无望的希望，却很快地便被他望到了。乾元二年（759）三月，因关内大旱，曾经有过一次赦令："天下现禁囚徒，死罪从流，流罪已下一切放免。"（见《唐大诏令集》卷八十四《以春令减降囚徒敕》）李白这名受到"流罪"处分的"现禁囚徒"便得到"放免"。当接到赦令时，他刚刚到了巫峡，在舟行生活中整整过了十五个月。《自巴东舟行，经瞿唐峡（古西陵峡），登巫山最高峰，晚还题壁》诗云："江行几千里，海月十五圆"，便是这时节的作品。

在近于绝望的心境中，忽然在半途遇到大赦，李白的高兴是可以想见的。在他的诗歌创作中，这时又来了一个高潮。有名的七绝《早发白帝城》（一作《白帝下江陵》或《下江陵》），唐人绝句的杰作之一，便是他兴致飞飏的绝好的表现。

  朝辞白帝彩云间，千里江陵一日还。
  两岸猿声啼不住，轻舟已过万重山。

这首诗，有人说是开元十三年（725），李白初出夔门时所作，也有人说是乾元二年遇赦离白帝城东下时所作，都没有说准确。他们都忽略了第二句的一个"还"字和第四句的"已过"两个字。那明明是遇赦东下，过了三峡，回到了荆州时做的。

通过江水的湍急浩荡，充分表现了心境的欢快激昂。这和遇赦前不久的《上三峡》，形成了南北两极。

  三朝上黄牛，三暮行太迟。三朝又三暮，不觉鬓成丝。

诗是从古歌谣的"朝见黄牛，暮见黄牛；三朝三暮，黄牛如故"脱胎而来。但古歌谣只言舟行的迟缓，李白诗则增加了流窜的愁苦。水行的快加上心境的快活，水行的慢加上心境的消沉，都是同性质的东西相加，各自起了成倍的合力作用。这种心境的激变，李白自己也是意识到的。他在诗里面有明确的纪录，请看他的《自汉阳病酒归，寄王明府》那首诗吧：

> 去岁左迁夜郎道，琉璃砚水长枯槁。
> 今年敕放巫山阳，蛟龙笔翰生辉光。
> 圣主还听《子虚赋》，相如却欲论文章。
> 愿扫鹦鹉洲，与君醉百场。
> 啸起白云飞七泽，歌吟渌水动三湘。
> 莫惜连船沽美酒，千金一掷买春芳！

李白的遇赦并不是特赦，然而也使他生出了一种幻想，以为朝廷看中了他的文章，就像汉武帝读到《子虚赋》，把司马相如召进京去的一样，他也会有这样的机会了。所以他非常高兴，愿意把鹦鹉洲打扫干净，和王汉阳醉它个一百回。他要放声高叫，使楚地的七泽腾起云雾；他要纵情歌唱，使湖南的绿水翻涌波澜。正是春日的芳华畅茂的时候，连船载着美酒，就花费多少的金钱也不用吝惜吧！他真是表现出了连天的欢喜。

李白这位诗人，看来是很天真的，他一高兴起来便容易在幻想中生活了。他希望朝廷召回，在约略同时做的《江夏送倩公归汉东序》中说得更加明白："今圣朝已舍季布，当征贾生，开颜洗目，一见白日，冀相视而笑于新松之山耶？"这幻想是多么地葱茏！为了抱有这个幻想，他在江汉一带逗留了多时，接着又南游洞庭、潇湘，在今湖南、湖北之间迟回了一年之久。其用意，令人无可怀疑地可以看出，就是在等待朝廷召回的好音了。他为此也请求过别人为他揄扬。诗集中那首最长的诗（长八百三十字）——《经乱离后，天恩流夜郎，忆旧游书怀，赠江夏韦太守良宰》，可以作为代表。诗的最末一节有这样的几句：

> 五色云间鹊，飞鸣天上来。传闻赦书至，却放夜郎回。
> 暖气变寒谷，炎烟生死灰。君登凤池去，勿弃贾生才。

他自比为贾谊，希望能被召回。这种希望，在诗文里表达过不止一次。当时的中原局势是怎样呢？正当李白由巫峡回到江汉一带的三月，郭子仪等九节度使的大兵，因大旱饥馑，溃于相州。九月史思明又攻陷了洛阳。所以诗的下文谈到了时局：

> 桀犬尚吠尧，匈奴笑千秋（田千秋，汉昭帝时的宰相）[①]。
> 中夜四五叹，常为大国忧。旌旆夹两山，黄河当中流。
> 连鸡不得进，饮马空夷犹。安得羿善射，一箭落旄头！

看来做诗的当时，九节度使师溃于相州的消息似乎早已传到了江夏，情况是不能令人乐观的。李白表示了他的殷忧，也表示了他的大志。扫荡胡尘，射落胡星，是他一向的志愿。这时仍然是雄心勃勃的。

但幻想毕竟只好幻灭。当时的肃宗朝廷，比之天宝年间，是每况愈下了。代替了李林甫和杨国忠的是李辅国（原是管养马的宦官），代替了杨贵妃的是张良娣。再加上玄肃父子之间的矛盾始终存在着，

[①] 田千秋在汉武帝、昭帝时均为宰相。"匈奴笑千秋"，事在武帝时。——编者注

凡属接近玄宗的人都先后遭到贬斥，如同情李白的张镐、崔涣、宋若思等人都是属于这一类。连仅仅官任左拾遗的杜甫，只因疏救房琯，已于乾元元年（758）六月谪贬为华州司功；第二年七月又因关中饥馑，不能不弃官流浪。正当李白流连江汉时，杜甫已经流落到成都了。在这样的情形之下，李白怎能有希望被朝廷召回呢？

因此，在上元元年（760）的春天，他结束了洞庭和潇湘的漫游，又折回到江夏；不久便东下寻阳而暂时寓居于豫章。

上元二年（761）他又离开了豫章，往来于宣城与历阳二郡之间。在这一年，他一生中最后一次重要的政治活动，便是在八月间去参加李光弼的东征，但半途在金陵生病而中止了。他有诗纪其事：《闻李太尉大举秦兵百万出征东南，懦夫请缨，冀申一割之用，半道病还，留别金陵崔侍御十九韵》。"李太尉"即李光弼。《通鉴》：上元二年五月"复以李光弼为河南副元帅、太尉兼侍中，都统河南、淮南东·西、山南东、荆南、江南西、浙江东·西八道行营节度，出镇临淮（今安徽泗县一带）。"出镇的主要用意是在防御安史的残余势力史朝义。诗共二十韵，题只言"十九韵"，因第一句入韵，未算入。其前几韵云：

秦出天下兵，蹴踏燕赵倾。黄河饮马竭，赤羽连天明。
太尉仗旄钺，云旗绕彭城。三军受号令，千里肃雷霆。
函谷绝飞鸟，武关拥连营。意在斩巨鳌，何论鲵与鲸！

极力写出军容之盛。"蹴踏燕赵倾"就是要摧毁安史的地盘。

"巨鳌"是指史朝义。当年三月史朝义已杀其父史思明，继承"大燕"的帝位，建元"显圣"。他还有不小的势力，东北可以退回幽燕，东南可以窜犯吴越。李光弼的出兵是有防止史朝义流窜的用意的。

李光弼以当年八月十七日赴河南行营。李白的参军诗中有"旧国见秋月"句，时令相合。这时，李白已经六十一岁了，他说他"愿雪会稽耻，将期报恩荣"。所谓"会稽耻"是指自己因从永王"东巡"而被长流夜郎的那一番失败。他到了那样的年龄还决心去从军，可以算得是"烈士暮年，壮心不已"（曹操诗句）了。看来他和李光弼之间必然有一定的关系，如果不是得到李光弼本人的同意，便是在他的幕府中有李白的熟人。不然，李白不会贸然从事。因病半途而废，他感受到十分的遗憾。

其实因病而废，却成了李白意外的幸事。李光弼的出兵还有第二个用意，是要镇压东南的人民。第二年的宝应元年（762），也就是李白去世的一年，八月，台州（今浙江临海县）袁晁起义，聚众二十万，接连占领了上饶、永嘉、宁波等地，声势浩大。史书上说"民疲于赋敛者多归之"（《通鉴》宝应元年），毫无疑问，二十万人中绝大多数是农民。这一农民起义，支持了九个月，但终为李光弼的部下所"讨平"了。李光弼这位契丹族的"中兴名将"，同时也是屠杀起义农民的刽子手。李白去从军，幸而生了病，不然岂不在他的一生中会真正留下了一个不能磨灭的大"耻"吗？

李白当时得的是什么病，没有明确记载。病必不轻，是可以断言的。估计，会是第二年十一月夺去了他的生命的所谓"腐胁疾"的初期。唐人皮日休《七爱诗》之一[1]，说到李白"竟遭腐胁疾，醉魄归八极"。"腐胁疾"，顾名思义，当是慢性脓胸穿孔。脓胸症的病源有种种，酒精中毒也是其中之一。李白在上元二年的发病，估计是急性脓胸症。病了，没有得到适当的治疗，便成为慢性。于是，肺部与胸壁之间的蓄脓，向体外腐蚀穿孔。这可能就是所谓"腐胁疾"了。

这种慢性症很难有痊愈的希望。李白的嗜酒，又至死不休，更使这样的疾病没有治愈的可能。李白真可以说是生于酒而死于酒。他到暮年，逐渐把学仙炼丹的迷信抛弃了，把功名富贵的野心也抛弃了，除诗歌之外，唯一的嗜好就是酒。

> 而我谢明主，衔哀流夜郎。归家酒债多，门客粲成行，
> 高谈满四座，一日倾千觞。

这是上元二年在宣州南陵县铜官《赠刘都使》诗中的几句。此外还有"所求竟无绪"句，很明显是他八月从军因病中途折回后的事。可见他不仅一个人独饮，而是有不少的酒客和他一同豪饮。有时他到田家去做客，同主人对饮至天黑。"田家有美酒，落日与之倾。"（《游谢氏山亭》）有时他饯别朋友，还要饮一个通宵。"今宵贳酒与君倾，……酣歌一夜送泉（渊）明。"（《送韩侍御之广德》）像这样不断的豪饮，他的可能因酒而得的病，如何能好？

---

[1]《七爱诗》所爱七人为房玄龄、杜如晦、李晟、卢鸿、元德秀、李白、白居易。对李白推崇备至，谓千万年不能得此俊才。——"惜哉千万年，此俊不可得！"——作者注

李白是以宝应元年（即上元三年）十一月死于当涂的。他到当涂去依靠"从叔"县令李阳冰，前人以为就在宝应元年中。但就他的《献从叔当涂宰阳冰》一诗看来，应该是在上元二年的冬天。这时在九江营商的"兄"可能已经离开了，或者兄弟之间生了隔阂，故只好去依靠"从叔"。诗是五言二十八韵，最后七韵是这样：

  小子别金陵，来时白下亭。群凤怜客鸟，差池相哀鸣。
  各拔五色毛，意重太山轻。赠微所费广，斗水浇长鲸。
  弹剑歌苦寒，严风起前楹。月衔天门晓，霜落牛渚清。
  长叹即归路，临川空屏营。

照这诗看来，分明是在冬天由金陵去当涂访问阳冰。因为在金陵靠着朋友们的周济不能维持生活，所以来到当涂求靠。但他开始没有说出来意；已经告别了，在船上写出这诗来奉献，才迫不得已说出了自己的窘迫。李阳冰看了诗，又才把他挽留了下来。这就表明：诗必作于上元二年的冬季。因此，他才有可能在当涂过第二年的重九。他有《九日龙山饮》一诗可以为证：

  九日龙山饮，黄花笑逐臣。醉看风落帽，舞爱月留人。

"龙山"在当涂县南十里，如果他是宝应元年的冬天才到当涂，他就不可能以"逐臣"身分在龙山登高，度过重九。他还有一首《九月十日即事》，应该是第二天做的。

> 昨日登高罢，今朝又举觞。菊花何太苦？遭此两重阳！

诗的格调情趣完全相同，把李白豪迈之气差不多洗脱干净了。简单二十个字，不仅仅在惜花，而且在借花自惜。他的一生也是遭了两次大蹭蹬的——赐金还山与长流夜郎。花遭两次重阳，人遭两次重伤。语甚平淡，而意却深远，好像在对自己唱安眠歌了。

李阳冰的《草堂集序》作于宝应元年十一月初旬，时李白病已垂危，在枕上授稿，请求作序。由这篇序文看来，李白寓居当涂也必然在一年前上元二年的岁暮。

> 阳冰，试弦歌于当涂，心非所好。公，遐不弃我，扁舟而相欢。临当挂冠，公又疾亟。草文万卷，手集未修。枕上授简，俾余为序。……自中原有事，公避地八年。当时著述，十丧其九。今存者，皆得之他人焉。时宝应元年十一月乙酉序。

"乙酉"是十一月初十，李白在当时或许尚在病中，但离去世也不会太远了。李白赴当涂如果是在李阳冰"临当挂冠"（就要离任）的时候，李阳冰不会挽留他，他也不便停留下来。故李白最后寓居当涂必然有一年光景，终于以"腐胁疾"病死在当涂。李华《故翰林学士李君墓志》谓"年六十有二，不偶，赋《临终歌》而卒。"《临终歌》今存集中，刊本误作《临路歌》，简短四十二字：

> 大鹏飞兮振八裔，中天摧兮力不济。
>
> 馀风激兮万世，游扶桑兮挂左袂。
>
> 后人得之（兮）传此，仲尼亡兮谁为出涕？

照样自比为大鹏，自负之心至死不变。然而自叹"力不济"，这和《古风五十九首》的第一首"吾衰竟谁陈？"是有一脉相通的。在那首《古风》里面，他想到了孔仲尼泣麟："希圣如有立，绝笔于获麟"；在这首《临终歌》里面，他又想到了孔仲尼泣麟。他一方面在自比仲尼，一方面又在叹息时无仲尼，而却寄希望于"后人"。实际上如果仲尼还在，未必肯为他"出涕"；而"后人"是没有辜负他的。他的诗歌被保留了一千多首，被传诵了一千多年，"后人"是没有辜负他的。

李白的道教迷信及其觉醒

李白的思想，受着他的阶级的限制和唐代思潮的影响，基本上是儒、释、道三家的混合物。他虽然怀抱着"达则兼善天下，穷则独善其身"的儒家教条；"兼善"的希望，他没有达到；"独善"的实际，却害了他的一身。他在"独善"方面，是深深陷没在道教的泥沼里，直至他的暮年。对于佛教，他也有相当的濡染，但深入程度还不及杜甫。杜甫是禅宗的信徒，而李白却是道教的方士。

李白在出蜀前的青少年时代，已经和道教接近。在出蜀后，更常常醉心于求仙访道、采药炼丹。特别在天宝三年在政治活动中遭到大失败，被"赐金还山"，离开了长安以后，他索性认真地传受了道箓。

李阳冰在《草堂集序》里说："丑正同列，害能成谤，格言不入，帝用疏之。公乃浪迹纵酒，以自昏秽；咏歌之际，屡称东山。……天子知其不可留，乃赐金归之。遂就从祖陈留采访大使（李）彦允，请北海高天师授道箓于齐州紫极宫（老子庙）；将东归蓬莱，仍羽人，驾丹丘耳。"这在李白看来是他私生活中的一件大事。他有《奉饯高尊师如贵道士传道箓毕归北海》一诗留下了纪录。他的道箓，还是安陵道士盖寰替他书写的，他也有诗纪其事。《访道安陵，遇盖寰为予造真箓，临别留赠》，便是。显然他是先去安陵（河南鄢陵县）找盖寰道士，把道箓造好了，然后到济南，由高如贵"尊师"在老子庙里面正式授予。这样，李白就成了一名真真正正的道士了。所以他在《草创大还》一诗里面，也郑重其事地说："抑予是何者？身在方士格！"

当年道教信徒受道箓有一定的仪式，《隋书·经籍志》中有所叙述。形式十分烦琐，比佛教徒的受戒、耶稣教徒的受洗礼，似乎还要像煞有介事。不妨把《隋书》所述介绍在下边，以表示这位"谪仙人"李白，干下了多么惊人的一件大蠢事！

> 其受道之法，初受《五千文箓》，次受《三洞箓》，次受《洞玄箓》，次受《上清箓》。箓皆素书（用朱写在白绢上），纪诸天曹官属佐吏之名，有多少。又有诸符错在其间。文章诡怪，世所不识。
>
> 受者必先洁斋，然后斋金环一，并诸贽币，以见于师。师受其贽，以箓授之。仍剖金环，各持其半，云以为约。弟子得箓，缄而佩之。
>
> 其洁斋之法，有黄箓、玉箓、金箓、涂炭等斋。为坛三成，每成皆置绵蕝（古人引绳束茅为之，后人挂纸钱）以为限域。旁各开门，皆有法象。
>
> 斋者亦有人数之限，以次入于绵蕝之中，鱼贯面缚，陈说愆

咎，告白神祇，昼夜不息。或一、二七日而止（少者一个七天，多者两个七天）。

其斋数之外有人者，并在绵蕝之外，谓之斋客。但拜谢而已，不面缚焉。

这是多么惊人的仪式！受道的人要像罪人一样，把自己的两手背剪起来，一个七天七夜乃至两个七天七夜，鱼贯而行，环绕坛坫，不断地口中念念有词，向神祇忏悔。用不用饮食呢？没有提到。既是"洁斋"，又"昼夜不息"，恐怕是不用饮食的吧。这样惨酷的疲劳轰炸，身体衰弱的人等不到七天七夜就会搞垮。不能坚持到底的人，便成为落伍者，不能得"道"。能够坚持到底的人，自然会搞得精神和肉体两都疲惫不堪，在这时就会发生幻视、幻听等精神异常的现象。他会看到神人显形，也会听到神人宣示或者所谓天上的音乐。

"受道者"，和仅有一半资格的"斋客"不同，和毫无资格的凡人更是不同，事实上是一些愚蠢透顶的狂信徒。想到那样放荡不羁的李白，却也心甘情愿地成为这样的人，实在是有点令人难解。因此，同情他的人，不论是和他同时或稍晚，都想为他辩护。李阳冰说他"浪迹纵酒，以自昏秽"，则迷信道教是更进一步地"以自昏秽"，自在不言之中。稍晚的范传正在《新墓碑》中辩护得更加淋漓尽致。

公以为千钧之弩，一发不中，则当摧槔折牙，而永息机用；安能效碌碌者苏而复上哉？脱屣轩冕，释羁韁锁，因肆情性，大放宇宙间。

饮酒，非嗜其酣乐，取其昏以自富（护？）。

作诗，非事于文律，取其吟以自适。

好神仙，非慕其轻举，将不可求之事求之，欲耗壮心、遣余年也。

辩护得煞费苦心，但如李白有知，恐怕连他自己也不会同意。李白本人倒是很认真的。他想做官——说得冠冕一点，便是"兼善天下"，很认真；饮酒，很认真；作诗，很认真；好神仙，也很认真。他常常看到一些神人、仙人的形象，向他招手，对他说话，授他以仙诀，有时还给他以白鹿、鸾凤之类，使他飞行于太清。这些，在他的诗里面层见迭出，举不胜举。这和屈原在《离骚》里面的乘龙驭凤、遨游九天的叙述有所不同——在《远游》里面虽然有类似处，但《远游》不是屈原的作品；屈原的是出于悬想，李白的是出于迷信。他深信那些仙翁、仙女、仙兽、仙禽等是实质的存在。他深信人可以长生不老，或者返老还童。他和秦始皇一样，真正相信东海上有神仙居住的三神山。他和汉武帝一样，真正相信西方的昆仑山上有西王母。他相信麻姑的指甲就和鸟爪一样，搔起背来却很轻。他相信比人要小得多的白鹤、黄鹄等会把人载着飞入仙境。他相信人可以长出羽毛（所谓"羽化"），像鸟一样飞翔；这样的人就叫作"羽人"。他甚至相信武昌的黄鹤楼就是仙人在那里"学飞术"的地方。——《望黄鹤楼》诗："颇闻列仙人，于此学飞术。"

山东的泰山，那样实际存在着的海拔一五三二米的山，他在天宝元年去登过，有《游泰山》诗六首以纪其事。他在那里却遇着了"玉女"（第一首）、"羽人"（第二首）、"青童"（第三首）、"众神"（第四首）、"鹤上仙"（第五首）、"仙人"（第六首），首首都在和神仙打交道；使得他"稽首再拜"，"叹息"，"踌躇"，"恍惚不忆归"；然而终是可望而不可及。值得注意的是，第四首里面有这样的话：

清斋三千日，裂素写道经；吟诵有所得，从神卫我形。

"三千日"约等于八年的岁月，要说为夸大，像"白发三千丈"那样，倒很简单。但六首诗都是很虔诚的，不好在这一首中玩弄那样不切实际的夸大手法。因此，这"清斋三千日"句，恐怕是"三七日"（三个七天）的字误。天宝元年，他还没有成为真正的道士，但他已经那样虔诚了。他在登泰山以前作了那么长时期的斋戒。这就可以使他的精神异常，发生幻觉了。他所见到、所听到的东西，在正常的人认为是幻，而在他自己却是真——他是真正看到，真正听到的。这样就使他的迷信，维系了相当长远的岁月。

由于他相信神仙，相信人可以成为神仙，故他相信仙药，相信灵丹，相信服了仙药的人可以长生，可以生出羽翼而高飞。

安得生羽毛，千春卧蓬瀛？

——《天台晓望》

安得不死药，高飞向蓬瀛？

——《游泰山》第四首

这是他经常提出的问题，也就是迷信神仙者所经常提出的根本问题。秦始皇这样提出过，汉武帝这样提出过，但在秦皇汉武之后，问题的答案好像已经找着了。那就是李白在《题雍丘崔明府丹灶》一诗里，所概括出的两句话：

九转但能生羽翼，双凫忽去定何依？

只要有了"九转金丹"，服用了便能生出羽翼，一双草鞋也就成为一对水鸟，可以载着人白日飞升。这就是所谓答案。"九转金丹"是什么？晋人葛洪在所著《抱朴子·金丹篇第四》中有所叙述，可能也就是他本人所"发明"。

一转之丹，服之，三年得仙；
二转之丹，服之，二年得仙；
三转之丹，服之，一年得仙；
四转之丹，服之，半年得仙；
五转之丹，服之，百日得仙；
六转之丹，服之，四十日得仙；
七转之丹，服之，三十日得仙；
八转之丹，服之，十日得仙；
九转之丹，服之，三日得仙。

什么是"丹"？就是以硫化汞（HgS）的丹砂为基础，搀杂以别种矿石粉末，用火化炼出来的东西。所谓"转"，也就是化学变化。由于某一种物质或几种物质的化学变化，没有得到正确的理解，而认为不可思议，因而发生出长生仙药或点石成金的幻想。例如，硫化汞是呈红色的矿物，故称之为"丹砂"。丹砂经火后，离析其硫黄成分而剩下水银，则由红转白，由固体转为半流体。这些现象，葛洪是目击到的，但他却知其然而不知其所以然。他在《金丹篇》里说："丹砂本赤物，从何得成此白物（水银呈白色）？"又说："丹砂是石耳，今烧诸石皆成灰，而丹砂何独得尔？（言化为水银而能流动。）"就由这一知半解便窜入炼丹术或点金术的邪途。这样的邪途，在唐代天宝年间经过大食（阿拉伯）再传到西方。歌德在《浮士德》诗剧中，对于炼丹术也有所吟咏。[①]但在西方，后来因知识有了进境，转为了科学的化学。在中国古代，则转来转去，没有转到科学的阶段而荒废了。

为了追求长生，秦皇汉武已经受了骗，魏晋的统治阶层也接着受了骗。受了骗的结果，有的人也受到教训，得以知道："服食求神仙，多为药所误。"（《古诗十九首》中的《驱车上东门》）因此，也有人不相信所谓"灵丹"。这在葛洪本人也早就在埋怨了："有积金盈柜、聚钱如山者，复不知有此不死之法；就令闻之，亦万无一信。"（《金丹篇》）其实这倒错怪了人。有钱人倒是相信的；愈有钱，愈想长生不死。"万无一信"的是没有钱的穷苦人，在水深火热

[①] 参看拙译《浮士德》第一部，51—52页。——作者注

的牛马不如的生活中,哪有心情去追求长生!

当然,知道是骗局而不愿再受骗的有产者自然也有,如撰述《隋书·经籍志》的唐人就揭穿了这一点:"金丹玉液、长生之事,历代糜费,不可胜纪,竟无效焉。"但尽管"无效",愚而不可救药的上层统治者却照样受骗,也"不可胜纪"!《经籍志》中就叙述到梁武帝的一例。陶弘景为梁武帝"试合神丹,竟不能就",偏谎言"中原隔绝,药物不精"之故(古时以为越南所产的丹砂最精),梁武帝却深信不疑,对于陶弘景更加崇敬。

李白也不过是在向这些最愚蠢的统治者学步而已。他认真炼过灵丹,炼丹时非常神气。

闭剑琉璃匣,炼丹紫翠房。身佩豁落图,腰垂虎鞶囊。仙人驾彩凤,志在穷遐荒。

——《留别曹南群官之江南》

弃剑学丹砂,临炉双玉童。寄言息夫子,岁晚陟方蓬。

——《流夜郎半道承恩放还,
兼欣克服之美,书怀示息秀才》

炼丹时把心爱的宝剑丢在一边,不再讲任侠了。腰系着绣有伏虎形的荷包,荷包中盛着《豁落图》,即所谓道箓。——"豁落"是道教术语。道经中有所谓"青真童子名之为豁落七元"。又说"天书字……八角垂芒，光辉照耀，惊心炫目"。[①]李白在《访道安陵》一诗中形容道士盖寰为他所造的真篆时便有"七元洞豁落，八角垂星虹"二句。故知所谓《豁落图》即是道篆。还有一对玉童在身旁协助。丹炼好了，服之成了仙，便可以远游于蓬莱、方壶等所谓海上的三神山了。

炼丹糜费，当然要有资本：一要有钱，二要有健康。这两样资本，在李白壮年时代都是不缺乏的。他自己说过："炼丹费火石，采药穷山川"（《留别广陵诸公》）；"五岳寻仙不辞远，一生好入名山游"（《庐山谣》）。他游遍了当时大半个中国的名山，至少有一半目的是为了采药求仙。这样的生活，没钱，没有健康是不能支持的。李白是大财主的儿子，有兄在九江经商，有弟在三峡营业，可不用多说。他的身体也本来十分强健，别人说他目光如虎，炯炯有神。他喜欢骑马射箭，击剑蹴球。他喜欢打猎，能一箭射中双鸢，射穿双虎。在年轻时分，他还曾经同人打架。他有《叙旧赠陆调》一诗，叙述到他在长安北门曾被斗鸡徒围困，全亏陆调突破"万人丛"，请来官宪，才把李白救出。诗中说陆调"风流少年时，京洛事游遨"，陆调既是"少年"，李白当时的年龄也不会太老。他被斗鸡徒围困事，当在他开元十八年第一次游长安的时候。陆调的本领不小，李白的本领当然也很有可观。

然而，尽管你有多少钱，尽管你有过人的健康，是经不住无意识的长期消耗的。李白说他"倾家事金鼎，年貌可长新"（《避地司空

[①] 此句亦见《隋书·经籍志》。——编者注

原言怀》)。家是倾了,而"年貌长新"的希望适得其反,连自己的健康也倾了!李白出乎意外地衰老得很早。天宝十四年(755)冬,他才五十五岁。他参加了永王李璘的幕府之后不久,在《与贾少公书》中自陈:"白绵疾疲苶,长期恬退。"这便是他早衰的佳证。为什么那样早衰?原因当然有种种,过分嗜酒是容易被人想到的原因之一,但长期炼丹、服丹,以致水银中毒,我看是更重要的一项。结果是神仙迷信、道教迷信深深地害了他,然而要从这迷信中觉醒,却还有一段长远的历程。

嗜酒自然是坏事,但对李白说来,有有害的一面,也有有利的一面。那就是,酒是使他从迷信中觉醒的触媒。

提壶莫辞贫,取酒会四邻;仙人殊恍惚,未若醉中真。
——《拟古》第三首
贤圣既已饮,何必求神仙!三杯通大道,一斗合自然。
——《月下独酌》第二首
蟹螯即金液,糟丘是蓬莱;且须饮美酒,乘月醉高台。
——《月下独酌》第四首

从这些诗看来,酒仿佛成为了李白的保护神,使他逐步减少了被神仙丹液所摧残和毒害。以蟹螯代替丹液,把糟丘看作神山,这在李白是一种飞跃。他在《古风》第三十首中的旧看法是恰恰相反的,那儿他在嘲笑时人"绿酒哂丹液"。现在他也站到"绿酒"一边,战胜着"丹液"了。因而他的好诗,多半是在醉后做的。且引他的《江上吟》一首为例，那是酒与诗的联合战线，打败了神仙丹液和功名富贵的凯歌。

> 木兰之枻沙棠舟，玉箫金管坐两头；
> 美酒尊中置千斛，载伎随波任去留。
> 仙人有待乘黄鹤，海客无心随白鸥；
> 屈平辞赋悬日月，楚王台榭空山丘。
> 兴酣落笔摇五岳，诗成啸傲凌沧洲；
> 功名富贵若长在，汉水亦应西北流！

这是他从长流夜郎半途赦回，流连在江夏一带时所做的诗。在这里，他在嘲笑仙人，轻视海岳，浮云富贵，看重诗歌。什么"仙人"？你要等到黄鹤来才能高举，然而"黄鹤一去不复返"了！我能和"海客"一样毫无私心，便能时时与白鸥为伍。请看屈原的辞赋——《离骚》《九歌》和《九章》吧！屈原虽然遭到谗毁，自沉于汨罗江，然而他的文章却一直和日月一样，留传到现在还有灿烂的光辉。楚怀王和楚襄王父子却怎样了？他们炫耀一时的宫殿楼台，以前峥嵘在山陵地带，今天不是渺然无存了吗？我兴致一来，下笔挥写能使你五岳动摇。——五岳不再是使他稽首再拜的神人之居了。诗歌做成了，我放声高吟，能使你海上的三神山俯首在我脚下！功名富贵是不能持久的，汉水总是滔滔不绝地向着东南流，谁也不能把这流向扭转！

他这时得到"千斛酒"的力量,好像得到了百万雄兵,顷刻之间,战胜了一切的神仙妖异、帝王将相。然而,只是暂时的。等他的酒一醒,他又成为一个极其庸俗的人,为"万古愁""万古愤""万古恨"所重重束缚着,丝毫也动颤不得。上举《书怀示息秀才》一诗也是"流夜郎半道放还"时的作品,他和"双玉童"又出现在丹灶旁边,他又在梦想着飞往海上的三神山了。

读李白的诗使人感觉着:当他醉了的时候,是他最清醒的时候;当他没有醉的时候,是他最胡涂的时候。因此,他自己也"但愿长醉不愿醒"(《将进酒》),甚至夸张说"百年三万六千日,一日须倾三百杯"(《襄阳歌》)。

但是,酒喝多了,对于他的健康,当然也不会没有影响。上元二年秋,李光弼东征,他抱了雄心去参军,半途因病折回。这病无疑是第二年冬季夺去了他的生命的"腐胁疾"的前驱症候;更无疑是使他彻底从迷信中觉醒过来的后劲契机。倾了家,当然不能再从事金鼎的冶炼;倾了健康,更无法再迷信神仙丹液的有效了。

这里有一首诗:《下途归石门旧居》,向来不大为专家们所注意,其实在了解李白的生活上是具有关键性的作品。这应该作于宝应元年即他去世之年的春天。他前往当涂的横望山去向旧友吴筠道士诀别,也是他和道教迷信的最后诀别。我要把这诗的全文,逐段解释如下。

第一段:

吴山高,越水清,握手无言伤别情;

将欲辞君挂帆去，离魂不散烟郊树。

此心郁怅谁能论？有愧叨承国士恩。

云物共倾三月酒，岁时同钱五侯门。

从这首段看来，赠别的对象是吴筠，毫无问题。第三句的"君"字即指吴筠。吴筠是华阴人，善诗能文，举进士不第，后来在会稽成了道士。天宝元年的春夏之交，李白从鲁郡南下，与吴筠同游剡中，在浙江曹娥江上游，二人成为了志同道合的朋友。不久，吴筠被唐玄宗征召入京，他在玄宗面前推荐了李白，同时得到贺知章与玉真公主等人的支持。于是，唐玄宗也征召李白入京。二人同待诏翰林，成为了天子的"近臣"。但在不太长的时间内，吴先李后地都离开了长安。本段后三句所说的就是这一段往事的回忆。"承国士恩"是说受到玄宗的知遇。其所以受到知遇是由于吴筠的推荐，故说"叨承"。"云物"犹言天上。同为翰林供奉，有时同陪游宴，为时仅三阅月，故云"云物共倾三月酒"。这三个月是跨着天宝元年与二年的；同在长安和王侯们过了一个岁首，故云"岁时同钱五侯门"。这是赠别吴筠的诗，毫无疑问。

吴筠在天宝二年春离开长安后隐居嵩山，唐玄宗为他建立了一座"道馆"。安禄山之乱，两京陷没，吴又南下，入会稽剡中。吴卒于大历十三年（778），比李白之死迟十六年。门徒们谥之为"宗元先生"（据《新唐书·隐逸传》）。但据这首诗看来，在宝应元年他是隐居在当涂县东六十里的横望山，即石门所在之处的。

第二段：

> 羡君素书常满案，含丹照白霞色烂。
> 余尝学道穷冥筌，梦中往往游仙山。
> 何当脱屣谢时去？壶中别有日月天。
> 俯仰人间易凋朽，钟峰五云在轩牖。
> 惜别愁窥玉女窗，归来笑把洪崖手。

"素书"是用朱墨写在白绢上的道书。第二句，王琦注以为素书的形容，"含丹者，书中之字以朱写之；白者，绢色。丹白相映，灿然如霞。"但"满案"的素书不会全都是坦开着的，我以为应该是形容吴筠本人唇红齿白、鹤发童颜。吴筠是不重炼丹的人，史书上说唐玄宗曾经向他问神仙冶炼法，他作了很合理的回答："此野人事，积岁月求之，非人主宜留意。"正因为这样，所以他健康长寿，已在病中的李白因而"羡"他。

"学道"之于李白，在这首诗里已经成为往事了。他回想当年也曾经穷搜不可捉摸的"玄之又玄"，连梦里都在漫游仙山。在那时真是想抛开尘世的一切，跳入壶中的别有天地里去。在那时以为俯仰在尘世间是容易凋朽的，寄居在金陵时，窗轩都面对着钟山，表示自己不愿意脱离自然。在那时也曾经到嵩山去访问过吴筠，分手时对嵩山的玉女窗曾依依惜别。现在又回到横望山来了，笑握着老朋友的手，有说不尽的感慨。"洪崖"，据说是三皇时代的伎人，成仙，隐居于四川青城山，号"青城真人"。在这里是借来比吴筠。值得注意的是李白说他是"归来",可见早些时李白也在横望山隐居过。

第三段:

> 隐居寺,隐居山,陶公炼液栖其间。
> 凝神闭气昔登扳,恬然但学心绪闲。
> 数人不知几甲子,昨来犹带冰霜颜。
> 我离虽则岁物改,如今了然识所在。
> 别君莫道不尽欢,悬知乐客遥相待。

"陶公"就是梁武帝所崇信的陶弘景了。他在横望山隐居过,炼过丹液,故横望山又名"隐居山",陶所隐居的地方名"隐居寺"。先年李白在这儿寄居时,曾经凝神聚气地扳登过,那时身体健康,登山时是泰然恬静,满不在乎的。——想到以前的恬静,反衬出现在连山也不能登了。这次来看见几位老人,一共加起来,不知道有好几百岁了。(一个甲子是六十岁,"几甲子"至少也当有一百二十岁,不能是每个人的岁数。)这些隐居学道的人,以前都是见过的,以前是面带冰霜,这一次见到也还是面带冰霜。冰霜犹言"冰雪",《庄子·逍遥游》形容藐姑射之山的神人,有"肌肤若冰雪"之语。离开这儿有了好几年,景物(包含李白自己的健康)也有所改变了,但现在的自己却是湛然清醒,明白了自己所处的地位。"如今了然识所在",是这首诗的核心句子,表明李白是觉悟了,要和一切迷信幻想脱离了。但他说得很娓婉,不是那么金刚怒目。他似乎没有意思把自己的觉悟强加于人。匆匆而来,匆匆而去,看来是没有尽兴的,因此诗人在安慰主人："不要说没有尽兴吧，我知道你是好客的，你会期待着我的再来。"

第四段——最后一段：

> 石门流水遍桃花，我亦曾到秦人家。
> 不知何处得鸡豕？就中仍见繁桑麻。
> 翛然远与世事间，装鸾驾鹤又复远。
> 何必长从七贵游，劳生徒聚万金产？
> 挹君去，长相思，云游雨散从此辞。
> 欲知怅别心易苦，向暮春风杨柳丝。

尽管走得很匆忙，但诗人却到"石门"去过。"石门"，是横望山中一带风光奇特的所在。王琦注引《真诰》："石门，山水尤奇，盘道屈曲。沿磴而入，峭壁二里，夹石参天。左拥右抱，罗列拱揖。高者抗层霄，下者入衍奥。中有玉泉嵌空，渊渊而来。春夏霖潦奔驰，秋冬澄流一碧，萦绕如练。"颇费了笔墨来形容。但李白没有流连于风景，而所关心的倒是居民。他点出了"鸡豕""桑麻"等重要的生活资料。石门一带的农民生活，被描绘成了现实的"桃花源"，和谐淡泊，远远和城市生活有着间隔，比起脱离现实的空想的"装鸾驾鹤"（仙人生活）更远远有着间隔了。何必贪图富贵荣华，追求水月镜花？李白从农民的脚踏实地的生活中看出了人生的正路；当然，也是他有了觉醒，才能体会到农民生活的真谛。这在别的诗中结晶成了两句："闲时田亩中，搔背牧鸡鹅。"（《书情赠蔡舍人雄》）

"云游雨散从此辞"，最后告别了，这不仅是对于吴筠的诀别，而是对于神仙迷信的诀别。想到李白就在这同一年的冬天与世长辞了，更可以说是对于尔虞我诈、勾心斗角的整个市侩社会的诀别。李白真像是"了然识所在"了。

然而，李白在一千多年前的当代，要说已经觉悟得那么彻底，也是不可能的。他还有不少的牵挂，而且也无心去斩断那些牵挂。"向暮春风杨柳丝"，就是那些千丝万缕的牵挂的"丝"了。

这首诗，我认为是李白最好的诗之一，是他六十二年生活的总结。这里既解除了迷信，也不是醉中的豪语。人是清醒的，诗也是清醒的。天色"向暮"了，他在向吴筠诀别；生命也"向暮"了，他也在向尘世诀别。

李白与杜甫在诗歌上的交往

李白和杜甫,在天宝三年(744)的春夏之交,相遇于洛阳。李白是遭遇谗毁,由长安被赐金放回,时年四十四岁。杜甫是"忤下考功第"后的第十年,时年三十三岁。他们都在壮年,而且是怀才不遇,目空一切的。

当年的秋季,李杜相约漫游梁(开封)宋(商丘),高适也参加了他们的行列。杜甫晚年在《遣怀》和《昔游》两诗中,对于当时情况有所回忆。李杜二人其后又同游齐鲁(高适有时也参加),这时是他们的友谊的高潮期。杜甫在《与李十二白同寻范十隐居》诗中有云:"怜君(指李白)如弟兄";又云:"醉眠秋共被,携手日同行。"看来他们好像比兄弟还要亲热。他们在一道的时候分不开手,不在一道的时候便终日怀念。"寂寞空斋里,终朝独尔思",这是杜甫《冬日有怀李白》的开头两句。他们不仅趣味相投,而且信仰接近。在一同饮酒赋诗,六博畋猎;也在一同求仙访道,并准备采药还丹。杜甫第一首《赠李白》的七绝,便是当时李杜二人的合影。

秋来相顾尚飘蓬，未就丹砂愧葛洪。

痛饮狂歌空度日，飞扬跋扈为谁雄？

前人以为这首诗是杜甫对于李白有所规劝，那是错误的看法。人们不仅忽略了第一句中的"相顾"两个字，更完全忽略了杜甫也迷信神仙丹药，而且终生嗜酒，嗜酒的程度绝不亚于李白。"空度日"、"为谁雄？"都是愤世嫉俗之词，在慨叹英雄无用武之地。这所指的不仅是李白一个人，也包含了杜甫自己。杜甫在《壮游》诗里，说他自己年少时"性豪业嗜酒，嫉恶怀刚肠。……饮酣视八极，俗物多茫茫！"这态度难道还不够"飞扬跋扈"吗？不要忘记，《今夕行》中，杜甫在咸阳客舍"凭陵大叫呼五白"时，还自称为"英雄"呢！

杜甫十分同情李白，毫无问题。在现存一千四百四十余首诗中，和李白有关的将近二十首。其中专门寄赠或怀念李白的有十首——《赠李白》前后两首，《与李十二白同寻范十隐居》一首，《冬日有怀李白》一首，《春日忆李白》一首，《梦李白》二首，《天末怀李白》一首，《寄李十二白二十韵》一首，《不见》一首。诗中提到李白的五首——《送孔巢父谢病归游江东兼呈李白》一首，《饮中八仙歌》一首，《苏端、薛复筵，简薛华，醉歌》一首，《昔游》一首，《遣怀》一首。没有提名，但其中一定包含有李白的，无法统计。例如《哭郑司户（虔）、苏少监（源明）》诗中有句云："豪杰何人在？文章扫地无！"这里面一定包含有李白。王维卒于上元二年（761），李白卒于宝应元年（762），郑与苏同卒于广德二年（764）。他们四位都是杜甫所亲近的有名的文艺家，相隔三、四年都先后去世了，故杜甫发出了那样的慨叹。又如《赠高式颜》诗中有句云："自失论文友，空知卖酒垆"，这里面也一定包含有李白。高式颜是高适的侄子，高适卒于永泰元年（765），"论文友"自然是指高适。但如果我们联想到《春日忆李白》的"何时一樽酒，重与细论文？"更联想到《遣怀》诗中的这几句："忆与高（适）李（白）辈，论交入酒垆；两公壮藻思，得我色敷腴"；能够说《赠高式颜》诗中的话没有包含着李白吗？又再如杜甫署明作于"大历五年（770）正月二十一日"的《追酬故高蜀州（适）人日见寄》诗，序中有云："今海内忘形故人，独汉中王（李）瑀与昭州敬使君超先在。"这时岑参也死了，死于大历四年十二月下旬。在这"忘形故人"里面也应该包含有李白。

李白虽然年长十一岁，他对于杜甫也有同样深厚的感情。但他有关杜甫的诗不多，只剩下四首，都是在漫游齐鲁时代的诗。其前其后应该还有作品，可惜散佚了。前人爱以现存诗歌的数量来衡量李杜感情的厚薄，说杜厚于李，而李薄于杜。那真是皮相的见解。

现将李白有关杜甫的四首诗叙列在下边。

《鲁郡东石门送杜二甫》：

醉别复几日，登临遍池台。何时石门路，重有金樽开？
秋波落泗水，海色明徂徕。飞蓬各自远，且尽手中杯。

开头一句是说没有几天便要分手了。舍不得分手，因而有酒同醉饮，有景同登临。这不就是"醉眠秋共被，携手日同行"的实际吗？

"何时石门路,重有金樽开?"不也就是"何时一樽酒,重与细论文"的希望吗?虽然没有表达出"弟兄"的字面,但两人当时的情谊,比起一般的"弟兄"来似有过之而无不及的。

《秋日鲁郡尧祠亭上宴别杜补阙范侍御》:

> 我觉秋兴逸,谁云秋兴悲?山将落日去,水与晴空宜。
> 鲁酒白玉壶,送行驻金羁。歇鞍憩古木,解带挂横枝。
> 歌鼓川上亭,曲度神飙吹。云归碧海夕,雁没青天时。
> 相失各万里,茫然空尔思。

这首诗在题目上有问题。李杜游齐鲁时,杜甫并无官职。后来有了官职,做过左拾遗,也并不是"补阙"。因此,前人有的怀疑"杜补阙"不会是杜甫。考唐人段成式《酉阳杂俎》已征引此诗:"众言李白惟戏杜考功'饭颗山头'之句,成式偶见李白《祠亭上宴别杜考功》诗,今录其首尾(案即上引诗首四句与尾四句)。"[①]这虽然误把"考功"弄成了杜甫的功名,"杜考功"即杜甫是无疑问的。"饭颗山头"之句是李白赠杜甫的诗句,《尧祠亭上宴别》也必然是赠杜甫的诗。因此,李白集中的诗题应该是《秋日鲁郡尧祠亭上宴别杜甫兼示范侍御》。"兼示"二字,抄本或刊本适缺,后人注以"阙"字。其后窜入正文,妄作聪明者乃益"甫"为"補"而成"補阙"。《酉阳杂俎》既只言"宴别杜考功",则原诗应该只是"宴别杜甫",范

---

① 《酉阳杂俎》卷十二。——编者注

侍御不是"宴别"的对象。这位范侍御很显然就是杜甫《与李白同寻范十隐居》的那位"范十"了。

诗与前诗当是同时所作，时令相同，地点亦相近。同时的赠别诗留下了两首，正足以证明：李杜在"几日"的惜别中，的确是"登临遍池台"的。这首诗的末句"茫然空尔思"，不也就同于杜甫的"终朝独尔思"吗？

《沙丘城下寄杜甫》：

> 我来竟何事？高卧沙丘城。城边有古树，日夕连秋声。
> 鲁酒不可醉，齐歌空复情。思君若汶水，浩荡寄南征。

"沙丘城"不是钜鹿的沙丘台或沙丘宫。李白《送萧三十一之鲁中兼问稚子伯禽》诗云："我家寄在沙丘旁"，可知此沙丘为李白在鲁中寄居处。此时与杜甫不在一处，怀念杜甫的情绪竟如汶水一样长流不断，有鲁酒也不能忘情，有齐歌也不足取乐。这情谊还不算真挚吗？

但有一首诗却被人误解得很厉害，那就是第四首的所谓《戏赠杜甫》了。"戏"字无疑是后人误加的。

《戏赠杜甫》：

> 饭颗山头逢杜甫，头戴笠子日卓午。
> 借问别来太瘦生？总为从前作诗苦。

李白集中未收此诗，前人或疑伪作。诗见唐人孟棨《本事诗》，孟棨以为李白讥刺杜甫"拘束"。同是唐人的段成式，在《酉阳杂俎》中也以为李白"戏"杜甫。可见作为讥刺或戏作，是唐人相当广泛的见解。自从有了这种见解，后人便视为定论，如《唐书·文苑传》竟说："天宝末诗人，甫与李白齐名，而白自负文格放达，讥甫龌龊，而有'饭颗山'之嘲诮。"

这真是活天冤枉。诗的后二句的一问一答，不是李白的独白，而是李杜两人的对话。再说详细一点，"别来太瘦生"是李白发问，"总为从前作诗苦"是杜甫的回答。这样很亲切的诗，却完全被专家们讲反了。

杜甫作诗向来是苦费心思的。他在《江上值水如海势，聊短述》中说："为人性僻耽佳句，语不惊人死不休！"——为了能做出好的诗句连命都可以不要，这还不苦吗？又在《解闷十二首》之七中说："熟知二谢将能事，颇学阴何苦用心。"——为了能做出好诗，要把谢灵运和谢朓的诗读得烂熟，还要学阴铿与何逊的刻苦用心，在这儿已明白说出了一个"苦"字。他不仅能体会前人的"苦"，也能体会今人的"苦"。"清诗近道要，识子用心苦"（《贻阮隐居》），这就是所谓能识此中甘苦了。"苦用心"的结果自然会"瘦"，所以他在《暮登四安寺钟楼（原在今四川新津）寄裴十迪》中有这样的一句："知君苦思缘诗瘦"。这就是"借问别来太瘦生？总为从前作诗苦"的极周到的注脚。不仅"苦"字有了着落，连"瘦"字也有了来历。这样亲切而认真的诗，被解为"嘲诮"，解为"戏赠"，解为讥杜甫"拘束"或甚至"龌龊"，未免冤枉了李白，也唐突了杜甫！

123

唐代以诗歌取士，作诗的人们因用心作诗而致身体瘦削，并不是什么丑事。请读韩愈为他的诗友孟郊所作的《贞曜先生墓志铭》吧。他形容孟郊的苦吟竟至使用上"刿目钵心"，"掐擢胃肾"的辞句。这也就是后人所说的"呕心滴血"了。

就是李白本人，尽管"放达"，作诗又何尝掉以轻心？他的《古风五十九首》的第一首开头两句是"大雅久不作，吾衰竟谁陈？"，最后的四句是"我志在删述，垂辉映千春；希圣如有立，绝笔于获麟"。请看，他是在怎样的作鼓振金！

要之，"饭颗山头逢杜甫"一诗，既非"嘲诮""戏赠"，也不是后人伪作。那诗亲切动人，正表明着李白对于杜甫的深厚的关心。这和杜甫《赠李白》"秋来相顾尚飘蓬"一绝，真可以说是一唱一和。

李杜在齐鲁的同游为期并不长。天宝四年秋季，李白南下，杜甫西上，成为了杜甫在《春日忆李白》中所说的"渭北春天树，江东日暮云"。（杜甫定居在西北如古树，李白漫游在东南如浮云。）从此两人便没有再见面的机会。

一别十三、四年，经过了天翻地覆的安史之乱，特别是在李白长流夜郎时及其后，杜甫对于李白的感情是有明显的转变的，那便是由怀念仰慕转变为哀怜惋惜。乾元二年（759）的秋天，在秦州作的《梦李白二首》之二的结尾四句是："孰云网恢恢？将老身反累。千秋万岁名，寂寞身后事。"他耽心李白的冤罪，千载难雪，会"名埋没而不彰"。

这时杜甫远在秦州，因地方偏僻，消息隔绝，不知道李白的真情实况。其实在杜甫作诗的当时，李白已遇赦放回，在南游洞庭了。同时所作的《天末怀李白》，也是非常隔膜，但也非常哀惋。

凉风起天末，君子意如何？鸿雁几时到？江湖秋水多！
文章憎命达，魑魅喜人过。应共冤魂语，投诗赠汨罗？

他揣想李白流窜夜郎（在今遵义附近）所走的路径可能是经过湖南北部再往西走，故有"投诗赠汨罗"与"冤魂"屈原"共语"的揣测。这虽然揣测错了，但在杜甫作诗当时李白确实在岳阳一带，舟游洞庭，而有"划却君山好"那样豪放的诗句。[①]

但到后来得到李白的消息，情况便不同了。《寄李十二白二十韵》，共二百字，可以说是杜甫的李白诗传，对于李白的现状，不仅他的生活，更兼及他的心事，都好像了如指掌了。这首诗对于了解李白和李杜二人的关系上，是一项重要的资料，我想把全诗分段地诠解在下边。

第一段：

昔年有狂客，号尔谪仙人。笔落惊风雨，诗成泣鬼神。
声名从此大，汩没一朝伸。

"昔年"，我认为是开元十八年。李白时年三十岁，第一次出游

---

① 李白诗《陪侍郎叔游洞庭醉后三首》之三。——编者注

长安。李白《与韩荆州书》中所谓"三十成文章,历抵卿相",即在此年。"狂客"指贺知章,贺曾自称为"四明狂客"。贺知章是"酒中八仙之游"的第一人。"八仙"中有死于开元二十二年的苏晋,足证"酒中八仙之游"为时必在开元二十二年以前。

唐孟棨《本事诗·高逸第三》:"李太白初自蜀至京师,舍于逆旅。贺监知章闻其名,首访之。既奇其姿,复请所为文。白出《蜀道难》以示之。读未竟,称叹者数四,号为谪仙。解金龟换酒,与倾尽醉,期不间日。由是称誉光赫。"此说与杜甫诗相为表里,最为可信。又范传正《新墓碑》云:"贺知章……吟公《乌栖曲》云:此诗可以泣鬼神矣。"《乌栖曲》,有人说是传闻异辞;实际上是贺知章同时见到《蜀道难》与《乌栖曲》。这由杜甫的诗可以证明。"笔落惊风雨,诗成泣鬼神",上句切《蜀道难》,下句切《乌栖曲》,可见孟、范二说正相为补充。

《蜀道难》之作有种种说法,有的说是刺严武,有的说是刺章仇兼琼,有的说是讽唐玄宗奔蜀,都是些武断的臆测。胡震亨在《李诗通》里说:"《蜀道难》自是古相和歌曲,梁陈间拟者不乏,讵必尽有为而作!"又说:"李白之作当在开元、天宝间。……即事成篇,别无寓意。"大抵上是正确的,但说为作于开元、天宝间,也只是揣测之辞。应该是李白的少作,作于开元十八年以前,此正足以表示李白的"天才英丽"(苏颋在李白二十岁时的评语)。诗中极言蜀道东北部的艰险,而未涉及东南部的壮丽,也足以证明李白作诗当时对蜀道的认识还有局限。

第二段:

> 文采承殊渥,流传必绝伦。龙舟移棹晚,兽锦夺袍新;
> 白日来深殿,青云满后尘。

这是说到李白在天宝元年(742)第二次入京,受到唐玄宗的重视,做到翰林待诏,在那时做了一些歌颂宫廷生活的诗章。时或白日应诏,到深殿里草拟文诰;时或月夜泛舟侍游,赋诗了无敌手。夺锦袍的故事见《唐书·宋之问传》:"(武)则天幸洛阳龙门,令从官赋诗。左史东方虬诗先成,则天以锦袍赐之。及之问诗成,则天称其词愈高,夺虬锦袍以赏之。"李白既受到重视,如身在天上,即成为所谓"青云之士",一时趋炎附势的人都来甘拜后尘了。这正是李白在自己的诗里所说的"当时笑我微贱者,却来请谒为交欢"(《赠从弟南平太守之遥》)。"当时"是指开元十八年。

第三段:

> 乞归优诏许,遇我夙心亲。未负幽栖志,兼全宠辱身。
> 剧谈怜野逸,嗜酒见天真。醉舞梁园夜,行歌泗水春。

李白在天宝三年受谗逐,被赐金放还,杜甫把它说得很轻松。说李白没有辜负自己浮云富贵的志趣,能够宠辱不惊,全身而退。说他们在洛阳相遇,得以亲近,满足了向来的期望。说自己的高谈阔论,蒙李白爱其粗野。说两人都喜欢喝酒,各显出一片天真。在梁园的月夜下酒醉而起舞,这说的是同游梁宋时的情形。在泗水的春风中沿路走，沿路唱歌，这说的是同游齐鲁时的情形。

第四段：

> 才高心不展，道屈善无邻。处士祢衡俊，诸生原宪贫。
> 稻粱求未足，薏苡谤何频！

说李白才气很高，壮志无法舒展。说人生的行路屈折，善人得不到援助。说李白虽俊如祢衡而无一官半职，贫如原宪只是一位书生；因此才下山求出路，想办法糊口。然而物质食粮还未得到满足，而贪污的诽谤喧腾众口。马援从南方运回的薏仁米被人说成为珍珠。估计当时的士大夫们必有人诬枉李白受了永王的重赂，故杜甫引用了马援的典故。李白诗中也有相应的自解："徒赐五百金，弃之如云烟，辞官不受赏，翻谪夜郎天"（《赠韦良宰》），说到赐金的数目，并说到辞赏不受，无疑是为了避谤。但李白的下山被杜甫说成为解决吃饭的问题，杜甫虽然有意开脱，在倔强自负的李白看来恐怕是不会满意的。

第五段：

> 五岭炎蒸地，三危放逐臣，几年遭鵩鸟，独泣向麒麟。

这一段是指长流夜郎。"五岭"指岭南地带，在唐是流放区域。"三危"在敦煌东南二十里。《尚书·舜典》："流共工于幽州，放驩兜于崇山，窜三苗于三危，殛鲧于羽山，四罪而天下咸服。"三危和五岭都是暗喻夜郎。"三危"句可能会使李白深受刺激，因为这样用典，是把李白比成"四凶"之一的"三苗"了。杜甫是在苦心炼句，以"三"对"五"，但诗是"寄"给李白看的，看到这里，尽管李白如何"放达"，恐怕也不能无动于衷吧。

"鹏鸟"是用贾谊的故事。贾谊被贬谪为长沙王的太傅，作《鹏鸟赋》以自慰。鹏鸟据说是不祥之鸟，赋中向此鸟扣问以吉凶及其祸福到来的迟速。鸟回答以一片达观的形而上学的见解，主要是道家思想。这里是以贾谊来比李白。

"麒麟"用的是孔丘作《春秋》绝笔于"获麟"的故事。《春秋公羊传》鲁哀公"十有四年，春，西狩获麟"，孔丘闻之，为之流泪。据说麟是"仁兽"，要天下太平、圣人当道，然后才出现。麟之出非其时，故遇害。因此孔丘为之感伤，就把《春秋》的写作终止下来了。《谷梁传》也是这样说。《左传》不同，直到鲁哀公十六年夏四月"孔子卒"才结束了。为什么把这个典故用到这儿？在方便上留待下面说明。

第六段：

苏武元还汉，黄公岂事秦？楚筵辞醴日，梁狱上书辰。
已用当时法，谁将此议陈？

前四句都在用典，但用得都很勉强。"苏武元还汉"，是说李白像苏武归汉一样本有脱离永王的存心。"黄公岂事秦？"是说商山四皓之一的夏黄公不肯为秦始皇所用，借喻李白入永王幕府是不愿意的。把永王李璘比成匈奴，比成秦始皇，比得都有点不伦不类。"楚筵辞醴"也是一样。西汉时楚王刘戊的祖父楚元王刘交对于经学家穆生很尊敬，穆生不喝酒，但每有宴集都要为他备甜酒（"设醴"）。刘戊即位之后，也照常备甜酒。有一次偶然忘记了，于是穆生就说：这是看不起我，可以走了。他就称病辞退。这个典故也是用来表示李白早有脱离永王的用意。"梁狱上书"用的是西汉邹阳的故事。梁孝王下邹阳于狱，邹阳从狱中上书自陈，文辞典赡，是现存古文中一篇有名的作品。梁孝王得书后，把邹阳释放了。这明显地是用以暗喻李白在寻阳狱中有《上崔相涣》《万愤词》《百忧章》等诗。李白也是被御史中丞宋若思释放了的。"已用当时法"，是说已因罪下狱，受了处分，为崔涣、宋若思所洗刷。但又被长流夜郎，这又出于谁的倡议呢？"谁将此议陈？"的"议"或作"义"，是没有读懂原诗，被后人所窜改的。

第七，最后一段：

老吟秋月下，病起暮江滨。莫怪恩波隔，乘槎与问津。

上两句说李白已经老了，有时在秋月下闲吟；生了病，病有起色，有时在黄昏中的江边上散步。最后两句是劝李白不要埋怨朝廷，让我到天上去问个出路——或者让我们同到天上去问个出路。说得有点不着边际，好像是说要向朝廷请示，又好像是说听天由命。

杜甫的这首诗，一向的注家认为是乾元二年（759）秋在秦州所作，但从诗中所叙述的李白情况看来，这样的说法是大有问题的。杜甫在秦州所作的有关李白的诗,如《梦李白》与《天末怀李白》等,对于李白的情形都很隔膜,但这一首却不同了。关于李白的生活近况和心理动态,都好像了如指掌。特别是"老吟秋月下,病起暮江滨"两句,很明显地表明是李白在宝应元年(762),即行将去世的一年,在当涂养病的情形。这诗毫无疑问是这一年的秋天作的。当时杜甫在梓州,但他的兄弟杜占在留守成都草堂,经常在成都与梓州之间往还,因此杜甫对于外界的消息是比较灵通的。

诗既是"寄"给李白的,足证他们之间已经有诗札来往。这从李白来说,也要有了定居之后才能有此方便。估计李白在上元二年(761)定居当涂后,便立即有消息寄给杜甫,故杜甫也才能知道他的生活近况和早有脱离永王的心事。不然是无法说通的。

准此,第五段的"独泣向麒麟"也才可以得到确切的解释。那无疑是李白把自己的近作《古风》第一首抄寄了给杜甫——所抄寄的当然不止限于这一首,也不止限于诗。《古风》第一首的最末四句上面已经征引过,不妨再引一遍吧:

> 我志在删述,垂辉映千春。希圣如有立,绝笔于获麟。

这儿的"绝笔于获麟"和杜甫的"独泣向麒麟"有如桴鼓之相应,能够说是偶然合拍的吗?

诗是"寄"给李白的,李白在去世之前还有相当长的时间,不至于看不到它。看到之后,李白会作何感想?我认为有好些辞句很难使李白满意。关于"三危放逐臣"句,上面已经说了,那还只是出于考虑欠周到的语病。还有更重要的关节处，一定会使李白失望。天宝初年李白被谗逐，这在李白是非常遗憾的事，而在杜甫诗中却以"乞归优诏许"一句不着痕迹地带过。不好诽谤朝廷，在杜甫说来自然是"忠"；但对于谗毁者的"贼臣""佞臣"——高力士、张垍之流，却未免过于"恕"了。李白下庐山从永王东巡并不算犯罪而是冤枉（皮日休在《七爱诗》中便未涉及此事），他一方面是体贴着唐玄宗的意旨在办事，另一方面也想借永王之力扫荡胡尘，拯救天下苍生；然而杜甫却把它说成为找饭吃而受到处分。这在李白恐怕是更感到意外的。

叙述到这里，对于李白《古风》第五十九首——也是最后一首的最后四句，算找到了它的寄意所在。

　　众鸟集荣柯，穷鱼守枯池。嗟嗟失欢客，勤问何所规?

前两句容易理解。大抵的人（"众鸟"）都在趋炎附势（"集荣柯"），少数穷途末路的人（"穷鱼"）穷得没有出路（"守枯池"）。这"众鸟"与"穷鱼"自然是方以类聚，各走各的路；在这里也在暗喻着交道的翻覆——这是诗的重点。后两句译成现代语，便是：

　　呵呵，你同样是穷途末路的流浪者呵，
　　你勤勤问候我，到底要规戒我些甚么？

这里所说的"失欢客",不就是在暗指杜甫吗?这首《古风》看来很明显地是李白在接到杜甫寄诗之后作的,也很明显地表明了李白的失望。他所期待着的知己,虽然同处在困境,但并不如十几年前那样的真正的知己了。

杜甫最后一首关于李白的诗是《不见》,题下原注云"近无李白消息",可能是李白死后的第二年——广德元年(763)在梓州作的。估计是李白接到杜甫寄赠的二十韵长诗之后,由于失望便没有再和杜甫通消息;或许也是病到垂危,再没有可能通消息了。但这首《不见》,把杜甫对于李白的哀怜,表现得更无掩饰。

> 不见李生久,佯狂殊可哀。世人皆欲杀,吾意独怜才。
> 敏捷诗千首,飘零酒一杯。匡山读书处,头白好归来。

最出人意外的是"佯狂"(装疯)两个字。估计当时是有人造李白的谣言,说李白发了疯;杜甫为他辩解,说为"佯狂"。但从李白的诗文和行动看来,并看不出李白本人有过什么"佯狂"的痕迹。说他"佯狂",李白曾在诗里斥为世人的误会。《笑歌行》的末尾有这样几句:

> 笑矣乎,笑矣乎!宁武子,朱买臣,叩角行歌背负薪。今日逢君君不识,岂得不如佯狂人?

这正从正面来回答了造谣者和附和者,并不是"狂",而是被

"不识"的人误认为"狂",因此就仿佛"如佯狂"。《笑歌行》和《悲歌行》两诗,自宋代苏东坡以来,专家们都认为"断非太白作"[①]。其实这个断案,下得真是武断。这两首诗,还有其他的诗如《答王十二寒夜独酌有怀》之类,彻底打破了"温柔敦厚"的老教条,正突出了李白的积极性的一面,断为伪作是老教条的幽灵在作怪。

《不见》一诗中"世人皆欲杀"句是可贵的资料。这透露出了当时的统治者和西蜀的士大夫阶层对于李白的一般的态度。杜甫处在这种氛围中能够哀怜李白,自然表示了他的友情。但他只怜李白的才,而不能辨李白的冤;在他看来,李白仍然犯了大罪,非真狂而是"佯狂",应该杀而可以不杀,如此而已。这样的同情是大有限度的,故"诗"只言其"敏捷","酒"却着其"飘零"——孤苦伶仃,无人过问,只求解救于酒。因此,他要李白回到故乡彰明县的大匡山去读书,使晚年有所寄托。

看来杜甫对于李白的期待或评价,并不如李白自己所自负的那么高。拿对诗歌的评价来说,李白是有点轻视六朝文体的,他说过"自从建安来,绮丽不足珍"(《古风》第一首),虽然他也尊重陶渊明、谢灵运和谢朓。但杜甫对于六朝诗文却予以相当高度的评价。杜甫既肯定阴铿、何逊、鲍照和庾信的业绩,而说李白的诗句之佳者"往往似阴铿"(《与李白同寻范十隐居》),又比之以庾信和鲍照——《春日忆李白》:"清新庾开府,俊逸鲍参军。"特别在《苏

[①] 苏轼定两诗为伪作,见津逮祕书本《东坡题跋》卷二。——编者注

端、薛复筵，简薛华，醉歌》一诗中，把李白和薛华并举，同时举出了六朝文人何逊、刘孝绰、沈约、谢朓和鲍照。这位和李白抗衡的薛华，而且超过了何、刘、沈、谢、鲍的人，却没有一首诗流传下来，可能是杜甫喝醉了酒，过分抬高了薛华，但他对李白的评价是保留着一向的水平的，便是和六朝的文人们可相颉颃。

值得提出的是杜甫有《戏为六绝句》——专门论诗的六首七绝。这些诗的写作，在我看来，和李白显然是有关联的。诗的第一首高度肯定了庾信，第二首和第三首同样肯定了唐初四杰：王勃、杨炯、卢照邻、骆宾王。这些前人，在李白现存的诗歌中都没有被提到过。第四首是对当代诗人的评价：

才力应难跨数公，凡今谁是出群雄？
或看翡翠兰苕上，未掣鲸鱼碧海中！[①]

"数公"是指庾信和王、杨、卢、骆。说庾信和四杰以后还没有人能超过庾信和四杰。当今的文人中谁是出类拔萃的英雄呢？就是说谁也不是！《戏为六绝句》，一般的研究家认为是宝应元年在成都所作。李白死于这一年的十一月，杜甫作诗时李白还未死，在杜甫看来，李白自然不能算是"出群雄"了。同时代的诗人们，才力都敌不过庾信和王、杨、卢、骆；顶多只能写点像翠鸟站在兰苕上的小玩艺，至于在大海里剑劈鲸鱼的大作却谁也没有。因此，绝句的第五首

[①] 隋人虞茂《四时白纻歌·江都夏》中有句云："兰苕翡翠恒相逐"（见郭茂倩《乐府诗集》第五十六卷）。——作者注

说到自己要努力，要做到与屈原、宋玉并驾齐驱，不要反而落在梁陈文人们的后面去了。第六首则更劝大家努力，不要藐视前人，最好多多学习。

在这六首绝句中虽然没有点李白的名，我看是和李白有关联的，甚至可能是以李白为主要对象，以李白在《古风》第一首中轻视六朝诗文的见解为主要对象。杜甫为了减轻刺激，在题目上标出了一个"戏"字，其实他是很认真的。杜甫这些诗，包含着对于自己的高标准的要求；但李白对于自己的要求标准也有同样的高度，他在《临江王节士歌》里面曾经发问："安得倚天剑，跨海斩长鲸？"这就是他自己也承认"未掣鲸鱼碧海中"了。

杜甫说他自己要努力："窃攀屈宋宜方驾"。杜甫很看中宋玉，愿以宋玉为师，爱把屈原与宋玉并举来提高宋玉。其实宋玉是值不得学的，他的文学的成就已被李白远远超过了。李白并不那么佩服宋玉，他的《秋日鲁郡尧祠亭上宴别杜甫》开头两句就是反宋玉的。"我觉秋兴逸，谁云秋兴悲？"说秋兴悲的就是宋玉。杜甫在《咏怀古迹》里却特别欣赏他，所谓"摇落深知宋玉悲，风流儒雅亦吾师"。在这里也可以看出李杜二人的不同处。至于屈原的成就水平，不仅李白没有达到，杜甫也没有达到。杜甫爱作排律诗，元稹在《杜君（甫）墓系铭》中极力加以称颂；说他"上薄风雅，下该沈（佺期）宋（之问），言夺苏（武）李（陵），气吞曹（植）刘（桢），掩颜（延年）谢（灵运）之孤高，杂徐（陵）庾（信）之流丽，尽得古人之体势，而兼文人之独专矣"；"诗人以来，未有如子美者！"这真是绝顶的颂扬。值得注意的是在"古人"中他没有提到屈原，而在"今人"中他却紧紧抓着了李白。

> 是时山东人李白,亦以奇文取称,时人谓之李杜。余观其壮浪纵恣,摆去拘束,模写物象,及乐府歌诗,诚亦差肩于子美矣。至若铺陈终始,排比声韵,大或千言,次犹数百,辞气豪迈而风调清深,属对律切而脱弃凡近,则李尚不能历其藩翰,况堂奥乎!

这样抑李而扬杜,差不多成为封建时代士大夫阶层的定论。其实元稹所极力赞扬的排律,和六朝人的骈体文、后代的八股文,是一脉相承的东西。封建时代科考取士时长期采用过,是读书人的宦海梯航。那种完全脱离群众(正如元稹所说的"脱弃凡近")、掉书袋、讲堆砌的文艺玩艺儿,正是李白之所不屑为,而有意打破它的。杜甫晚年来特别嗜好,借以消磨岁月,卖弄学识。元稹可以说是嗜痂成癖了。然而同是唐人,也还是有人能够说几句公道话的。韩愈有《调张籍》一诗,开头六句是:

> 李杜文章在,光焰万丈长。不知群儿愚,那用故谤伤!
> 蚍蜉撼大树,可笑不自量!

这只是以李杜并称,但由抑李扬杜的人看来,可能已经是抑杜扬李了。其实无论李也好,杜也好,他们的"光焰"在今天都不那么灿烂了。用公平的眼光来看,李的"摆去拘束"的乐府歌诗,比起杜的

"属对律切"的长篇排律来，要更有诗味，更接近于群众，更有生命一些。就是杜甫的好诗，也不属于他苦心惨淡地搞出来的排律。然而出乎意外的是解放以来的某些研究者却依然为元稹的见解所束缚，抑李而扬杜，作出不公平的判断。

在这里我想介绍一下前些年辰出现的一种新型的李杜优劣论，更想顺便加以批评。

> 剑阁的险峻，利于军阀割据，给人民带来灾难，他（杜甫）便大骂上帝，要把它划平："吾将罪真宰，意欲划叠嶂！"（《剑门》）假如我们拿李白"划却君山好，平铺湘水流。巴陵无限酒，醉杀洞庭秋"的诗句和杜甫的诗相比较，我们就不难看出他们二人之间的差异。他们的想法，可以说是一样的，都充满着一种浪漫主义精神，然而动机目的却不相同。
>
> ——萧涤非《杜甫研究》，59页，1959年

动机和目的怎样不同，没有明说，但意思是很明白的。杜甫要"划叠嶂"是为人民除灾难（其实更多地在为朝廷着想），李白要"划却君山"却不是这样。因此，杜甫是人民的诗人，李白则不是。但李白为什么要"划却君山"？他的动机和目的究竟是什么？倒值得拿来研究研究的。

李白那四句诗是《陪侍郎叔游洞庭醉后三首》的第三首。这诗是乾元二年（759）长流夜郎，中途遇赦放回，南游潇湘时作的。时令是在秋季。不妨再把全诗抄在下边，以醒眉目：

划却君山好，平铺湘水流。巴陵无限酒，醉杀洞庭秋！

这好像是为了能多喝些酒而要"划却君山"，也就是李白三几个人要把洞庭湖的水当成酒来喝，喝不够还要把君山划掉以增加分量。如果真是这样，那真可以说是酒后狂言了。喜欢喝酒的人同时也喜欢流连风景。君山在洞庭湖中是风光明媚的地方。李白约略同时做的七绝《陪族叔刑部侍郎晔及中书贾舍人至游洞庭五首》的第五首，便在歌颂君山的美丽。

帝子潇湘去不还，空余秋草洞庭间。
淡扫明湖开玉镜，丹青画出是君山。

这样美丽如画的君山而要"划却"它，岂不是大杀风景吗？但这还是皮相的说法，我们倒要再进一步问：酒到底是从哪里来的？洞庭湖里面的水，湘江里面的水，不能直接变为酒。这样穷根究底地问一下，似乎对于李白的真意能够有所接近了。

洞庭湖，对长江来说，是一个天然的泄洪池。大水期间，长江水位高涨，倒灌入湖。入秋，水位降低，洞庭湖周围或附近的土地又从水里解放了出来。因此在唐时就有人围湖作圩以事屯垦。杜甫有《宿青草湖》一诗可以为证：

洞庭犹在目，青草续为名。宿桨依农事，邮竿报水程。

青草湖在君山之南,实际上是洞庭湖的继续。"宿桨依农事",便是说水退了,人们把船桨放在一边,又拿起锄头来开垦。注家有人认为"湖中多种田"(杨伦《杜诗镜铨》),这是正确的。这样的情形,一定在唐代以前就有,但要感谢杜甫为我们留下了唐代的实据。根据这个实据以揣想李白的"动机目的",他要"划却君山"以铺平湘水,不是他看到农民在湖边屯垦,便想到要更加扩大耕地面积吗?这样的揣想,和诗中的"酒"和"秋"是不是有联系?有!而且联系得很紧凑!

秋是收成的季节。丰年,古人便叫着"有秋"。酒在古代是专用稻粱酿成的;要有稻粱的大丰收,然后才能有巴陵的无限酒。在这里还可以令人联想到周代的农事诗《豳风·七月》。那诗的最后一章便歌咏到秋收时的欢乐。

　　九月肃霜,十月涤场。朋酒斯飨,曰杀羔羊。
　　跻彼公堂,称彼兕觥,万寿无疆!

这歌颂秋收的快乐多么开心?李白曾经说过"我觉秋兴逸,谁云秋兴悲?"(见上举《秋日鲁郡尧祠亭上宴别杜甫》),就是从这里脱胎出来的。"划却君山好"的念头,难道不也是从这里脱胎出来的吗?李白有《田园言怀》一诗,足以证明他确实重视农事。

　　贾谊三年谪,班超万里侯。何如牵白犊,饮水对清流?

因此，我乐于肯定：李白要"划却君山"是从农事上着想，要扩大耕地面积。"巴陵无限酒"不是让李白三两人来醉，而是让所有的巴陵人来醉。这样才能把那样广阔的洞庭湖的秋色"醉杀"（醉到尽头，醉得没有剩余）。因此，李白"划却君山"的动机和目的，应该说才是真正为了人民。

或许有人会问：李白在《江夏赠韦南陵冰》一诗中要"槌碎黄鹤楼"、"倒却鹦鹉洲"，和这"划却君山"，不同样是醉时的豪语吗？何必一定要追求"动机目的"？我的回答是：李白要"槌碎黄鹤楼"、"倒却鹦鹉洲"，在那首诗里也是说明了他的"动机目的"的，那就是"头陀云月多僧气，山水何曾称人意！"他是不满意于中国的风景区多被僧寺道院俗化了，所以他要"槌碎""倒却"；他是想破立一番。动机和目的，同这"划却君山"一诗虽然有所不同，但说到破和立的关系上来，倒是一致的。

或许又有人会说："你是偏爱李白，在挖空心思扬李抑杜。"那么我可以另外举出一对十分相似的例证来评比李杜二人，而那对例证对于杜甫却是十分不利的。

欲折月中桂，持为寒者薪。

——李白《赠崔司户文昆季》

斫却月中桂，清光应更多。

——杜甫《一百五日夜对月》

两人的奇拔着想完全相同,但动机和目的便大不相同。李白是要为"寒者"(请注意,不是"寒士")添柴烧,想上天去扳折月中桂;杜甫是在思家流泪,眼泪有如月光的"金波",想"斫却月中桂",让眼泪流得更痛快一点。"一百五日"旧历合当清明前二日,古时是"寒食节"。杜甫作诗的当时沦陷在长安。他在对月思家,所以诗的开头两句是"无家对寒食,有泪如金波"。接下去便是这"斫却月中桂"的两句。前人注为把月桂斫掉,可以望到家里人。其实即使斫掉,也是望不到的。既言"有泪如金波",那么金波更多些,不也就是眼泪更多些吗?杜甫在这首诗里面,完全沉没在个人的感情里,和李白的"动机目的"显然形成了为己与为人的对立。当然,我们也不能就此而抑杜扬李;但也不想赞同信手举一两句诗来便轻易地抑李扬杜。

一般地说来,李白的性格和诗歌是比较富于平民性的。杜甫在《饮中八仙歌》中刻画李白的四句,倒是传神之笔。

> 李白斗酒诗百篇,长安市上酒家眠。
> 天子呼来不上船,自称臣是酒中仙。

一方面同市井平民亲近,另一方面能藐视帝王的尊严,这正是李白的好的一面。这时没有夹杂着求仙还丹的迷信,功名富贵的野心,人们是比较喜欢这样的李白的。在中国古代诗人中,博得人们广泛爱好的,恐怕要以李白为第一人吧?

请读他的《宿五松山下荀媪家》那首诗吧。

> 我宿五松下，寂寥无所欢。田家秋作苦，邻女夜春寒。
> 跪进雕胡饭，月光明素盘。令人惭漂母，三谢不能餐。

古人席地而坐，坐取跪的形式。打盘脚坐叫"胡坐"，是外来的坐法。客人既跪坐，故进饭的女主人也采取"跪进"的形式。今天的日本人，主要还保存着这种习惯，是隋唐时代从中国学过去的。李白以"漂母"比荀媪，可见他是以韩信自比。这诗可能是他比较年青时作的。"田家秋作苦，邻女夜春寒"，淡淡写来却表示李白是深知稼穑之艰难的人。因此，他在农家受到款待，他感谢得非常虔诚，谢了三次，不能动箸。

再请读他的《秋浦歌十七首》之十四吧。在这首歌里，他在歌颂冶矿工人。歌颂冶矿工人的诗不仅在李白诗歌中是唯一的一首，在中国古代诗歌中恐怕也是唯一的一首吧？

> 炉火照天地，红星乱紫烟。赧郎明月夜，歌曲动寒川。

虽仅寥寥二十个字，却把冶矿工人歌颂得很有气魄。"秋浦，有银有铜"，见《新唐书·地理志》。"赧郎明月夜"与"歌曲动寒川"为对句。"赧郎"，旧时注家不得其解，其实就是银矿或铜矿的冶炼工人。在炉火中脸被燉红了，故称之为"赧郎"，这是李白独创的辞汇。"明月夜"的"明"字当作动词解，是说红色工人的脸面使"月夜"增加了光辉。工人们一面冶炼，一面唱歌，歌声使附近的贵池水卷起了波澜。这好像是近代的一幅油画，而且是以工人为题材。

这些歌颂工农生活的诗，虽然不是"掣鲸碧海中"，但也不是"翡翠兰苕上"，而是一片真情流露的平民性的结晶。

李白好酒，酒店老板可以和他成为莫逆之交。他有《哭宣城善酿纪叟》一诗是颇有感情的。

纪叟黄泉下，还应酿老春。夜台无李白，沽酒与谁人？

"善酿"表明是小工商业，一面自己酿酒，一面出售。这诗也表现了李白不拿身分，能以平等的态度待人。人们自然也就喜欢他。旧时的乡村酒店，爱在灯笼或酒帘上写出"太白世家"或"太白遗风"等字样，这是对于李白的自发性的纪念。杜甫也同样好酒，但没有看见过，也没有听说过，任何地方的酒店打出过"少陵世家"或"少陵遗风"的招牌。

人民的喜爱毕竟和士大夫阶层或者知识分子不同，人民是有人民自己的选择的。

杜甫篇

杜甫是有雄心壮志的人,他总想一鸣惊人,一举而鹏程九万里。但这种希望,他一辈子也没有达到。

杜甫的阶级意识

封建社会的阶级矛盾，杜甫在安史之乱前后的流离转徙中，是亲身体会到了。"朱门酒肉臭，路有冻死骨"（《自京赴奉先县咏怀》），是人们所乐于称道的名句。这显然是从"庖有肥肉，厩有肥马；民有饥色。野有饿莩"（《孟子·梁惠王》）脱胎而来，但作为一个封建时代的诗人，在一千二百多年前就能有这样明白的认识，应该说是难能可贵的。不过问题还得推进一步：既认识了这个矛盾，应该怎样来处理这个矛盾？也就是说：你究竟是站在哪一个阶级的立场，为谁服务？推论到这一层，杜甫的阶级立场便不能不突露出来了。他是站在地主阶级的立场、统治阶级的立场，而为地主阶级、统治阶级服务的。

杜甫广德元年（763）夏在梓州（今四川三台县）有《喜雨》一诗，诗里面有这样的句子："安得鞭雷公，滂沱洗吴越！"——怎得用钢鞭鞭打雷公，降下滂沱大雨来清洗吴越一带！这到底是什么意思呢？请看他在诗句下的自注："时闻浙右多盗贼。"原来他是要清洗或扫荡吴越一带的"盗贼"。那些"盗贼"又是些什么人呢？我现在根据《资治通鉴》中所叙述，把当时的情况，揭示如下：

> 代宗宝应元年（762）八月，台州贼帅袁晁，攻陷浙东诸州，改元宝胜。民疲于赋敛者多归之。李光弼遣兵击晁于衢州（今浙江衢县）。破之。……九月，……袁晁陷信州（今江西上饶）。冬十月，袁晁陷温州（今浙江温州）、明州（今浙江宁波）。
>
> 代宗广德元年（763）夏四月庚辰（初七），李光弼奏擒袁晁，浙东皆平。时晁聚众近二十万，转攻州县，光弼使部将张伯仪将兵讨平之。

杜甫所说的"浙右盗贼"，指的就是袁晁领导的起义农民。那将近二十万人的农民起义军，杜甫恨不得把他们痛"洗"干净。他的希望是达到了。他所敬仰的"中兴名将"之一的李光弼——他在《八哀诗》中所哀悼的第二人，做到了他所期待的"雷公"，但没有等待他的钢鞭，费了八个月的"剿灭"，把农民起义军"扫荡"了。这不明显地表明了杜甫的阶级立场吗？

再举一个例子吧。在《夔府书怀》一诗中有这样的句子："绿林宁小患？云梦欲难追！即事须尝胆，苍生可察眉。"诗句写得非常隐晦，如果不看注，是很难理解的。"云梦"的故事出于《左传》鲁定公四年："楚子涉睢（'睢'，《左传》哀公六年作'沮'，水名。）济江，入于云中（云梦之中），王寝，盗攻之，以戈击王；王孙由于（'由于'是王孙之名）以背受之，中肩。"杜甫的诗意就是说强盗厉害，虽是"绿林小盗"你也不能轻视它，轻视了就会遭到楚昭王的处境，后悔难追。"察眉"的故事见《列子·说符篇》："晋国苦盗，有郄雍者能视盗之眼，察其眉睫之间而得其情。晋侯使视盗，千百无遗一焉。晋侯大喜。"杜甫用这个典故，意思是对于"苍生"（老百姓）要卧薪尝胆地严加警惕，要能防祸于未然，在"眉睫之间"便能辨别出乱党。这就是杜甫的阶级感情，多么森严而峻烈呵！

以上只举了两例以表明杜甫的阶级意识和立场，杜甫是完全站在统治阶级、地主阶级一边的。这个阶级意识和立场是杜甫思想的脊梁，贯穿着他遗留下来的大部分的诗和文。生在封建统治鼎盛的唐代，要怀抱着那样的意识、采取着那样的立场，是不足为怪的。旧时封建时代的士大夫们要赞扬那样的意识和立场，也是不足为怪的。可怪的是解放前后的一些研究家们，沿袭着旧有的立场，对于杜甫不是采取批判的态度，而是依然全面颂扬，换上了一套新的辞令。以前的专家们是称杜甫为"诗圣"，近时的专家们是称为"人民诗人"。被称为"诗圣"时，人民没有过问过；被称为"人民诗人"时，人民恐怕就要追问个所以然了。

新的专家们爱称赏杜甫的《三吏》和《三别》，以为是最富有"人民性"的作品，就让我们把这六篇作品来作进一步的研究吧。为了郑重起见，我把它们逐字逐句地试译成现代话，以增加我自己的确切的了解。

这六首诗的时代背景是怎样呢？肃宗乾元元年（758）秋，杜甫在左拾遗任内，以疏救废相房琯获罪，被谪贬为华州（今陕西华阴县）司功。到了冬季，他回到洛阳。那时郭子仪、李光弼、李嗣业等以六十万大军包围安庆绪于相州（今河南安阳）。安庆绪坚守以待史思明。史思明自魏州（故城在河北大名县东）引兵趋相州。第二年乾元二年三月，两军战于安阳河北，大风忽起，吹沙拔木，天地晦冥，咫尺不辨。两军各南北溃退，弃甲仗辎重无数。郭子仪切断河阳桥，保卫东都洛阳。李光弼、王思礼等撤回，其余溃归本镇。杜甫是在这样的情况之下回到洛阳而又离开洛阳的。可能在相州溃败后不久，他由洛阳折回华州，途中就其所闻所见写成了《新安吏》《石壕吏》《潼关吏》，即所谓《三吏》；和《新婚别》《垂老别》《无家别》，即所谓《三别》。虽然是各自独立的六首诗，但也可以看为是在一个主题下分成六段的一部乐章。留下了当时战地附近人民的生活苦况，的确是很可宝贵的。我现在先从《三别》译起，再译到《三吏》。

新婚别

（原文）	（译文）
兔丝附蓬麻，	兔丝子缠在蓬上和麻上，
引蔓故不长。	牵条引蔓，自然不会太长。
嫁女与征夫，	养女嫁给兵，出门打仗，
不如弃路旁。	倒不如丢在路旁，不养。
结发为君妻，	我和你，做了夫妻一场，
席不暖君床；	席子还冰冷地铺在床上；
暮婚晨告别，	昨晚成亲，今早就要分张，

无乃太匆忙!	这也未免呵过于匆忙!
君行虽不远,	你去,虽说是近在河阳,
守边赴河阳。	但你到那儿,是上战场。
妾身未分明,	我的身子还和嫁前一样,
何以拜姑嫜?	叫我怎样去拜见高堂?
父母养我时,	我爹娘养我在家里辰光,
日夜令我藏。	昼夜都把我藏在闺房。
生女有所归,	嫁鸡随鸡,原是女生外向,
鸡狗亦得将。	嫁狗随狗,总得出阁从郎。
君今往死地,	你今朝是走向死亡路上,
沉痛迫中肠!	叫我的心痛呵,痛断肝肠!
誓欲随君去,	我发誓想同你一道前往,
形势反苍黄。	但那样,反而会弄得紧张。
勿为新婚念,	你不要把奴家放在心上,
努力事戎行。	你请专心一意,操练刀枪。
妇人在军中,	军中有女子会混乱阴阳,
兵气恐不扬。	有损军风纪,使斗志不昂。
自嗟贫家女,	自叹是贫家女,本无奢望,
致此罗襦裳;	今朝穿上了新制的衣裳;
罗襦不复施,	这衣裳从今后关进衣箱,
对君洗红妆。	当你面,我把这脂粉洗光。
仰视百鸟飞,	抬头看,天上有百鸟飞翔,
大小必双翔。	大小鸟儿尽都作对成双。

人事多错迕，	人世间总不免事多参商，
与君永相望。	我同你，永远像织女牛郎。

全诗是新娘子的泣别辞，把新娘写得十分慷慨，很识大体，很有丈夫气。但这无疑是经过诗人的理想化。诗人有时是以地主生活的习惯来写"贫家女"。真正的"贫家女"是不能脱离生产劳动的，何至于"父母养我时，日夜令我藏"？这显然是诗人的阶级意识在说话；不过像这样暮婚朝别、送郎从军的"贫家女"故事一定不会是虚构，只是杜甫写得还不够真实而已。

垂老别

（原文）	（译文）
四郊未宁静，	东西南北四方都是战场，
垂老不得安。	临到老来，也还得不到安康。
子孙阵亡尽，	儿子孙子都已战死干净，
焉用身独完？	俺有什么指望苟全性命？
投杖出门去，	丢掉拐杖，俺只好出门投军，
同行为辛酸。	伙伴们在为俺感到酸辛。
幸有牙齿存，	好在俺满口的牙齿齐整，
所悲骨髓干。	虽然骨髓枯了，上了年龄。
男儿既介胄，	大丈夫既然武装上了身，
长揖别上官。	打个拱手，向着官长辞行。
老妻卧路啼，	老搭当睡在路旁呻吟，

岁暮衣裳单。	数九寒天，衣裳单薄得很。
熟知是死别，	明知道再会是没有可能，
且复伤其寒。	更可怜呵她在战战兢兢。
此去必不归，	这一去再也呵不会回程，
还闻劝加餐。	她还在苦劝俺努力加餐。
土门壁甚坚，	河阳的土门，壁垒严整，
杏园度亦难。	杏园镇，料也是不易侵凌。
势异邺城下，	形势呵，不同于往时的邺城，
纵死时犹宽。	纵是死，也还有一段时辰。
人生有离合，	人生在世总有离合悲欢，
岂择衰盛端？	或盛或衰，哪能单凭心愿？
忆昔少壮日，	回忆俺年富力强的当年，
迟回竟长叹。	不能不低回反复终于长叹。
万国尽征戍，	普天下，尽都在南征北战，
烽火被冈峦。	山头四处，只见烽火连天。
积尸草木腥，	尸横遍野，草木也带腥膻，
流血川原丹。	血流成河，大地通红一片。
何乡为乐土？	哪里还有个什么"桃花源"？
安敢尚盘桓！	俺怎敢还要在这儿流连？
弃绝蓬室居，	丢下了茅草窝，一去不返，
塌然伤肺肝。	神魂无主，使俺呵伤心伤肝。

一对老夫老妻的惜别，写得相当细腻。两位老人互怜互慰，终于

硬着心肠离别了，然而五腑六脏是摧毁了的。子孙都阵亡尽了，老翁怕已年过七十，依然被拉去当兵。自知只有一死，丢下的老妻也只有一死。这就是不久前的"盛唐"景象！

无家别

（原文）	（译文）
寂寞天宝后，	天宝年安禄山叛乱以来，
园庐但蒿藜。	四处荒芜，田庐布满蒿莱。
我里百余家，	俺的乡里有百来户人家，
世乱各东西。	各自东逃西窜，有去无回。
存者无消息，	活着的人呵断绝了消息，
死者为尘泥。	死了的人呵化为了尘埃。
贱子因阵败，	小区区是由于邺城打败，
归来寻旧蹊。	找寻老路，俺才逃回家来。
久行见空巷，	走来走去，街坊满目空虚，
日瘦气惨凄。	阳光淡淡，气象冷冷凄凄。
但对狐与狸，	碰头的就只有一些狐狸，
竖毛怒我啼。	嚎叫着，耸着毛向我生气，
四邻何所有？	左邻右舍，到底有谁存在？
一二老寡妻。	只不过老寡妇一二而已，
宿鸟恋本枝，	晚来，百鸟都怀念着树枝，
安辞且穷栖？	俺岂能丢掉这破烂房子？
方春独荷锄，	正是春天，独自个用锄种田；

日暮还灌畦。	天色晚了，还得浇水灌菜园。
县吏知我至，	县官老爷知道俺已回家转，
召令习鼓鞞。	又派人来拉俺去当兵操练。
虽从本州役，	再去当兵，虽然只在本县，
内顾无所携。	内顾一无所有，不免凄然。
近行止一身，	拉到近处，只剩一个身子；
远去终转迷。	日后远去，到底谁能预期？
家乡既荡尽，	人家和乡里，都空空如洗，
远近理亦齐。	远处和近处，又何分彼此！
永痛长病母，	想起俺久病的娘，痛彻心脾，
五年委沟溪。	卧病五年，已经埋在沟里。
生我不得力，	生俺个蠢儿子，太没出息，
终身两酸嘶。	娘儿俩一辈子呼天抢地。
人生无家别，	人生一世弄到无家告别，
何以为蒸黎？	做百姓的还有什么生理？

这首诗可能是六首中最好的一首，具体地描绘出了洛阳一带田园荒芜、人烟绝灭的景象。特别是最后一句："何以为蒸黎？"作者把问题提出来了，但没有写出答案。答案可能有两个：一个是"只好造反"；一个是"没有办法"。照诗的情调和作者的意识看来，只能是后者。

新安吏

（原文）	（译文）
客行新安道，	旅行者在新安道上旅行，
喧呼闻点兵。	闹轰轰地碰着正在拉兵。
借问新安吏，	向新安的差官问了问情形，
"县小更无丁。	差官说："县小，已经没有壮丁。
府帖昨夜下，	昨夜晚，上头来了一个通令：
次选中男行。"	挨次抽去十八岁的中男从军。"
"中男绝短小，	"刚满十八岁，人还没有长成，
何以守王城？"	抽去当兵，守城怎么能胜任？"
肥男有母送，	比较肥壮的，有母亲送行；
瘦男独伶俜。	没有人送行的，瘦骨零仃。
白水暮东流，	白水向东流去，时已黄昏，
青山犹哭声。	青山还带着一片的哭声。
"莫自使眼枯，	"不要白白地哭坏了眼睛，
收汝泪纵横。	收住眼泪，何苦枉自伤心！
眼枯即见骨，	眼泪哭干，即使哭成枯井，
天地终无情。	天和地都丝毫不讲人情。
我军取相州，	本来我军已把相州围定，
日夕望其平；	早晚都期望着拿下州城；
岂意贼难料，	又谁知敌情不容易料准，
归军星散营！	打下败仗，全军五裂四崩！
就粮近故垒，	有的为了粮草，逃回本镇；

练卒依旧京。	有的依据洛阳,重整溃军。
掘壕不到水,	挖掘战壕,不到见水光景,
牧马役亦轻。	郊原牧马,劳役也算很轻。
况乃王师顺,	更何况国军是名正言顺,
抚养甚分明。	抚养士卒又是十分公平。
送行勿泣血,	莫再痛哭呵,送行的妈妈们,
仆射如父兄。"	郭子仪待兵宽,有如父兄。"

唐代自天宝三年至代宗广德元年七月规定:"以十八(岁)为中男,二十二(岁)为丁"(见《唐书·食货志》)。但在新安所有的壮丁都已经早被拉完了。现在奉命拉走年满十八岁的"中男"。诗人看到有母亲送行的"中男"比较壮,由于平时有母亲照拂;没有人送行的便瘦得可怜,这表明母亲是死了或者病倒了。为什么只说母亲送行呢?这也表明男丁早被拉光。天色已经黄昏了,人已经被拉走了,像河水东流那样一去不复返了。然而被撇下的母亲们还在山野里号哭。诗人便劝告她们:"不要哭了,即使把眼泪哭干,把眼眶哭现出骨头来也没有办法,天地都是无情的。"接着又加以安慰:"好在劳役不重,给养也还好,特别是做长官的人(退守河阳的郭子仪,时因战败降职为左仆射),就像大家的父兄一样,可以放心。"

诗很简练,而叙述却颇为细致。无疑,诗人是有同情心的,特别是"天地终无情"句,也表示了相当的激愤。旧时代的诗人能写出这样的诗来,的确是很少见的。但是,使人民受到这样的灾难到底是谁的责任?应该怎样才能解救这种灾难?诗人却是讳莫如深,隐而不言；而只是怨天恨地，只是对于受难者一味的劝解和安慰。故诗人的同情，应该说是廉价的同情；他的安慰，是在自己安慰自己；他的怨天恨地，是在为祸国殃民者推卸责任。

石壕吏

（原文）	（译文）
暮投石壕村，	天晚了，投宿在石壕镇，
有吏夜捉人。	夜里有差官来拉壮丁。
老翁逾墙走，	店老板骇得来翻墙逃走，
老妇出门首。	老板娘打开门出去应酬。
吏呼一何怒，	差官嚎叫得多么凶猛，
妇啼一何苦！	老板娘哭得多么悲痛！
听妇前致辞：	只听得老板娘向前说道：
"三男邺城戍，	"三个囝都守相州去了。
一男附书至，	一个囝刚刚捎信回来，
二男新战死。	两个囝不久战死在外。
存者且偷生，	活着的只好听天安排，
死者长已矣。	死了的有如石沉大海。
室中更无人，	俺家里再没有别的男人，
惟有乳下孙。	就只有吃奶的一个孙孙。
孙有母来去，	孙儿的亲娘没回娘家门，
出入无完裙。	衣裙破烂，不好出外见人。
老妪力虽衰，	俺个老妈子，力气虽然衰朽，

请从吏夜归。	愿跟随你老爷去应差奔走；
急赴河阳役，	连夜连晚赶到河阳的营盘，
犹得备晨炊。"	还可以替大军们烧好早饭。"
夜久语声绝，	夜深了，说话的声音断了，
如闻泣幽咽。	仿佛有人在隐隐地抽泣。
天明登前途，	天亮了，我要奔赴前程了，
独与老翁别。	就只和店老板一人告别。

"石壕"，前人以为即陕县城东七十里的石壕镇，由诗中看来，一夜可以赶到河阳，可见离河阳不远。河阳古有三城，北城在孟县，南城在孟津，中潬城在夹滩——灵宝之北。河阳辖地颇广，郭子仪当时驻军于河阳，或者其驻军之一部分就在石壕附近，不然，三城的任何一城都不是一夜之间可以赶到的。

诗，完全是素描。诗人投宿在一家招商小客店里，适逢其会，遇着了这个悲剧。所写的老板娘颇有自我牺牲的精神。她被拉走了，"幽咽"的当是她守寡的媳妇。店老板躲过了风险之后，逃回来了。诗人完全作为一个无言的旁观者，是值得惊异的。呼号很猛的差官没有惊动诗人可以理解，因为只消表明身分是华州司功，就够了。但差官却没有奈何媳妇儿，不知道是否碍在司功老爷的面前不敢胡为，还是诗人行文有所文饰。只好作为一个问题附带着写在这儿。

潼关吏

（原文）	（译文）
士卒何草草，	士兵们多么忙呵，
筑城潼关道。	潼关上正在筑墙呵；
大城铁不如，	大城比铁还要强呵，
小城万丈余。	小城也高过一万丈呵！
借问潼关吏，	向潼关的差官细问根苗，
"修关还备胡。"	他说："修关预防敌人再扰。"
要我下马行，	他要我下马来仔细瞧瞧，
为我指山隅。	为我指示了山谷与山坳。
"连云列战格，	"栅栏排列到与天相连，
飞鸟不能逾。	老鹰要飞过也感困难。
胡来但自守，	敌人再来，只消你闭关自守，
岂复忧西都？	长安的安危不用再耽忧。
丈人视要处，	贵台，请你看这儿多么险要，
窄狭容单车。	路窄，只容许单车过道。
艰难奋长戟，	紧急时挥动长长的枪矛，
千古用一夫。"	一夫当关，永远能够保牢！"
"哀哉桃林战，	"桃林之败，败在轻易出关，
百万化为鱼！	百万大兵化为了河鱼百万！
请嘱防关将，	请为我转告守关的将官，
慎勿学哥舒！"	殷鉴不远，切莫学那哥舒翰！"

诗人到了潼关，看到在筑新城。他打听了一下情形，被请下马来踏看了新城的形势。于是和管工程的差官作了一番对话。差官是主张坚守的，夸示了"一夫当关，万夫莫开"的险要。诗人也同意坚守，因而回想到不久前哥舒翰轻率出关应敌的失败，要后来的守将引以为前车之鉴。

"桃林"就指潼关一带。天宝十五年（756）六月，占据了洛阳的安禄山，派兵进攻潼关。当时守将哥舒翰本拟坚守，但为杨国忠所疑忌，怕这位突骑施族的大将也有异志，丛恿唐玄宗派遣宦官促战。哥舒翰仓卒出关应敌，遭受大败，全军覆没。哥舒翰本人为部下所出卖，成了俘虏，投降了安禄山，但终竟为安庆绪所杀。

这六首诗，的确是杜甫的刻意之作，基本上是写实，具有独创的风格。从内容上来说，的确是颇能关心民间疾苦，把安史之乱时靠近前线的真实面貌，留下了一些简洁的素描。在旧时代的文人中传诵了一千多年——当然也有人不敢选读，是可以令人首肯的。但在今天，我们从阶级的观点来加以分析时，诗的缺陷便无法掩饰了。杜甫自己是站在地主阶级的立场上的人，六首诗中所描绘的人民形象，无论男女老少，都是经过严密的阶级滤器所滤选出来的驯良老百姓，驯善得和绵羊一样，没有一丝一毫的反抗情绪。这种人正合乎地主阶级、统治阶级的需要，是杜甫理想化了的所谓良民。杜甫是不希望人民有反抗情绪的，如果有得一丝一毫那样的情绪，那就归于"盗贼"的范畴，是为杜甫所不能同情的危险分子了。他曾经在《甘林》一诗中这样明白地吐露过："时危赋敛数，脱粟为尔挥；……劝其死王命，慎勿远奋飞！"国步艰难，苛捐杂税很多，在个人所能做到的范围内可以施点小恩小惠；但谁要逃跑或者抗粮拒税，那就不能马虎了。"劝其死王命"，这就是杜甫的基本态度，也就是这《三吏》和《三别》的基本精神。把这种精神和态度，说成是"为了人民"，人民能够同意吗？

认真说，杜甫是站在"吏"的立场上的。《三吏》中所写的"吏"都不那么令人憎恨。"石壕吏"虽然比较凶，但只是声音凶而已。对于"潼关吏"，诗人还引以为同调。潼关吏是主张防御的，诗人表示同情，认为哥舒翰之败确实是出关迎敌的结果。这却充分证明：诗人的军事见解并不怎么高明。战争的胜负，关键在乎人心的向背，并不全在乎战术上的攻或守。这点常识上的问题，诗人都忽略了；而只一味地谴责哥舒翰。哥舒翰固当谴责，但只谴责他一个人，那是对于更上级的负责者开脱罪行。在这一点上，杜甫是有意识的。他有时也骂骂"小吏"，而为"大吏"大帮其忙。请读他的《遭遇》一诗吧：

石间采蕨女，鬻市输官曹。丈夫死百役，暮返空村号。……贵人岂不仁，视汝如莠蒿？……奈何黠吏徒，渔夺成逋逃！

他把横征暴敛、苛差劳役的暴政，归罪于在下的奸猾小吏，而说在上的"贵人"是仁慈的。这和《新安吏》中的"仆射如父兄"是一样的手法，和《潼关吏》中的"慎勿学哥舒"也是一样的手法。

过分夸大《三吏》和《三别》的"人民性"，是不切实际的，对于杜甫并没有作到深切的了解。为了认真地了解杜甫，我还要举两首新研究家们认为富于"人民性"的作品来加以解剖。我同样采取逐句对译的形式,以免自己在了解上的疏忽。

茅屋为秋风所破歌

（原文）　　　　　　　　（译文）

八月秋高风怒号,　　　　仲秋八月的狂风放声怒吼,
卷我屋上三重茅。　　　　把三重茅草从我屋顶上卷走。
茅飞渡江洒江郊,　　　　茅草飞过江去,洒满岸头,
高者挂罥长林梢,　　　　有的高挂在大树的树颠,
下者飘转沉塘坳。　　　　有的飘落下水荡和水沟。

南村群童欺我老无力,　　南村的儿童们欺我衰老,
忍能对面为盗贼。　　　　好忍心呵,当我面就做强盗。
公然抱茅入竹去,　　　　斗胆地把茅草抱进竹林,
唇焦口燥呼不得。　　　　制止不住,叫得我唇干舌燥。
归来倚杖自叹息。　　　　回家来扶着拐杖只好叹气。
俄顷风定云墨色,　　　　不一会儿风止了,乌云如漆,
秋天漠漠向昏黑。　　　　秋天白昼短,茫茫成了黑夜。

布衾多年冷似铁,　　　　布被条盖了多年,冷如铁板,
娇儿恶卧踏里裂。　　　　小娃儿不好好睡,把被蹬穿。
床头屋漏无干处,　　　　床头屋顶在漏雨,湿成一大片,
雨脚如麻未断绝。　　　　雨脚毫不间断,像麻线一般。
自经丧乱少睡眠,　　　　自从战乱以来就很少睡眠,

163

长夜沾湿何由彻？	湿糟糟地，长夜漫漫何时旦？
安得广厦千万间，	怎么才能有高楼大厦千万间？
大庇天下寒士俱欢颜，	让天下的寒士们住下，皆大喜欢；
风雨不动安如山！	风吹不动，雨泼不进，安如太山！
呜呼，何时眼前突兀	呵呵，什么时候耸现出这些高楼大厦，
见此屋？	吾庐独破受冻死亦足！
我的茅庐破烂，	自己冻死，也心甘情愿！

　　诗的性质，旧时的注家有不同的说法。有的说是隐喻时事，有的说是写实。但无论是隐喻也好，写实也好，诗里面是赤裸裸地表示着诗人的阶级立场和阶级情感的。

　　诗人说他所住的茅屋，屋顶的茅草有三重。这是表明老屋的屋顶加盖过两次。一般地说来，一重约有四、五寸厚，三重便有一尺多厚。这样的茅屋是冬暖夏凉的，有时候比起瓦房来还要讲究。茅草被大风刮走了一部分，诗人在怨天恨人。

　　使人吃惊的是他骂贫穷的孩子们为"盗贼"。孩子们拾取了被风刮走的茅草，究竟能拾取得多少呢？亏得诗人大声制止，喊得"唇焦口燥"。贫穷人的孩子被骂为"盗贼"，自己的孩子却是"娇儿"。他在诉说自己的贫困，他却忘记了农民们比他穷困百倍。

　　异想天开的"广厦千万间"的美梦，是新旧研究专家们所同样乐于称道的，以为"大有民胞物与之意"，或者是"这才足以代表人民普遍的呼声"。其实诗中所说的分明是"寒士"，是在为还没有功名富贵的或者有功名而无富贵的读书人打算，怎么能够扩大为"民"或"人民"呢？农民的儿童们拿去了一些被风吹走的茅草都被骂为"盗贼"，农民还有希望住进"广厦"里吗？那样的"广厦"要有"千万间"，不知道要费多大的劳役，诗人恐怕没有梦想到吧？慷慨是十分慷慨，只要"天下寒士"皆大喜欢，自己就住破房子冻死也不要紧。但如果那么多的"广厦"真正像蘑菇那样在一夜之间涌现了，诗人岂不早就住了进去，哪里还会冻死呢？所谓"民吾同胞，物为吾与"①的大同怀抱，"人饥己饥，人溺己溺"的契稷经纶，只是一些士大夫的不着边际的主观臆想而已。

遭田父泥饮美严中丞

（被一位老农夫扭着喝酒，他不断赞美御史中丞严武）

（原文）	（译文）
步屧随春风，	顺着春风，随意在郊外散步，
村村自花柳。	四处是桃红柳绿，一片画图。
田翁逼社日，	临近社日了，有位年老农夫，
邀我尝春酒。	邀我到他家里去，春酒满壶。
酒酣夸新尹，	醉中夸奖新任的成都府尹，
畜眼未见有。	"牛眼睛没见过这样的好人！"
回头指大男，	回过头去，指着大儿子议论：

---

① "物为吾与"，《宋元学案》卷十七作"物吾与也"。——编者注

"渠是弓弩手。	"他本是飞骑营的弓弩大兵。
名在飞骑籍，	他是长番，照例是不能代更，
长番岁时久。	在营里已呆了好几个年辰。
前日放营农，	前几天放他回家为庄稼奔走，
辛苦救衰朽。	分担辛苦，救了俺这个老朽。
差科死则已，	应差上粮，到死也心甘情愿，
誓不举家走。	决不全家逃跑，流落到外边。
今年大作社，	要大办春祭，祝今年的丰收，
拾遗能住否？"	拾遗公，请你留下，能不能够？"

叫妇开大瓶，	又叫老板娘把大酒坛开口，
盆中为吾取。	倒在大瓦盆里，好为我添酒。
感此气扬扬，	看到老农喜扬扬，使我感受，
须知风化首。	民情欢愉，这正是风化之首。
语多虽杂乱，	老农话多，虽然是颠五倒六，
说尹终在口。	但夸奖长官，不断在转舌头。

朝来偶然出，	清晨，我偶然到外边来闲游，
自卯将及酉。	没想到，从卯时起将到交酉。
久客惜人情，	久客在他乡，人情真是难有，
如何拒邻叟？	我怎能拒绝，不同老农应酬？
高声索果栗，	老农大声地叫添板栗、炒豆，
欲起时被肘。	几次告辞，都拐着不许我走。

指挥过无礼，	举动放纵，礼貌太不讲究，
未觉村野丑。	但也不觉得他那粗鄙可丑。
月出遮我留，	月亮出来了，还不让我分手，
仍嗔问升斗。	还怪添酒不勤，酒喝得不够。

时严武为剑南东西川节度使兼成都尹，又兼御史中丞，中丞乃御史大夫的副职，尊称之则为大夫。因兼成都尹，故诗中又屡称为"尹"。诗里把老农写得很朴实，说话也很直率，在旧时代可以算得是一篇好作品。但不久前的研究家，竟有人说"杜甫已经超越了自己的阶级，和农民差不多成了一家人"，那完全是皮相的见解。诗里的老农，很明显是一位富裕农民。诗人和这位老农，是把界限划得很清楚的。他是却不过人情，才勉强受着招待。说老农太不讲礼貌，说老农粗鄙，阶级的界线，十分森严。诗人为什么要作这首诗？他的用意不是在感谢老农，而在为自己设防线，特别是要借老农的口来赞美严武。诗不是写给老农看的，而是写给严武和他的幕僚们看的。"借花献佛"，诗人的手法倒相当高明，但能闭着眼睛说，是"超越了自己的阶级"吗？

对于严武应该作怎样的评价？旧时代的史官们也还比较客观，一方面赞美他的防御吐蕃的武功，另一方面也斥责他的骄奢暴猛。《唐书·严武传》中有这样的一段话：

蜀土颇饶珍产，武穷极奢靡，赏赐无度。或由一言，赏至百万。蜀方闾里，以征敛殆至匮竭。然蕃虏亦不敢犯境。

这评价是接近真实的，和杜甫的诗对照起来，可见诗人在使用曲笔。"一言而赏至百万"，杜甫的这首诗，不知道要得到多少报酬了？但杜甫尽管布下了防线，就因有这样的诗，却也遭受到了士大夫们的责难。《唐书·文苑传》说他"纵酒啸咏，与田夫野老相狎荡，无拘检"。看来就是根据这首诗所下的评语。这也表明：尽管诗人已有森严的阶级感情，然而阶级感情还有比他更森严的人存在。

如果真是"超越了自己的阶级"，杜甫不仅不能成为"诗圣"，恐怕连他的姓和名都早就销声匿迹，或者遭受到一千多年的"乱臣贼子"的骂名了。"超越了自己的阶级"，真真是谈何容易！

杜甫的门阀观念

中国封建时代的地主阶级，一般都以氏族传统的"高贵"而自豪。紧紧站在地主阶级立场的杜甫，较之李白具有更加固执的门阀观念。这在他的诗文中表现得十分露骨。

首先他矜夸杜姓是陶唐氏尧皇帝的后人。开元二十九年（741）作的《祭远祖当阳君（杜预）文》里面说："初，陶唐氏出自伊祁，圣人之后，世食旧德。"天宝元年（742）为他姑母所作的《唐故万年县君京兆杜氏墓志》里面也说："其先系统于伊祁，分姓于唐、杜。吾祖也，吾知之，远自周室，迄于圣代。传之以仁义礼智信，列之以公侯伯子男。"这种追溯远祖的说法当然也有它的根据。《左传》襄公二十四年："（范）宣子曰：昔匄之祖，自虞以上为陶唐氏，在夏为御龙氏，在商为豕韦氏，在周为唐、杜氏。"这就是杜姓出于陶唐氏的根据。

这个古代传说上的氏族渊源，在他的诗里面也每每提到。《敬寄族弟唐十八使君》："与君陶唐后，盛族多其人。圣贤冠史籍，枝派罗源津。"《重送刘十弟判官》："分源豕韦派（豕韦氏之后，有刘累），别浦雁宾秋。年事推兄忝，人才觉弟优。"分明一位姓唐，一位姓刘，而自己是姓杜，但根据传说，便坦然认为同族，认为兄弟了。

唐十八，不知其名。杜集中关于这个人还有另外一首五律，题为《巫山县汾州唐使君十八弟宴别，兼诸公携酒乐相送，率题小诗，留于屋壁》。这是大历二年（767）春杜甫泛舟出峡，路过巫山县时所作。注家以为"唐十八为汾州（山西汾阳）刺史，时贬施州（湖北恩施）"。诗中称唐为"故人"（"故人犹远谪"），可能他们是在长安见过的。在《敬寄族弟唐十八使君》中他更盛称这位故人："介立实吾弟，济时肯杀身。……得罪永泰末，放之五溪滨。鸾凤有铩翮，先儒曾抱麟。"誉之为翎毛被剪掉的凤凰，比之以作为普通的兽类而被猎获的麒麟。看来总得是一位相当的人物吧。但关于初次见面的刘十，他也在加以称颂，那就很难理解了。

送刘十的诗，集中也有两首，除上举一首外，还有《惜别行，送刘仆射判官》。两首都作于大历四年（769），杜甫去世的前一年，时在长沙。刘十也不知道他的名字，他是当时山南东道节度使梁崇义的判官，诗中称梁为"仆射"，可能是他的兼职。刘十奉了梁崇义之命，由襄阳到湘潭一带"括马"（大量收罗马匹）。杜甫和他素不相识，在长沙才第一次见面，而却把他恭维得了不得。"刘侯奉使光推择，滔滔才略沧溟窄。杜陵老翁秋系船，扶病相识长沙驿。""光推择"是不负使命的意思，为推荐和选择者增光。这是普通的恭维，但下一句便恭维得没有边际了。对于初次见面的一位地方军阀的判官，杜陵老翁竟称许他的才略比沧海还要宽！诗中对于梁崇义也推崇备至,说他浮云富贵,号令明晰,待士慷慨,自奉俭约,报主有一片丹心,却敌怀满腔浩气;收马不惜金帛,意在扫荡敌寇。其实这人和后来的藩镇差不离,是蓄有异志的。派人到长沙括马,实际是在扩充自己的兵力。其后在德宗建中二年(781),因拒奉朝命,为李希烈所杀。杜甫的称誉看来和事实不相符合。再请看《重送》一诗中还有这样的话:"本支凌岁晚,高义豁穷愁。"杜甫既认刘十为同宗,故自称"本支"。正当他困在长沙,自己深感到日暮途穷的时候,得到了刘十的"高义",使他的"穷愁"忽然消掉了。这所谓"高义",不是表明刘十对于杜甫曾有隆重的馈遗吗?这就无怪乎杜甫要在文字上尽力报酬这一"高义"了。

别有《寄刘峡州伯华使君》一诗,同是赠给一位姓刘的人。诗里面认亲族的关系虽然不那么显著,但也在称兄道弟。"昔岁文为理,群公价尽增。家声同令闻,时论以儒称。太后当朝肃,多才接迹升。"注家认为刘伯华当是刘允济的后人,更可能是允济的孙子。刘允济在垂拱四年(688)明堂初成时,奏献过《明堂赋》,得到武则天的嘉奖,拜为著作郎。(见《唐书·刘允济传》)杜甫的祖父杜审言也是以诗见重于武后,授以著作佐郎的。有过这样的关系,所以说"家声同令闻"。这所表示的不仅是"令闻"相同,而且刘与杜还同是一"家"。故诗的下文又说"老兄真不坠,小子独无承"。"老兄"不是泛泛的称谓,是从同一远古族系算来的兄弟行。

以上是杜甫自认为陶唐氏之后而自豪。这是从辽远的传说时代说起的,但从近一点来说,杜甫却把晋人杜预这位有名的历史人物认为他的"远祖"。上面已经征引过的《祭远祖当阳君文》,有必要再来补叙一下。

开元二十九年（741）杜甫家住偃师，在县西北二十五里的首阳山下筑了一个陆浑山庄。大概附有窑洞以备居息，故又称为"土室"。在这一年的寒食，土室筑成，他就作了那篇《祭当阳君文》，以表示自己"不敢忘本，不敢违仁"。

当阳君就是杜预（222—285），他是晋室的驸马都尉、镇南大将军，封为当阳县侯，死后谥为"成"。这位"身不跨马，射不穿札"的将军，在军事上却是足智多谋，又是出色的政治家、历法家、机器发明家、水利工程家，时人因而称之为"武库"，表明他的胸中，刀枪剑戟，应有尽有。但他还是一位历史学者，著有《春秋左氏传集解》，至今还流传于世。他自己称为有"左氏癖"。

这样一位历史人物，在杜甫自然乐于认之为"远祖"，而自称为"十三叶孙"了。这和系出陶唐氏的渺茫传说不同，而在大体上是有历史根据的。元稹的《杜君（甫）墓系铭》中也说："晋当阳成侯姓杜氏，下十世而生依艺，令于巩。依艺生审言，审言善诗，官至膳部员外郎。审言生闲，闲生甫。闲为奉天令。"算来自杜预至杜甫，也恰为十三世。元稹所叙世系必然得之于请他作《墓系铭》的杜甫之孙杜嗣业，故能相合无间。经过近人的努力，根据《元和姓纂》的记载，杜氏十三世的名位大抵上被清理出来了。但在这里依然小有问题，即是有人认为只有十二代，有人却认为有十四代。由杜预之死（285）至开元二十九年（741）凡四百五十六年，无论是十二叶、十三叶或十四叶，每代的年数绵亘到三十年以上，看来多少还是有些问题。但这样的问题，用不着去作深入的纠缠，杜甫自己的说法恐怕是较有根据的。杜甫有时也提到杜预之父杜恕,在《进〈雕赋〉表》中言"自先君恕、预以降,奉儒守官,未坠素业"。杜甫诗文中提到杜恕的就只有这一处。

关于杜预的事迹,杜甫在诗中还屡屡提到。大历三年(768)在他暂寓江陵的时候,有首《惜别行》中有句云"尚书勋业超千古,雄镇荆州继吾祖"。"尚书"指当时的荆州刺史卫伯玉,"吾祖"也就是以镇南大将军都督荆州诸军事的杜预了。大历四年(769)在长沙做的《回棹》一诗中也有"凉忆岘山巅,……吾家碑不昧",这说的是杜预在岘山刻的碑。碑凡二,一立于岘山之巅,一沉于岘山下的万山潭底,记载自己的勋绩,以期永不磨灭。在山上的即使风化了,在水中的将来还可以出土。但和杜预的祈愿相反,岘山上的碑自然毁灭了,而水底的却至今尚未出现。

杜甫所爱夸耀的还有一位严格意义的祖父,杜审言。这是武则天所赏识的诗人,与陈子昂齐名,在唐代诗歌史上是有建树的一位高傲的人物。《新唐书》本传中说他曾经对人自夸:他自己的文章要使屈原、宋玉做听差,他的书法要使王羲之向他北面称臣。杜甫也很以有这样的一位祖父为光荣,他说"天下之人谓之才子"(见杜甫《万年县君墓志》)。在诗里面也常常称道,"吾祖诗冠古"(《赠蜀僧闾丘师兄》),"诗是吾家事"(《宗武生日》),把杜审言的诗看为前无古人,把诗歌看为杜家的专业,杜甫的高傲性格看来也不亚于他的祖父了。

杜审言曾经因事牵连,由洛阳县丞贬为吉州(今江西吉安)司户参军。在吉州受到同僚的陷害,被下狱,仇家更想处以死刑。他的次子杜并，年十六岁，手刃仇家于宴会席上致死。杜并自己也当场被人杀害。唐代人是重视子报父仇的，杜并的"孝烈"便受到了当代的同情（苏颋为作墓志、刘允济为作祭文），杜审言因之得以免罪，回到洛阳。武则天召见，要起用他，问他高兴吗？杜审言手舞足蹈称谢。武则天便叫他作一首《欢喜诗》，诗成，受到欣赏，授著作佐郎。

> 惟昔武皇后，临轩御乾坤。多士尽儒冠，墨客蔼云屯。
> ……吾祖诗冠古，同年蒙主恩。
>
> ——《赠蜀僧闾丘师兄》

杜甫在这里所歌咏的，便是审言受武后赏识的那一节。"闾丘师兄"，据杜甫自注，是闾丘均之孙。闾丘均是成都人，"以文章著称，景龙中起家为太常博士"（附见《唐书·陈子昂传》）。景龙是中宗复位后的年号，凡三年（707—709），但据杜甫的诗看来，在武后时代闾丘均已经早被重视了。

上面征引过的《寄刘峡州伯华使君》诗中叙述到刘允济与杜审言同被见重于武后，谓"时论以儒称"，这也就是"自先君恕、预以降，奉儒守官，未坠素业"的传统。因此，作为著作佐郎的诗人杜审言也应该算为"儒"了。杜甫在大历初在夔府所作的《偶题》中叙述到他自己作诗文的经历，有"法自儒家有"的诗句。"法自儒家有"等于说"诗是吾家事"。故如严格地说来，所谓"儒家"也不过是"书香之家"或者"读书人家"而已。《八哀诗》中哀李邕一首里面曾更具体地说到杜审言的诗。

例及吾家诗，旷怀扫氛翳。慷慨嗣真作，咨嗟玉山桂。
钟律俨高悬，鲲鲸喷迢递。

李邕（即李北海）是器重杜甫的人，杜甫也推崇李邕。山东济南历下亭的壁上有李邕与杜甫的刻像。李邕是当时有名的文章家和书法家，他极力称赞杜审言的诗，故使得杜甫深受感激。

"吾家诗"指杜审言的诗。"嗣真作"指杜审言的一首长诗《和李大夫嗣真奉使存抚河东》，诗是五言排律，四十韵，共四百字。排律做到四十韵这样长，是杜审言开始的，故杜甫称为"冠古"。李邕极赏为"玉山桂"，意思就是天下第一。《晋书·郤诜传》，郤诜对答晋武帝问，自称"臣举贤良对策为天下第一，犹桂林之一枝、昆山之片玉"。这就是所谓"玉山桂"的出处，用得有点别扭。诗是排律，对仗谨严，故称为"钟律俨高悬"（像高悬着的编钟十二律严格地排比着）。长达四十韵、四百字，故称其"鲲鲸喷迢递"（有如长鲸大鲲，喷出的水气长远）。这是唐人应试诗的新形式，后人称为"试帖诗"。杜甫遵守着这个传统并把它扩大了。他有五言排律《秋日夔府咏怀一百韵》，长达一千字，是杜甫诗集中最长的一首。元稹曾极力推重他，说"铺陈终始，排比声韵，大或千言，次犹数百，辞气豪迈而风调清深，属对律切而脱弃凡近"[1]，所说的就是这种排律诗了。他认为杜甫远远超过了李白。李白还没有走近杜甫的围墙，更说

---

[1] 元稹《唐故检校工部员外郎杜君墓系铭》。——编者注

不上升堂入室了。封建时代的士大夫们大抵以为定论，这是由于封建时代以诗文取士，诗重排律的原故。但这种东西，在今天看来，和南北朝时代的四六骈文，明清时代的八股文，其实是难兄难弟。刘彦和《文心雕龙·明诗篇》里有两句话批评南朝刘宋诗文的风格："俪采百字之偶，价争一句之奇"，很可以利用来批评唐宋以来的排律诗，并还须改动两个字，便是"俪采百句之偶，价争一字之奇"。这样苦心地勉强作出来的诗，认真说不过是文章游戏而已。

杜甫作诗十分讲究规律，所谓"律中鬼神惊"（《赠郑谏议》），所谓"遣词必中律"（《桥陵诗》），所谓"晚节渐于诗律细"（《遣闷戏呈路十九曹长》），"律"或"诗律"，便是字的平仄、句的对仗。需做到"属对律切"，清规戒律很多，讲究起来没有止境。杜甫以尽力合乎规律为得意，李白则满不在乎，有时更有意在打破规律。两人的风格的确有些不同，在封建时代抑李扬杜的人却说杜甫是创新派、革命派，李白是复古派、保守派。这颠倒了的评价，不应该再颠倒过来吗？

杜甫的门阀观念甚至发展到和唐代帝室攀亲戚，讲世谊的地步。他有《别李义》一诗，叙述了杜家和李姓王朝的亲戚关系。

> 神尧十八子，十七王其门。道国洎舒国，实惟亲弟昆。
> 中外贵贱殊，余亦忝诸孙。

"神尧"指唐高祖李渊，因李渊禅位给他的儿子李世民，故以唐尧比之。李渊有二十二个儿子。卫王李元霸、楚王李智云先卒。玄武门之难,太子李建成和巢王李元吉为秦王李世民所杀。李世民做了皇帝,剩下十七个儿子都封了王。

道国王李元庆是第十六个儿子,舒国王李元名是第十八个,故说道国与舒国,实在是亲兄弟。李义是李元庆的玄孙。杜甫的母亲姓崔,崔氏的母亲是李元名的外孙女,故杜甫是舒王的外孙女的外孙。杜甫在《祭外祖祖母文》中提到了这层关系。"纪国(纪王李慎,唐太宗李世民的儿子)则夫人之门,舒国则府君之外父。""外父"是外祖之误,故杜甫自叙于王室的"诸孙"之列,虽然有内外亲疏之分,在母系的血统上来说,杜甫也要算是"王孙"了。杜甫和李义的世系,不妨列表如下:

李渊→┌─道王元庆→询→微→炼→李义
　　　└─舒王元名→女→崔→女→杜甫

杜甫还有一首诗《送重表侄王砅评事使南海》,则是在和李姓王朝讲世交。

> 我之曾老姑,尔之高祖母。尔祖未显时,归为尚书妇。
> …………
> 及乎贞观初,尚书践台斗。夫人常肩舆,上殿称万寿。
> 六宫师柔顺,法则化妃后。至尊均嫂叔,盛事垂不朽。

王砅的高祖父是礼部尚书王珪,杜甫的曾祖姑是王珪的夫人。诗中叙述了一段在杜甫认为是很重要的故事。据说在隋朝大业末年,王珪很穷,和房玄龄、杜如晦是亲密的朋友。有一次房、杜两人同李世民一道来访问王珪。李世民当时只有十八岁。王珪的夫人隔着窗户看到了李世民，认为是非凡的人，她私下把头发剪下来卖成钱，置酒款待了这几位客人。后来李世民做了皇帝，王珪也位至尚书。李世民和王夫人以"嫂叔"相称，夫人的德性化及于宫阃。这样一位夫人是杜甫的"曾老姑"，不用说杜甫是引以为荣的。

关于剪发置酒的故事可以令人联想到晋人陶侃的母亲。《晋书·陶侃传》："侃早孤贫，为县吏。鄱阳孝廉范逵尝过侃，时仓卒无以待宾。其母乃截发，得双髲以易酒肴。乐饮极欢，虽仆从亦过所望。"后来侃因范的推荐，逐渐显达。杜甫的曾老姑显然仿效了陶母。但是，关于这个故事却有不同的说法。《新唐书·王珪传》载王珪母李氏嘱王珪引房玄龄、杜如晦来其家，窥见之，以为二人乃公辅才，敕备酒食款待。没有说到李世民，也没有说到杜氏夫人剪发。因此，有人对杜甫的诗怀疑。但事关杜王两家，如果杜甫捏造，王砅怎能坦然相信呢？《新唐书》的撰述者是宋人，应该是传闻失实，或有所省略而已。

根据上述，可见杜甫重视门阀的观念非常深固。他不仅重视自己的门阀，而且还重视别人的门阀。

《赠韦七赞善》诗中有云："乡里衣冠不乏贤，杜陵韦曲未央前。尔家最近魁三象，时论同归尺五天。"在"尺五天"下杜甫自注云："俚谚曰'城南韦杜，去天尺五'。"这不仅夸示了杜家世系的高贵，同时也夸示了韦家世系的高贵。注家引唐代宰相世系表以为证："杜氏曾任宰相者十一人，韦氏十四人。"韦杜二家，与王室的距离，真是只有一尺五远了。

名家莫出杜陵人，……拖玉腰金报主身。

这是《季夏送乡弟韶陪黄门从叔朝谒》一诗中的两句。"黄门从叔"指杜鸿渐。杜鸿渐是请唐肃宗李亨背着他的父亲唐玄宗即皇帝位于灵武的劝进者之一人，曾为河西节度使，后以黄门侍郎同平章事镇蜀。大历二年还京"朝谒"，杜甫的诗便是当年季夏做的。照"名家莫出杜陵人"看来，杜家的有名显然还在韦家之上了。有名的家族莫有一家还能够超出杜陵杜家之上的，不少人"拖玉腰金"，——襟垂碧玉佩，腰悬黄金印，杜甫真可谓自豪了。然而遗憾，这正表现了他的浓厚的封建意识。

杜甫既重视门阀，故对于有门阀地位的人，往往不择对象，甚至使用曲笔加以颂扬。最使人惊愕的有《滕王亭子二首》，代宗广德元年（763）杜甫游阆州（今四川阆中县）时所作。滕王是李渊第二十二个儿子李元婴，调露中（679）曾任阆州刺史。这个人是一个出奇的坏蛋。新旧《唐书》本传都说他骄横无度，狎昵厮养，酷好狩猎，骚扰百姓，借狗求雉，弹人取乐。高宗李治都屡次告诫他，但不改故态，臣下进谏更要遭受到打骂。对于他的胡作非为的事例，《新唐书》还有所记载，实在是不堪入目。

这样一个狗彘不如的王爷，杜甫却偏偏对他怀念不已，并假借人民之口而加以歌颂。请直接读他的原诗吧。

（一）君王台榭枕巴山，万丈丹梯尚可攀。

春日莺啼修竹里,仙家犬吠白云间。

清江锦石伤心丽,嫩蕊浓花满目斑。

民到于今歌出牧,来游此地不知还。

(二)寂寞春山路,君王不复行。

古墙犹竹色,虚阁自松声。

鸟雀荒村暮,云霞过客情。

尚思歌吹入,千骑拥霓旌。

　　台榭是劳动人民的业绩,江山是祖国的自然,诗人要对台榭歌颂,要对江山赞美,本无可厚非。但一首"君王",两首"君王",悼叹不置。前称"出牧",后颂"霓旌",尊崇无际。连明代的杨慎(升庵)都表示不满:"其恶如此,而诗称'民到于今歌出牧',未足为诗史。"①这批评是很中肯的,然而注家仇兆鳌却不同意,他说第一首"末二句一气读下,正刺其荒游,非颂其遗泽也。"我也照他的说法"一气读下"了,我就感觉不到有什么"刺"。亭园写得那么美,做"王爷"的偶尔出游,要流连一下,何所见其"荒游"?何况用了"歌出牧"字样,怎么也表达不出恶意。其实"来游"的主词分明是"民",与"歌"字是同位动词,因上句既言"出牧",下句又言"来游",如果同属于王,句法上犯复。王的"来游",照第二首的"千骑拥霓旌"看来,也不能写得那么随便。

---

① 见《升庵全集》卷五八《民歌出牧》条,文作"其恶如此,而少陵老子乃称之,所谓诗史者,盖亦不足信乎?"作者据仇兆鳌《杜少陵集详注》第一〇八九页摘引。——编者注

然而，意外的是解放以来的研究专家们却还有人在说："这类诗就是在用曲笔，'伤心丽'三字正泄露着此中消息，'丽'而至于'伤心'，'歌'就应该是'刺'而不是'颂'。"（傅庚生《杜甫诗论》148页）这真是惊人的"曲笔"！"伤心丽"译成现代话就是"好看得要命"，相传为李白所作的《菩萨蛮》上半段也有"寒山一带伤心碧"句，"伤心碧"也就是"绿得要命"。断断乎不能说有了"伤心丽"字样，"歌"就变成"刺"了。

最后还有值得注意的是：杜甫对于陶渊明却有微辞。虽然他也肯定陶的诗，把陶和谢灵运并举，"焉得思如陶谢手，令渠述作与同游？"（《江上值水如海势聊短述》）但他在《遣兴五首》之三中对于陶是有所批评的。

> 陶潜避俗翁，未必能达道。观其著诗集，颇亦恨枯槁。
> 达生岂是足？默识盖不早。有子贤与愚，何其挂怀抱！

尽管杜甫对自己的二子宗文、宗武，比起陶渊明对其五子还要更加关怀，但他却坦然对于陶渊明加以讥刺。黄山谷认为是"寄之渊明以解嘲"，这种说法也未免太纡曲了。

更有进者，陶渊明自认为是陶唐氏的后人，他的《命子》诗（给他的大儿子命名为"俨"，取字"求思"的诗），一开首就说："悠悠我祖，爰自陶唐。邈为虞宾，历世重光。御龙勤夏，豕韦翼商。"照这叙述看来，陶氏与杜氏应该说是同祖。陶渊明更应该说是杜甫的远祖了。但杜甫在诗文中却没有承认过这层关系。虽然杜甫的"曾老姑"——王珪的夫人，分明效法了陶侃的母亲剪售头发以酬宾客，而杜甫在诗文中也没有提到过这位在晋代赫赫有名的陶侃。陶渊明是把陶侃认为曾祖的，可能不是嫡亲，在《命子》诗中对于这位曾祖推崇备至。陶侃是东晋的功臣，在军四十一年，位至八州都督，封长沙郡公，故诗中言"桓桓长沙，伊勋伊德，天子畴我，专征南国；功遂辞归，临宠不忒，孰谓斯心，而近可得？"为陶渊明所这样推崇的人却被杜甫抹杀了，陶杜同祖的关系也被抹杀了。杜甫是十分尊重族系传统的人，这却怎样来解释呢？

看来杜甫不承认陶侃的一族真正是陶唐氏的后人。陶侃本是东晋当时的少数民族溪族。晋成帝咸和三年（328）他已七十岁左右，位至征西大将军，并讨平了苏峻之难，建立了大功；然而同时的温峤却在背后称之为"溪狗"（见《世说新语·容止篇》）。据此，可见陶渊明自称为尧皇帝的后人是出于假冒，这也暴露了陶渊明的庸俗的一面。如果从这一个角度来说陶渊明"未必能达道"，倒是千真万确。

其实远古的神话传说是荒渺无凭的。陶唐氏的存在究竟是否历史事实，其本身就是问题。因而杜氏之不必为陶唐氏的后人，也和陶氏之不必为陶唐氏的后人一样。杜甫虽然没有明说陶渊明假冒，而在实际上没有承认他们是同族。这可从反面来证明杜甫的门阀观念是怎样顽强，并也同样证明杜甫的庸俗更远远在陶渊明之上。

杜甫的功名欲望

封建时代的士大夫阶层，要想有所作为，功名便是他们的第二生命。他们是属于统治阶级，读书的目的就是为了做官，以管理百姓；说得堂皇一点，就是为了"治国平天下"。所谓"学而优则仕"，所谓"学古入官"①，在封建时代的士大夫们是视为天经地义的。

但要做官，进入实际统治者的地位，除帝王公侯可以世袭之外，尽管门阀有很大的作用，但总要经过一定的所谓选拔的门径。在唐代的情况是：一般要通过考试，成为"进士"或其他名目；其次是直接向皇帝陈情，或者通过有权位者的推荐。

杜甫是功名心很强的人，这三种门径，他都闯过，而且都不止一次。

他受过两次考试都失败了。第一次是在开元二十三年，年二十四岁，时在洛阳赴贡举，不第。第二次是在天宝六年，年三十六岁，时在长安应试，也没有及第。天宝六年唐玄宗下诏：天下有一艺者赴京

---

①《尚书·周官》。——编者注

应考。奸相李林甫怕应考者揭露自己的劣迹，玩弄了各种手法，使应试的人全部落第，他因而向皇帝恭贺，说是"野无遗贤"。在这一次的落第者中，元结也是一个。经过两次失败之后，杜甫没有再去应试了，于是便终身没有成为"进士"。

杜甫曾经三次直接向皇帝陈情。第一次是天宝九年，年三十九岁，他曾经直接进献《雕赋》，但没有下文。第二次是在天宝十年，年四十岁，他献上《三大礼赋》。这次受到唐玄宗的"奇视"，命待诏集贤院；第二年又召试文章送隶有司，参列选序，但也遭到李林甫的遏制，没有结果。第三次是在天宝十三年，年四十三岁，献上《封西岳赋》，又是没有下文。

三次所献的赋和献赋时所上的表文，都还保存着。杜甫自己虽然相当得意，说"赋或似相如"（《酬高使君（适）相赠》），又说别人以班固、扬雄比拟（《壮游》），其实并不那么高明。特别是那几通表文，应该说是杜甫留下来的恶札。《进〈雕赋〉表》说到自己是杜预之后、杜审言之孙，希望能承继祖业，这倒是写实。但说到自己"衣不盖体，常寄食于人，奔走不暇，只恐转死沟壑"；一再地恳求"伏惟天子哀怜之"，"伏惟明主哀怜之"。这不是把自己的贫困太夸大了吗？值得注意的是：杜甫很喜欢猛禽，除《雕赋》外，在他的诗中也有不少处关于雕鹗鹰隼的吟咏。这大约是由于他在青壮年时代喜欢打猎的原故。《进〈雕赋〉表》中有赞扬雕的几句话："臣以为雕者，鸷鸟之殊特，搏击而不可当；岂但壮观于旌门，发狂于原隰？引以为类，是大臣正色立朝之义也。臣窃重其有英雄之姿。"这可表明了杜甫的个人英雄主义，然而和他过分夸大自己的贫困可怜，是极不调和的。

《进〈三大礼赋〉表》也用了同样的笔法,极力夸大自己的贫困,说"臣生长陛下淳朴之俗,行四十载矣。与麋鹿同群而处,浪迹于陛下丰草长林,实自弱冠之年矣。……顷者,卖药都市,寄食友朋。……恐倏先狗马,遗恨九泉。"

这些话把自己说得非常可怜,和《壮游》诗中所叙述的生活状况,形成了南北两极。

>性豪业嗜酒,嫉恶怀刚肠。……
>饮酣视八极,俗物多茫茫。东下姑苏台,已具浮海航。
>到今有遗恨,不得穷扶桑。……
>放荡齐赵间,裘马颇清狂。

这到底哪一边是真实,哪一边是浮夸呢?向皇帝进表,把自己说得太可怜相,其实是会得到反效果的。那样说,等于指责在上者无知人之明,使贤人不得其所。《雕赋》献上去,不报;《三大礼赋》献上去虽得到"待诏集贤院"而同样无结果,看来恐怕不单是文章并不那么杰出的原故吧。

进《封西岳赋》的表文,应该更加成为问题。表文中在大捧杨国忠,说什么"维岳授陛下元弼,克生司空"。当时杨国忠以宰相而兼司空,虽然大恶未著,但杨国忠何许人也?他是一名阿飞,靠着西蜀土豪鲜于仲通的推荐和资助,得到机会进京,为章仇兼琼奔走;更靠着和"从祖妹"杨玉环有些暧昧的裙带关系,便飞黄腾达,位极人臣。这个人的历史，杜甫不会不知道，怎么能以"维岳降神"（《大雅·崧高》）的调子来恭维呢？杜甫在《登慈恩寺塔》中能够讽刺唐玄宗的荒宴，在《丽人行》中能够揭露杨家姊妹兄弟的豪奢，而在这篇表文中却这样低首下心、卑躬屈节、奉承权贵，实在出人意外！

恳求有权位者的荐举，那就更加频繁了。在诗集中，下列若干首，都是在天宝年间，恳求荐举的长诗。

（一）《赠韦左丞丈济》；
（二）《奉赠韦左丞丈（济）二十二韵》；
（三）《奉赠鲜于京兆二十韵》；
（四）《投赠哥舒开府翰二十韵》；
（五）《赠翰林张四学士垍》；
（六）《奉赠太常张卿垍二十韵》（"垍"或作"均"，乃垍之兄，但张均曾为大理卿，不曾为太常卿）；
（七）《上韦左相（见素）二十韵》，等等。

用力之勤、数量之多，远远超过了韩愈的三《上宰相书》。他照例把自己说得非常可怜，把对方捧得非常崇高。他在《秋日荆南述怀》一诗中所描绘的自画像："苦摇求食尾，常暴报恩鳃"，真可谓传神之笔了。

更令人诧异的是：他所恳求的人，往往不择对象。让我们把那些人物来检查一下吧。

左丞韦济，他在开元二十二年曾经把一位骗子道士张果推荐给唐玄宗，以事逢迎。张果说，他在唐尧时做过"侍中"的官，他已经活了几千岁了。这样的鬼话竟公然骗上了当时胡涂透顶的君臣。一生迷信仙术的杜甫，想来也是信以为真的。他不觉得韦济的丑恶，反而认为可以依靠，一再恳求。在第一首里说："老骥思千里，饥鹰待一呼"，虽然在以鹰骥自拟，其实是自比于禽兽。第二首稍稍换了一个调门，说什么"今欲东入海，即将西去秦"，意思是说你再不推荐，我就要远走高飞了。到那时，"白鸥没浩荡，万里谁能驯？"我成了一只飞到万里海外的白鸥，在海波上载沉载浮，你要驯化我，便难之又难了。可惜那位左丞大人却始终无意来驯化这只"白鸥"，而这只"白鸥"毕竟也没有飞到海外去。

鲜于京兆是什么人呢？是四川的土豪鲜于仲通。他和杨国忠两人狼狈为奸，利用杨国忠和杨玉环的亲族关系，把杨国忠捧上了台；回头又由杨国忠来提拔他，让他做到京兆尹；又曾为剑南节度使。在剑南节度使任内，他把南诏逼反了；兴兵讨伐，被南诏打得大败。这样的害虫，杜甫求他荐举，在赠诗中竟称之为"骐骥"（千里马），为"间出"的"异才"（根据孟子的说法，五百年间才能出现一次的大人物）。连他的六个儿子都是"凤雏"，门下是一片"义声"。恭维一个坏人，竟这样不惜工本！看他说到自己时，则是"学诗犹孺子！"既不是司马相如，也不是班固和扬雄，而是一个才学作诗的小娃娃。——实际上，他当时已经四十一岁了！说自己因科考受绌，弄得走投无路；于是，在诗的最后，等于大声急呼地喊出："有儒愁饿死，早晚报平津！"——我这个区区小学生（"儒"）穷得快要饿死了，快快转报给丞相吧！平津侯，是汉武帝时的丞相公孙弘的封爵。在这儿是借用来比当朝宰相杨国忠,也就是那位"岳降"的"元弼"。请看杜甫为了求取功名,是多么不择对象!这岂不是有忝"诗圣"或者"人民诗人"的称号吗?

哥舒翰也被捧得没有边际。他称之为麒麟阁上的第一人,是"英雄",是"当朝杰",而以自己没有成为哥舒翰的部下,深为遗憾。哥舒翰当时在任河西节度使,他比之以"崆峒"——西边的一座大山,而愿为之保镖——"防身一长剑,将欲倚崆峒!"当然,哥舒翰这位突骑施族的军阀,在未失败以前,和混血胡人安禄山相抗衡,是赫赫有名的。诗人高适就出自他的幕下。然而李白却对哥舒翰抱着蔑视的态度,在《答王十二寒夜独酌有怀》诗中说:"君不能学哥舒横行青海夜带刀,西屠石堡取紫袍",把他和斗鸡之徒相提并举。(李白诗集中有《述德兼陈情上哥舒大夫》一首,已被证明为伪作。)看来,李白的识见是高于杜甫的。哥舒翰在天宝十五年六月失守潼关,向安禄山投降了,称安为"陛下",并甘愿为之招降纳叛。没有见效,为安庆绪所杀。杜甫的吹捧,不是太无知人之明吗?

杜甫不仅对哥舒翰本人吹捧,而且还吹捧他的部下。有《赠田九判官梁丘(在哥舒翰幕中)》诗一首,起句是"崆峒使节上青霄",所谓"崆峒"和前一首的比喻相同,即指哥舒翰。连他幕下的人,都像天上人一样。接着便称颂哥舒如汉朝的霍去病,他的幕府中人都是曹操幕府中的阮瑀之流。据说收揽了这么多美才,都是出于田九的推挽,因而希望田九也把自己推荐给哥舒。"麾下赖君才并美,独能无意向渔樵?""渔樵"是自比。这也幸好田九无能为力,或者哥舒无意引用,不然《潼关吏》中的"请嘱防关将,慎勿学哥舒",恐怕也就不好下笔了。

张垍，也是大成问题的人。他是燕国公张说的儿子，唐玄宗的女婿。玄宗特别宠爱他，住在宫中，曾经面许以宰相之位，没有实现。天宝十五年六月中旬，玄宗奔蜀，他没有跟上去；下旬长安沦陷，他却投降了安禄山，但仍为安的部下所杀。降贼虽然是后事，但可见张垍是没有骨气的人。而且他还谗毁过李白，连魏颢都知道的事，杜甫不应该不知道。杜甫在当年是与李白情如兄弟的，为什么对于谗毁过李白的人，却一再地赠诗吹捧，卑辞恳求？特别是第二首，把自己说得太不像样了。"顾深惭锻炼，材小辱提携；槛束哀猿叫，枝惊夜鹊栖。"说受到深厚的照顾，自惭"锻炼"不够；材能太小，够不上驸马的"提携"。自比为"哀猿"，为"夜鹊"，又是一套禽兽。当然，赠诗的目的是在紧接着的最后两句："几时陪羽猎，应指钓璜溪？"图穷匕首现，是希望张垍在玄宗面前说话，让自己直上青云。使用了"钓璜溪"的故事，是以吕尚自比，仿佛占了身份，其实为了凑韵自比为老渔翁而已。期待唐玄宗成为周文王，把自己立即提升到太公望的高位，倒是很恳切的。

白居易有《见尹公亮新诗偶赠》一首，我觉得倒可以借来赠给杜甫。

袖里新诗十首余，吟看句句是琼琚。
如何持此将干谒，不及公卿一纸书？

以诗文求有权位者荐举（"干谒"），是唐代士子的通习，倒不能以此苛责杜甫。但杜甫是以"独耻事干谒"(《赴奉先县咏怀》)自行标榜的人,而实际的情况却是这样。未免有点言行不一致吧?

杜甫勤于作诗投赠,求人荐举,但也不能说没有效果。天宝十四年,他曾经被任为河西尉,没有接受;继改任右卫率府胄曹参军,他便接受了。有人说,这是出于韦见素的推荐,是杜甫在一年前《上韦左相二十韵》求荐的结果。韦见素这个人虽然没有什么特著的恶迹,但他是杨国忠所引用的人,其人的品质也就可想而知。他的唯一被前人称许的劳绩,是跟着唐玄宗一道逃到了四川。如果授杜甫为河西尉,回头又改任京官,真是出于韦的照顾,可见他还是比较看得起杜甫。然而杜甫,对于这种应付式的照顾,却不大领情。他有《官定后戏赠》一诗叙述了自己的心境。

不作河西尉,凄凉为折腰。老夫怕趋走,率府且逍遥。
耽酒须微禄,狂歌托圣朝。故山归兴尽,回首向风飙。

河西县在唐代有两处:一属于云南,在蒙自附近,天宝后没入南诏;一属于四川,在宜宾附近。估计杜甫被任为县尉的是后者。两者都是西南偏僻小县,杜甫不愿意去做县尉,他自己解嘲,是在学陶渊明不愿为五斗米折腰。但右卫率府胄曹参军,是一个管兵甲器仗和门禁锁钥的八品以下的小京官,他却又屈就了。他说他宁肯在京师当逍遥派,有不多的俸禄可以买酒喝,有多余的闲暇可以狂歌度日。所以他归故乡的念头也就没有了,而且回头还有机会被大风吹到天上去。这些都是老实话,但也不免有点难乎为情,故他只好向自己开玩笑。

题为"戏赠",是表明自己的又高兴而又不太高兴。高兴是乐得做了京官,不太高兴是嫌官卑职小。

事态是十分清楚的,表明着杜甫的挑肥选瘦,想做大官而不愿意做小官,留恋都门生活而不愿意去穷乡僻境与民众接近。但近代的研究者,却在这个问题上也要挖空心思为杜甫辩护。有人说,县尉这种地方官职是"鞭挞"老百姓的。高适曾经做过封丘县尉,他在《封丘县》一诗中自叹:"拜迎长官心欲碎,鞭挞黎庶令人悲。"因此,他把县尉抛弃了,转入哥舒翰的幕府,杜甫有《送高三十五书记十五韵》贺他,说"脱身簿尉中,始与棰楚辞"。据说,杜甫的不就河西尉也就是不愿意去"鞭挞黎庶",要永"与棰楚辞"。

又有人说,县尉是肥缺。岑参有《送张子尉南海》诗,"不择南州尉,高堂有老亲。……此乡多宝玉,慎莫厌清贫!"据说,杜甫的不就河西尉,也就是不愿意去刮地皮。

遇有问题便替杜甫辩护,是煞费苦心的,深怕有损于"诗圣"或"人民诗人"的徽号。但可惜不能使人轻易信服。县尉照例要"鞭挞"老百姓,但是谁叫你一定要"鞭挞"?县尉照例可以刮地皮,但是谁叫你一定非刮不可?

管理兵甲器仗和门禁锁钥的差事也并不那么光荣。兵甲器仗、宫闱仓库等哪一样不是从老百姓那里聚敛来的?聚敛时有多少吏人能不用"鞭挞"?"彤庭所分帛,本自寒女出;鞭挞其夫家,聚敛贡城阙"(《赴奉先县咏怀》),这些很有光辉的诗句表明杜甫的认识很明确。况"兵甲"之类是杀人的武器,这些不在老百姓手里的武器,而杜甫却愿去管理,他不见得就那么心安理得。此其所以有《官定后戏赠》之作,不是在为自己解嘲,而是在向自己嘲笑了。

事实上,他的不就河西尉,不久之间是有些后悔的。《赴奉先县咏怀》中有这样的一节话:

> 许身一何愚,窃比稷与契!居然成濩落,白首甘契阔。
> ……………
> 顾惟蝼蚁辈,但自求其穴;胡为慕大鲸,辄拟偃溟渤?

自己在埋怨,为什么这样"愚",公然以稷契自比!到头来一无所成。想到蝼蛄和蚂蚁都还有它们的巢穴,自己为什么总希望学鲸鱼,要在大海深处游泳?他分明是在责备自己所好太高而所骛太远了。

完全可以肯定,杜甫是有雄心壮志的人,他总想一鸣惊人,一举而鹏程九万里。但这种希望,他一辈子也没有达到。很强的功名心不能落实,结果可以转化为很强的虚荣心。杜甫也就为这种毛病所侵犯,他的虚荣心也十分惊人。他平生有三件得意事,几乎使他可以抓到满足功名心的希望,他始终认为是十分光荣的。

第一件是天宝十年献《三大礼赋》,奉命待制集贤院。这和李白的待诏翰林相同,他和李白一样在诗中常常夸耀这件事。

> 忆献三赋蓬莱宫,自怪一日声辉赫。
> 集贤学士如堵墙,观我落笔中书堂。
> 往时文采动人主,今日饥寒趋路旁。
>
> ——《莫相疑行》

曳裾置醴地，奏赋入明光。天子废食召，群公会轩裳。

——《壮游》

明光起草人所羡，肺病几时朝日边？

——《十二月一日三首》之一

蓬莱宫就是明光宫。"置醴地"是用西汉楚元王刘交敬礼穆生的故事，穆生不喝酒，每有宴集，楚元王要为他备甜酒（"置醴"），以示优遇。杜甫进献了《三大礼赋》，俨然在以王者之师自居了。

第二件是至德二年初夏，杜甫由长安贼中潜投凤翔，被肃宗朝廷任命为左拾遗。左拾遗属于门下省，在皇帝左右尽拾遗补阙的责任。官虽然不大（只是七、八品的小官），却是皇帝的"近臣"或"近侍"之臣，是可以向皇帝提意见的谏官。这比待制集贤院又高了不止一等了。

微躯忝近臣，景从陪群公；登阶捧玉册，峨冕聆金钟。

——《往在》

我昔近侍叨奉引。

——《忆昔二首》之一

往时中补右，扈跸上元初。……
通籍蟠螭印，差肩列凤舆。……
不才同补衮，奉诏许牵裾。

——《赠李八秘书别》

"中补右"系李八秘书的旧职,中书省右补阙的省称;照此类推,则门下省左拾遗自可称为"门拾左"了。"补阙"这个官名,从《大雅·烝民》"衮职有缺,惟仲山甫补之"而来。拾遗与补阙同是谏官,故言"同补衮"。("衮"是天子的衮龙袍,不敢斥言天子,故以"衮"字代替。)拾遗和补阙,所用的印信是盘着螭龙的。天子出行时同陪"凤辇",天子祭祀时戴着高帽子,捧着"玉册"赞礼。请看《往在》里的那几句,把左拾遗的官样,叙述得多么神气!

第三件是唐代宗广德二年(764)严武第三次入蜀,再为东西川节度使。六月表奏杜甫为节度使署中参谋,检校工部员外郎,赐绯鱼袋。员外郎是从六品,这比七、八品的左拾遗又升了级。杜甫已经五十三岁了,他是相当满意的。在这以后的诗中便屡屡提到他做了员外郎(省称为"郎"或"省郎"、"台郎"、"郎官");"银章"、"朱绂"、"纱帽"、"绯鱼",和他的诗笔纠缠着,似乎摆脱不掉。

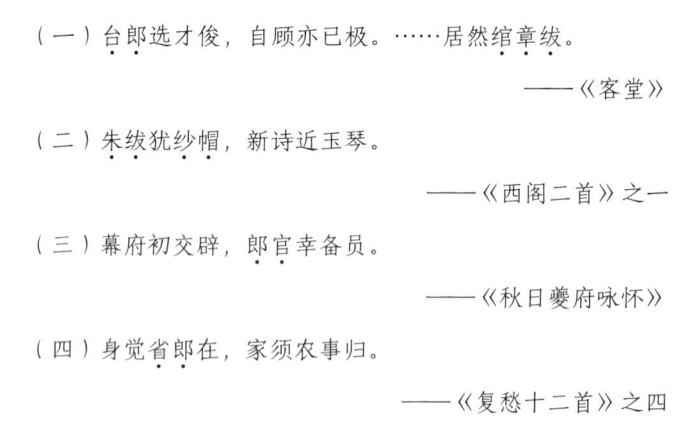

(一)台郎选才俊,自顾亦已极。……居然绾章绂。

——《客堂》

(二)朱绂犹纱帽,新诗近玉琴。

——《西阁二首》之一

(三)幕府初交辟,郎官幸备员。

——《秋日夔府咏怀》

(四)身觉省郎在,家须农事归。

——《复愁十二首》之四

（五）莫看江总老！犹被赏时鱼。

——《复愁十二首》之十二

（六）素发干垂领，银章破在腰。

——《奉赠卢琚》

（七）衰老自成病，郎官未为冗。

——《晚登瀼上堂》

（八）不才名位晚，敢恨省郎迟？

——《夔府书怀》

（九）通籍恨多病，为郎忝薄游。

——《夜雨》

（十）为郎未为贱，其奈疾病攻！

——《赠苏四徯》

差不多念念不忘自己是"员外郎"，这虚荣心的强烈也真是有点出人意外。无怪乎南宋诗人陆游也提出了诘问。

功名不垂世，富贵但堪伤；底事杜陵老，时时矜省郎？

——《秋兴》

杜甫如有知，对于这个诘问是难于回答的。

要之，杜甫的功名心很强，连虚荣心都发展到了可笑的程度。他不愿意做小官，但在实际上他也缺少办事务的才干。他担任右卫率府胄曹参军的期间很短，没有留下什么德政；由于安禄山叛变，长安沦陷，他的职务大约很快便被吹掉了。《夔府书怀》一诗的开头两句是："昔罢河西尉，初兴蓟北师"，由不就河西尉直接连到安禄山的叛变，率府胄曹参军一职根本没有提到。可见为期很短，无话可说。

在左拾遗的任内，留下了一些歌咏宫廷生活的诗，那在目前看来是毫无价值的。不久，因疏救房琯，触犯了肃宗的怒鳞，被罢为华州司功参军，掌管地方上的文教祭祀等工作。这在他的宦途上是一大蹭蹬，比李白在天宝三年被赐金还山的待遇，还要冷落。他到了华州就职，一和案牍接触，便大不耐烦，甚至光火了。有《早秋苦热堆案相仍》一诗可证。

> 七月六日苦炎热，对食暂餐还不能。
> 每愁夜中自足蝎，况乃秋后转多蝇。
> 束带发狂欲大叫，簿书何急来相仍！
> 南望青松架短壑，安得赤脚踏层冰？

大诗人不耐烦做刀笔小吏的神态，写得活现。天气满热，饭都吃不下；晚上既多蝎子，秋后反而又多苍蝇；真是要叫人发狂大叫了。公文堆满案头，不断地来麻烦我。朝南望，华山上的青松横躺在狭窄的山谷上，多么自在呵！我恨不得打着赤脚去踏上深厚的坚冰呵！可以看出诗人是多么不耐烦！

其实杜甫在华州司功任内不足一年，看来倒是很受到优待的。他秋间到了华州，冬天便远赴洛阳，翌年三四月之交又才从洛阳回华州。在这次旅途中作了不少的诗，有名的《三吏》和《三别》便是在回华州时作的。他自己也承认过:"曾为掾吏趋三辅,忆在潼关诗兴多"(《峡中览物》)。假如他是深受束缚,他不会有那样大的自由和那么多的雅兴。但是,到了这一年的秋天,由于关辅地区饥馑,他索性掼掉了乌纱帽,自行离开了华州的职守。这也应该说是分外的自由了。

广德元年杜甫在梓州时,曾被朝廷任命为京兆功曹参军,殆由严武归朝后所推举,但因已定计出峡,不就。第二年三月严武再任东西川节度使,他折回成都,做了严武幕府中的参谋;在职仅半年光景便解职回草堂。据说是由于同幕府中年轻的人们不能相处,实际上同严武本人也有一定的矛盾。《莫相疑行》:"晚将末契托年少,当面输心背面笑";《赤霄行》:"孔雀未知牛有角,渴饮寒泉逢抵触";都是这时候作的诗。细玩辞句,是有上下级的关系存在,决不是单因为同僚间的不能相处。

在夔州主管过东屯百顷田,如果也是官职的话,他只有在这项任务上处理得相当胜任愉快,但也不安于此而买舟出峡了。在夔州,他在诗歌创作上也是丰收的。《峡中览物》诗在"曾为掾吏趋三辅,忆在潼关诗兴多"之后,接下去也就是"巫峡忽如瞻华岳,蜀江犹似见黄河"——这也等于说:"曾为屯守趋三峡,忆在夔州诗兴多"了。

杜甫毕竟只是诗人而不是政治家。作为政治家虽然没有成功,但作为诗人他自己是感到满足的。

杜甫的地主生活

杜甫爱诉述自己的贫困,但往往过分夸大,和实际情况核对起来有很大的悬隔。

例如他在乾元二年(759)初冬寓居同谷(今甘肃成县)时所作的有名的《同谷七歌》中,便有不少极其夸大的成分。第一歌里说:"有客有客字子美,白头乱发垂过耳。岁拾橡栗随狙公,天寒日暮山谷里。"这把自己写得来就像周口店的"北京人"一样,年年岁岁都跟猴子一道,在山谷里过野人生活。其实乾元二年杜甫只有四十八岁,即使早衰,也还不至于就白发垂耳吧?那一年的初冬他只在同谷住了个把月光景便出发往成都去了,怎么好说"岁拾橡栗"呢?就在那一年,他自己在《发同谷县》一诗中说过:"奈何迫物累,一岁四行役。"一年之中就旅行过四次:春末从洛阳回华州,秋天由华州往秦州,初冬由秦州往同谷,仲冬由同谷往成都,他何尝是周年四季都在"山谷里"挨饥受冻?把自己的贫困夸大得太不着边际了!

第七歌里面也有这样的话,"男儿生不成名身已老,三年饥走荒山道。长安卿相多少年,富贵应须致身早。"这说得来好像三年之间他都在逃荒。由乾元二年冬倒数上去的"三年",是唐肃宗乾元二年、乾元元年、至德二年。至德二年四月,杜甫由贼中逃出,赶赴凤翔行在,被任命为左拾遗。继因疏救房琯获罪,八月遣回鄜州省家。十月肃宗李亨回长安,杜甫扈从。乾元元年六月被谪贬为华州司功。冬末乘间赴洛阳。乾元二年便是上面说过的"一岁四行役"之年,杜甫的名诗《三吏》和《三别》即产生于这一年的春夏之交。行役的情况,深幸杜甫在诗中多所叙述。《潼关吏》:"要我下马行,为我指山隅",可见由洛阳至华州是乘马。《发秦州》:"中宵驱车去,饮马寒塘流",可见由秦州到同谷是有车和马。《白沙渡》:"我马向北嘶,……揽辔复三叹",可见由同谷到成都也是一样。只有由华州到秦州的一段不详,但由华州出发以后是带着妻子同行的,妻子坐车,杜甫骑马,可毫无疑问。多谢杜甫这些杰出的纪行诗,证明了他自己并不是穷年累月饿着肚子在荒山深谷里徒步窜走。

乾元二年(759)十二月到了成都之后,靠着朋友的帮助,不久便着手经营浣花溪畔的草堂。起初的面积并不大,只有一亩地光景。他在《寄题江外草堂》一诗中说得明白:"诛茅初一亩,广地方连延。"题下原注:"梓州作,寄成都故居。"杜甫在梓州住了一年半光景,宝应元年(762)的秋天去梓州,广德二年(764)的春末回成都。去是因送严武赴京,回是因严武第三次入蜀。在他去梓州时,成都草堂已经经营了三年,规模大有可观了。看他以下的一些诗作吧:

奉乞桃栽一百根,春前为送浣花村。

河阳县里虽无数,濯锦江边未满园。

——《萧实处觅桃栽》

桃树发育快,布局宽,一百棵桃树的栽种,估计要五亩地左右。草堂的园子可就够大了。当然,除种桃之外还早有其他的花木,因为他说的是园子"未满"。

华轩蔼蔼他年到,绵竹亭亭出县高。
江上舍前无此物,幸分苍翠拂波涛。

——《从韦续处觅绵竹》

草堂堑西无树林,非子谁复见幽心?
饱闻桤木三年大,与致溪边十亩阴。

——《凭何邕觅桤木栽》

除桃园之外,又曾布置竹林、桤木林。桤木林是"十亩"。竹林呢?有一百亩还多。《杜鹃》一诗里说过:"我昔游锦城,结庐锦水边。有竹一顷余,乔木上参天。"这"一顷余"是实数,不是夸大,因为他有一次除竹,一下便斫去了一千根。

我有阴江竹,能令朱夏寒。……
爱惜已六载,兹晨去千竿。

——《营屋》

能够一次去掉一千根的竹林，要占地一顷多，是一点也不夸大的。正因为有这样的底子，所以当严武第三次入蜀，他《将赴成都草堂，途中有作，先寄严郑公（武）五首》之四里面有这样的豪语：

新松恨不高千尺，恶竹应须斩万竿！

草堂里有四棵小松树，是他所关心的。所谓"新松"就是这四棵小松树，他在希望它们赶快成长起来。草堂里的竹林占一百亩地以上，自然有一万竿竹子可供他斫伐。但是，松树要高到一千尺，是不可能的；竹而赐之以"恶"名也未免有欠公平。杜甫在这儿是有所讽喻，"新松"指有品格的士大夫，"恶竹"指多逾牛毛的外寇或者"盗贼"。

杜甫其实是爱竹林的。就在《寄题江外草堂》诗里已经说得很明白："我生性放诞，雅欲逃自然。嗜酒爱风竹，卜居必林泉。"后来在离开夔州，《将别巫峡，赠南卿兄瀼西果园四十亩》一诗里也说过："苔竹素所好，萍蓬无定居。远游长儿子，几地别林庐。"他的成都草堂在经营就绪之后，他也经常赞美他所栽种的竹木。

背郭堂成荫白茅，缘江路熟俯青郊。
桤林碍日吟风叶，笼竹和烟滴露梢。

——《堂成》

万里桥西宅，百花潭北庄。层轩皆面水，老树饱经霜。

——《怀锦水居止二首》之二

把这些诗读起来，要说杜甫过的不是地主生活，那是很难令人首肯的。特别值得注意的是杜甫在梓州时曾经送他的老弟杜占回成都去料理草堂，他有五律一首谆嘱他：

久客应吾道，相随独尔来。熟知江路近，频为草堂回。
鹅鸭宜长数，柴荆莫浪开。东林竹影薄，腊月更须栽。

——《舍弟占归草堂检校，聊示此诗》

后四句，赤裸裸地是一种地主心理。鹅鸭不少，怕被人偷掉，故"宜长数"；柴门闩好，不要乱开，提防强盗进来。请注意那个"频"字，可见杜占是草堂留守，经常往来于成都与梓州之间。到后来杜甫索性离开了成都，草堂无疑就让给杜占去了。在杜甫诗中，以后便不再见杜占之名。

但杜甫总是喜欢诉说自己的贫困。说自己吃不饱饭，"百年粗粝腐儒餐"（《宾至》）。说妻子也经常啼饥号寒，"恒饥稚子色凄凉"（《狂夫》），"入门依旧四壁空，老妻睹我颜色同；痴儿不知父子礼，叫怒索饭啼门东。"（《百忧集行》）这些都是在成都草堂作的诗。这样夸大地诉苦，和"风含翠篠娟娟净，雨裛红蕖冉冉香"（《狂夫》），"榉柳枝枝弱，枇杷树树香"（《田舍》），看来是怎么也不能调和的。

当然，杜甫也常说他在靠朋友帮助，所谓"故人施禄米"（《酬高适》），所谓"忧我营茅栋，携钱过野桥"（《王十五司马弟出郭相访兼遗营草堂资》），但这些是初到成都时的事。到后来已经有了那么大的院落，有林园、菜圃、荷池、药栏，而杜甫依然爱发牢骚，说到"厚禄故人书断绝"，他自己"欲填沟壑"（《狂夫》）。可能是规模太大了，需要的经费和人手更多了，因此有时无法周转。但为什么要把规模搞得那么大？那么大的一座园林是怎样扩张起来的？他在自笑为"狂"，实际上恐怕是适当的解嘲。

永泰元年（765）四月，严武再次任东西川节度使刚满一年，突然在任上病死了，这对于杜甫是很大的打击。五月，他就断然离开了他的成都草堂，买舟南下，经过嘉州（乐山）、戎州（宜宾）、渝州（重庆）、忠州（忠县），想直下夔门，但因病在云安呆了几个月，终于到夔州（奉节）留下来了。他在夔州住了三个年头，得到夔州都督柏茂琳（琳或作贞）的照顾，生活是稳定的，使他在那里又做了不少的诗。

他在夔州主管东屯的一百顷公田，这大约是由于柏茂琳的推荐而得到"朝廷"的允许。他有一首五律，题名为《晚》，第五、六两句云："朝廷问府主，耕稼学山村。"这可透露了他主管东屯的内部事实。是"朝廷"向夔州都督打听了杜甫的情况，故柏茂琳让他主管东屯。但也并不是他亲自主管，而是有代理的执行官——"行官张望"，他在诗中称之为"主守"，其下还有所谓"家臣"，当然是些农奴了。

东屯大江北，百顷平若案。……
主守问家臣，分明见溪畔。

——《行官张望补稻畦水归》

尚恐主守疏，用心未甚戚。清朝遣婢仆，寄语逾崇岗。
西成聚必散，不必陵我仓。岂要仁里誉？感此乱世忙。

——《秋，行官张望督促东渚耗稻向毕，
清晨遣女奴阿稽、竖子阿段往问》

此外还有好几首同性质的诗，表示了杜甫勤于督察，耕稼管理得很认真。他既为东屯主管，一百顷公田的收成虽不必全归于他，所谓"西成聚必散，不必陵我仓"，即秋天的收成要分献出去，不是全部使我的仓廪如岗如陵的，但总有相当一部分作为他的俸米归他所得。因此，他能慷慨地分送一些给他的邻里。

明朝步邻里，长老可以依。时危赋敛数，脱粟为尔挥。

——《甘林》

把糙米分散些给老农，这就是所谓"仁里"（对邻里讲人道主义）。但杜甫为什么要施行仁义呢？《甘林》的末尾两句说得很露骨："劝其死王命，慎勿远奋飞！"真是好一个称职的"主管"！这位"主管"之所以能施行仁义，明显地是靠着有多余的禄米。也就是这一项收入使他能够买下瀼西的四十亩果园和古堂。

客病留因药，春深买为花。

——《小园》

"小园"是买来的,为了种花,当然也种药草,还有其他的果木。

> 有客乘舸自忠州,遣骑安置瀼西头。
> 古堂本买藉疏豁,借汝迁居停宴游。
>
> ——《简吴郎司法》

"古堂"也是买来的,看样子相当宽敞,可供游览,可备宴客。"吴郎司法"就是后来受到瀼西四十亩果园赠送的"南卿"。他和杜甫有亲戚关系,诗中作了交代。瀼西果园很可能就是所谓"小园"了。自谦曰"小",实际上并不小。

> 柴门果树向千株,丹橘黄柑北地无。……
> 桃蹊李径年虽古,栀子红椒艳复殊。
>
> ——《寒雨朝行视园树》

园里有向千株的果树,无论如何,应该是一位庄园主了。但杜甫并不以此而满足。

> 此邦千树橘,不见比封君。……
> 万里巴渝曲,三年实饱闻。
>
> ——《暮春题瀼西新赁草屋五首》之二

这诗充分表明了杜甫对于生活要求的过高标准。《史记·货殖列传》:"蜀汉、江陵千树橘,此其人与千户侯等。"但在杜甫看来,还不足以相等。他在夔州呆了"三年"(仅三个年头),对于下里巴人所唱的歌曲,实在听饱了,听厌了。

一百顷公田的耕作是要费大量的劳动力的,想来不外是租赁给农民而收取赋税。四十亩果园的经营也不那么容易。杜甫诗中透露出了好几个用人的名字,有"隶人"伯夷、辛秀、信行,又有"獠奴"阿段,"女奴"阿稽,果园的管理大约就靠着这些人了。有《课小竖锄斫舍北果林,枝蔓荒秽净讫,移床三首》诗,在题上透露了这个消息。

杜甫还养了将近一百只可以治风湿病的乌骨鸡,见《催宗文树鸡栅》。宗文是杜甫的大儿子,单从诗题看来,好像宗文也是一个劳动力。因此有人说:"杜(甫)为人似有偏爱,故诗中屡称骥子(次子宗武),……不似宗文(长子,小名熊儿)之遣树鸡栅也。"(胡小石《杜甫〈北征〉小笺》,见《杜甫研究论文集》三辑210页。)但诗里面明明有"课奴杀青竹"句,则宗文也不过是监工而已。

要之,杜甫的生活,本质上,是一个地主的生活。他有时也穷,但是属于例外。他是以门阀的高贵自矜许的人。在年轻时裘马轻肥,在偃师县有陆浑山庄,在长安的杜曲有桑麻田(见《曲江三章》第三首),在成都有草堂,在夔州有果园,这些杜甫自己并不想隐讳。他也说过"穷冬客江、剑,随事有田园"(《建都十二韵》),研究家们却偏偏要替他隐讳,有意无意地是"诗圣"或"人民诗人"的观念在作怪。

在这里倒应该提出一个问题。杜甫在夔州的生活是相当稳定而优裕的，为什么他一定要离开四川？他在夔州住了三个年头，终于在大历三年（768）的正月买舟出峡了。他为什么一定要离开那比较稳定的生活？对于这个问题，杜甫有两句诗作了明确的回答："此身那老蜀？不死会归秦！"（《奉送严公（武）入朝十韵》）这简直等于在发誓了。

杜甫在四川住久了，他有时很讨厌四川，无论在成都，在梓州，在夔州，时时在诗中吐露出这种心境。"厌蜀交游冷，思吴胜事繁；应须理舟楫，长啸下荆门。"（《春日梓州登楼二首》之二）"巴蜀倦剽劫，下愚成土风。"（《赠苏四徯》）"夷音迷咫尺，鬼物傍黄昏。"（《奉汉中王手札》）"异俗吁可怪，斯人难并居；家家养乌鬼，顿顿食黄鱼。"（《戏作俳谐体遣闷二首》之一）"瘴疠浮三蜀，风云暗百蛮；卷帘唯白水，隐几亦青山。"（《闷》）像这样的诗句，举不胜举。他所以"思吴"的"胜事"是些什么呢，没有明说。但在老来回忆青壮年游吴越时事的诗——《壮游》中吐露了一些消息：

越女天下白，鉴湖五月凉；剡溪蕴秀异，欲罢不能忘。

写得很浑朴，不像李白的《对酒》《杨叛儿》，韦庄的《菩萨蛮》等写得那么显露。且把韦庄的《菩萨蛮》之一引在下边，以当注脚吧。

人人尽说江南好，游人只合江南老。春水碧于天，画船听雨眠。　垆边人似月，皓腕凝双雪。未老莫还乡，还乡须断肠。

207

"镟边人似月，皓腕凝双雪"，不就是"越女天下白"吗？"未老莫还乡，还乡须断肠"，不就是"欲罢不能忘"吗？杜甫所"思吴"的"胜事"，毫无疑问，就是这些风流逸事。杜甫也并不经常是那么道貌岸然的。

"乌鬼"有种种解释；有人解为鸬鹚（四川人呼为"渔老鸦"），我认为比较可靠。《埤雅》引《夔州图经》称"峡中人谓鸬鹚为乌鬼，养使捕鱼"。沈存中《梦溪笔谈》中也有此说。峡中滨江之人在当年专倚捕鱼为生，故家家有乌鬼之畜养，顿顿有黄鱼可供膳。"黄鱼"，杜甫有诗咏之，诗之前四句云："日见巴东峡，黄鱼出浪新。脂膏兼饲犬，长大不容身。"《尔雅·释鱼》鳣字下注云："大鱼，似鳝而短鼻，口在颔下。体有邪行甲，无鳞，肉黄，大者长二三丈。今江东呼为黄鱼。"陆机谓"身形似龙，……大者千余斤"[①]。殆海鱼溯江产卵者。但所谓"家家""顿顿"亦极言其多而已，有钱人家便当除外。家有鸬鹚、顿顿吃黄鱼，在老百姓说来，正是可庆幸的事；而在杜甫则视为"异俗"，叹为"可怪"，谓为难与共同生活，所谓"鸟兽不可与同群"。杜甫在这时显然忘记了他在《同谷七歌》之一中所自描绘的"岁拾橡栗随狙公，天寒日暮山谷里"了。

杜甫讨厌四川的情绪有时到了相当惊人的程度，连"青山""白水"都是看不惯的。当然，这是在"闷"时作的诗，说得倒很直爽。

---

① 见《毛诗草木鸟兽虫鱼疏》卷下"有鳣有鲔"条。——编者注

在他不闷的时候，他对于四川的山水也还说了不少的公道话。"远游虽寂寞，难见此山川"（《季秋江村》），"俗薄江山好"（《续得观（杜甫之弟）书迎就当阳居止，正月中旬定出三峡》），"形胜有馀风土恶"（《峡中览物》）。他是比较喜欢四川的自然，而很不喜欢当时四川的社会。当时的四川，特别在夔州附近，还不十分开化。因此，人被斥为"下愚"，为"鸟兽"；风俗被斥为"薄"，为"怪"，为"恶"。他在四川得过疟疾，在《哭郑司户（虔）、苏少监（源明）》诗里说："疟痢餐巴水，疮痍老蜀都。"但他在长安也得过疟疾，《病后，过王倚饮》中说："疟疠三秋孰可忍！寒热百日相交战。"看来四川的风土也不见得特别坏。杜甫的讨厌四川，更重要的原因是心理作用，他是以地主贵族的眼光在看当时的四川。他向往长江下游的吴越，尤其向往三秦。三秦是"朝廷"所在之地，"每饭不忘君"的人要向往"朝廷"，是丝毫也不足怪的。吴越，则是地主生活的典范。当然，吴越也有另一面。杜甫所憧憬的是"胜事繁"的吴越，而不是"滂沱洗"的吴越。

在这里又有第二个问题值得提出来。那就是，杜甫既那么眷念"朝廷"，在出峡之后为什么不直上三秦，而却南下潇湘？

对于这个问题，在杜甫的诗中，也有明确的回答。那就是大历四年（769）在湘潭写的《酬韦韶州见寄》的开头两句：

养拙江湖外，朝廷记忆疏。

是北方的"朝廷"把他忘记了，没有召他回去或给予出路。根据他到夔州时曾经得到过"朝廷问府主"的经验，估计他在离开夔州出峡前一定给"朝廷"打过报告（或者是通过柏茂琳转报），说他准备回京，在江陵等地等候"朝廷"的指令。他出峡后，在江陵、公安、石首等地徘徊了将近一年，看来就是在等待朝命，然而"朝廷"把他忘记了，没有下文。因此，他才南下"养拙"——是说不会做官，只好休养藏拙。但除"养拙"外，也还有一项更实际的要求，便是养病。他在出峡前后是病得相当厉害了。本来有消渴症（糖尿病），又在"病肺"（不知是喘息症还是肺结核），进而半身不遂，以致"右臂偏枯半耳聋，……悠悠伏枕左书空"（《清明二首》之二）。聋的是左耳，牙齿落掉了一半："牙齿半落左耳聋"（《复阴》）。视力衰退："眼复几时暗，耳从前月聋"（《耳聋》）。脚也不灵了："卧愁病脚废"（《客居》）。这些都是他出峡前的情况。《清明二首》作于入湘以后，但在出峡前的《送高司直》诗中已经说："我病书不成，成字字亦误"，可见他的"右臂偏枯"不能写字，发病是在出峡之前。

因为"朝廷"疏远了他，又因为病，所以他在大历四年的《暮秋枉裴道州手札，率尔遣兴寄递，近呈苏涣侍御》一诗中竟说出这样等于绝望的话："此身已愧须人扶；致君尧舜付公等，早据要路思捐躯。"他说自己不行了，连走路都要人搀扶了；治国平天下的大事谈不上了，请裴虬和苏涣二位仁兄努力吧！早一点青云直上，下定决心，为报国而献身！倔强的杜甫说出了这样的话，悲凉的心境是可以揣想的。

因为病，但也不愿意屈服于病魔，因此也就加强了求仙炼药的念头。快出峡前的《忆昔行》落尾两句是:"更讨衡阳董炼师,南游早鼓潇湘柁!"董炼师是董奉先,他在"天宝中修九华丹法于衡阳,栖朱陵后洞"(见《舆地纪胜》)[①]。杜甫入湘后到过衡阳,不知道他是否去访问过董奉先。但即使访问过也是无济于事的。炼药还丹是破费的事,杜甫早就知道:"苦乏大药资,山林迹如扫"(《赠李白》)。到老来漂泊到三湘时,更没有这样的物质条件了。因此他转换了一个法门,便是由求仙炼药转而为参禅向佛。《秋日夔府咏怀奉寄郑监(审)李宾客(之芳)一百韵》中,对于这种心境有明白的表示。

身许双峰寺,门求七祖禅。落帆追宿昔,衣褐向真诠。

杜甫是禅宗的信徒。"落帆"是说人生到了晚景,何逊诗"解缆及朝风,落帆依冥浦"[②]。"追宿昔"是说要找寻本来面目。杜甫打算走向顿门,明心见性,立地成佛,以求得所谓"禅悦"。这不用说完全是主观主义的形而上学的空想。关于宗教信仰问题另作讨论,在此不必多说。总之,杜甫在物质生活和精神生活两方面都遵循着地主生活的方式,是无可讳言的。

在这里想附带着叙述一下杜甫对待屈原的态度。

湘水流域,和屈原的生世有密切关联。屈原是赴湘水支流而溺死的,古人称之为"湘累"。因此,入湘的文人往往有诗凭吊。乾元二

---

① 粤雅堂刻本《舆地纪胜》卷五十五。——编者注
② 汉魏百三家集本《何水部集》:《宿南洲浦》。——编者注

年(759)秋,杜甫时在秦州。他揣想李白尚在长流夜郎(今遵义附近)途中,可能是取道湖南。他在《天末怀李白》的末尾猜想李白"应共冤魂语,投诗赠汨罗?"但李白当时走的是长江水路,而且已经遇赦,杜甫没有猜中。杜甫出峡后南下三湘,他自己是不是曾经"投诗赠汨罗"呢?在杜甫入湘后的诗中,就只有一处提到屈原,而是带有谴责的意思的。《上水遣怀》中有这样四句:

中间屈贾辈,谗毁竟自取;郁没二悲魂,萧条犹在否?

这冷淡严格的态度有点惊人,照他看来,屈原和贾谊的遭到谗毁是活该,是咎由自取。贾谊还比较受优待些,在入湘后的诗中还有四五处提到:

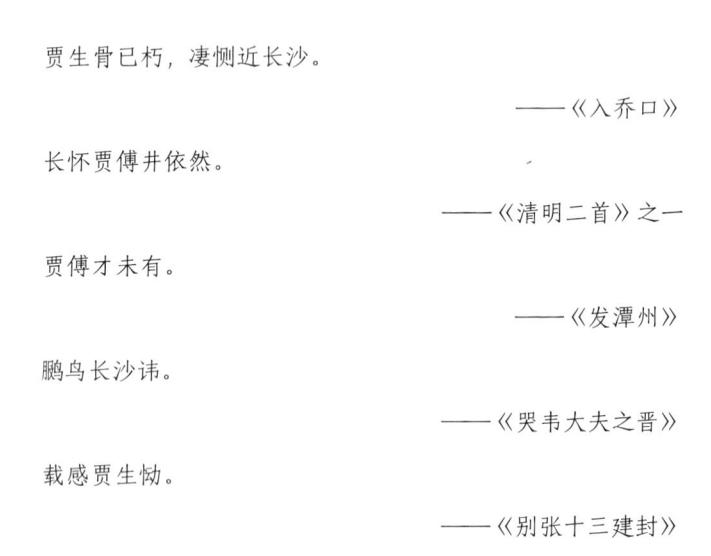

贾生骨已朽,凄恻近长沙。

——《入乔口》

长怀贾傅井依然。

——《清明二首》之一

贾傅才未有。

——《发潭州》

鹏鸟长沙讳。

——《哭韦大夫之晋》

载感贾生恸。

——《别张十三建封》

屈原呢？在同贾谊一道被谴责过一次之外，便再也没有提到了。当然这说的是入湘以后的事，在入湘以前是屡次提到的。例如，《最能行》中便说："若道士无英俊才，何得山有屈原宅？"又每每把屈原与宋玉并提，如说"窃攀屈宋宜方驾"（《戏为六绝句》之五），"不必伊周地，皆登屈宋才"（《秋日荆南述怀》），"羁离交屈宋"（《赠郑十八贲》），"迟迟恋屈宋，渺渺卧荆衡"（《送覃二判官》）。屈原的才具和文章，杜甫是不能否认的。但比较起来，杜甫对于宋玉是无条件的同情和向往，而对于屈原则有所保留。特别值得注意的是：含有敬意的辞句是以"屈宋"并称，含有谴责或抗衡之意的辞句则是以"屈贾"并称。"屈贾"并称的辞句，在《壮游》中还有一例——"气劘屈贾垒"，自己的气势能使屈原和贾谊的壁垒披靡。这儿就断断不肯说"屈宋垒"了。

杜甫的抑屈扬宋，在《咏怀古迹五首》中表现得最为突出。这五首七律，第一首是有关庾信的古迹，第二首是有关宋玉，第三首是王昭君，第四首是刘备，第五首是诸葛亮。五位历史人物的古迹，都在由夔州至江陵的一段地带中，故联类而及。但在这一段地带里面，秭归有屈原宅，杜甫明明知道，但却没有兴趣来专门咏吟了。而且咏庾信的一首还是因宋玉而发。江陵有宋玉的故宅，庾信由建康避难至江陵时，在这里住过。这故宅是杜甫所特别向往的。"宋玉归州宅，云通白帝城"（《入宅三首》之三），"曾闻宋玉宅，每欲到荆州"（《送李功曹之荆州》），真真是一往情深。最好还是看他在《咏怀古迹》第二首中，对于宋玉是怎样倾慕吧。

摇落深知宋玉悲，风流儒雅亦吾师。

怅望千秋一洒泪，萧条异代不同时。

江山故宅空文藻，云雨荒台岂梦思？

最是楚宫俱泯灭，舟人指点到今疑。

他视宋玉为"师"。所谓"亦吾师"者，是承第一首来，庾信是师，宋玉也是师。在这里屈原的位置便没有了。

为甚么杜甫要这样抑屈扬宋？这表示了杜甫封建意识的特别森严，他是继承了班固、颜之推等人的传统的。班固曾经指责屈原"露才扬己，……强非其人"；颜之推也说他"露才扬己，显暴君过"，而且还肯定为"轻薄"。（见王逸《楚辞》洪兴祖补注）屈原是忠于楚王的，但他的忠君方式不合乎杜甫的标准。杜甫的标准是什么呢？在宋玉的《九辩》中可以找到。"专思君兮不可化"，"窃不敢忘初之厚德"，"窃不自聊而愿忠"，这些都是"每饭不忘君"的源泉了。这种忠君的方式，为后来的韩愈概括成为两句话，便是"臣罪当诛，天王圣明"。

总之，屈原是不合格的。极力赞扬屈原的人，如贾谊，如司马迁，如李白，也都是不合格的。杜甫晚年，和李白显然有些隔阂（杜甫没有哀挽李白的诗），从这一个角度上，大可以看出一些微妙的根源。

或许有人会说：杜甫既抑屈扬宋，何以又屡以屈宋并举？理由很简单，屈原毕竟高于宋玉，屈宋并举也就是抑屈扬宋。

但杜甫诗中,有一处被前人解错了的,有必要在这里加以纠正。《地隅》中有云:"丧乱秦公子,悲凉楚大夫;平生心已折,行路日荒芜。""秦公子",注家以为王粲。谢灵运《拟邺中诗序》有云:"王粲,家本秦川贵公子孙。"又王粲在荆州时曾作《登楼赋》。这解释是正确的。但说"楚大夫"是三闾大夫屈原或者包含着屈原,那就错了。其实,这个"楚大夫"是专指宋玉。宋玉在楚由"小臣"而做到"大夫",故也可以称为"楚大夫"。《隋书·经籍志》有《楚大夫宋玉集》三卷,正称宋玉为"楚大夫"。说到"悲凉"(一本作"悲秋"),正合乎宋玉的性格;说到"心折",也正合乎杜甫对于宋玉的向往。宋玉以《九辩》的"悲秋"著名,杜甫屡次说到他的"悲"。除《咏怀古迹》中的"摇落深知宋玉悲"之外,还有"清秋宋玉悲"(《垂白》),"直觉巫山暮,兼催宋玉悲"(《雨》),"悲秋宋玉宅"(《奉汉中王手札》)。故"悲凉楚大夫"或"悲秋楚大夫",断然为宋玉无疑。

以宋玉为"师"的人对于屈原不大满意,这正是地主阶级在精神生活上的一种合乎逻辑的表现。

杜甫的宗教信仰

杜甫曾经以"儒家"自命。旧时代的士大夫尊杜甫为"诗圣",特别突出他的忠君思想,不用说也是把他敬仰为孔孟之徒。新的研究家们,尤其在解放之后,又特别强调杜甫的同情人民,认为他自比契稷,有"人饥己饥,人溺己溺"的怀抱,因而把他描绘为"人民诗人",实际上也完全是儒家的面孔。其实杜甫对于道教和佛教的信仰很深,在道教方面他虽然不曾像李白那样成为真正的"道士",但在佛教方面他却是禅宗信徒,他的信仰是老而愈笃,一直到他的辞世之年。

关于宗教信仰这一方面的实际,完全为新旧研究家们所抹杀了。姑且把新近的见解,举出一二例如下,以见一斑吧。有人说:"他(杜甫)和佛教没有发生过因缘,王屋山、东蒙山的求仙访道是暂时受了李白的影响。"(冯至《杜甫传》41页)又有人说:"道家和佛家思想,在杜甫思想领域中并不占什么地位,……在他的头脑中,佛道思想只如'昙花一现'似的瞬息即逝,特别是佛家的思想。"(萧涤非《杜甫研究》50页)这些研究杜甫的专家,对于杜甫现存的诗文，是否全体通读过，实在是一个疑问。

我现在想让杜甫自己来反驳他们的主观臆断。

先从道教说起吧。杜甫在天宝三年（744）和李白相识以前，早就有求仙访道的志愿和实践了。晚年的回忆诗《壮游》里面有这样几句："东下姑苏台，已具浮海航。到今有遗恨，不得穷扶桑。"这是说他在开元十九年（731）二十岁时南游吴越，已准备浮海，去寻海上的仙山——扶桑三岛。这愿望没有具体实现，直到晚年都还视为"遗恨"。这难道是"暂时受了李白的影响"吗？

他快要去世的一年，在湖南境内作的一首诗《风疾舟中伏枕书怀》，注家多认为是杜甫的绝笔，虽然并不是那样，但离死期已经不远了。那诗的最后四句是：

葛洪尸定解，许靖力难任。家事丹砂诀，无成涕作霖。

他相信炼丹修道的葛洪（抱朴子）八十一岁死时一定是"尸解"了。葛洪炼就了金丹，因而成了仙，而他自己丹砂没有炼成，成仙无望，故不得不痛哭流涕，像霖雨一样，泪下不止。请看他对于神仙的信仰是怎样坚定！许靖是另外一回事，《三国志·蜀书》中有传。他是一位"先人后己"的人，曾避难交趾，亲属死亡几尽；后入蜀，做到刘备的太傅兼司空，诸葛亮也特别尊敬他。杜甫诗中提到许靖，是说他安排"家事"难得像许靖那样周到；再就是许靖终于入蜀任职，自己则在功名方面也一事"无成"，故也成为"涕霖"的一种因素。这四句诗是说自己出世入世都没有成功，因而使他伤心。除去入世的一面，他相信炼丹服药可以成仙是至死不变的。这一层信念的坚定，超过了身为道士的李白。李白在去世前从迷信中觉醒了，而杜甫则一直没有觉醒，这是值得注意的。

如上所述，可知杜甫的求仙访道早在与李白相遇之前，而他迷信道教，至死不变，更笃于李白。或许有人还难于相信，以为证据不够充分吧。那我就不怕读者厌烦，要把这方面的证据再举出一些。

杜甫早年的诗作，遗留下来很有限，和李白相遇以前的诗中，如《题张氏隐居二首》之第一首，《已上人茅斋》，《临邑苦雨，黄河泛滥》等诗中都含孕着道家的气息，请读者就原诗去领略。在与李白相遇以后，最早《赠李白》一诗中叙述到两人对于道教的关系：

> 二年客东都，所历厌机巧。野人对腥膻，蔬食常不饱。
> 岂无青精饭，使我颜色好？苦乏大药资，山林迹如扫。
> 李侯金闺彦，脱身事幽讨。亦有梁宋游，方期拾瑶草。

这里也说明在与李白相遇之前自己早有意于求仙访道，但所"苦"的是缺乏办"大药"的资本。"大药"是什么呢？就是要从水银矿的丹砂中提炼出金丹，服食了便可以成为仙人，长生不死，遨游太清。两人相遇之后，深感志同道合，杜甫想炼"大药"，李白想"拾瑶草"。"瑶草"又是什么呢？"瑶草"就是灵芝草。这东西，道家者流认为服食了可以延年益寿，但要采访到手是不容易的。对于灵芝，也同对于丹砂一样，杜甫一生中都在追求，在他的诗里面留下了一连串的追求脚印，从青年时代一直到老。

（一）浊酒寻陶令，丹砂访葛洪。

——《奉寄河南韦尹丈人》

（二）存想青龙秘，骑行白鹿驯。……

肘后符应验，囊中药未陈。

——《寄张山人彪》

（三）丈人祠西佳气浓，缘云拟住最高峰。

扫除白发黄精在，君看他时冰雪容。

——《丈人山》

（四）交趾丹砂重，韶州白葛轻。

幸君因估客，时寄锦官城。

——《送段功曹归广州》

（五）远惭勾漏令①，不得问丹砂。

——《为农》

（六）本无丹灶术，那免白头翁！

——《陪章留后宴南楼》

（七）衰颜欲赴紫金丹。

——《赴成都草堂五首》之四

（八）蓬莱如可到，衰白问群仙。

——《游子》

---

① "勾漏令"即指葛洪。葛洪曾求为勾漏县令，以便于向交趾采集丹砂。其地在广西的东南部，离越南不很远。——作者注

（九）范蠡舟偏小，王乔鹤不群。

　　此生随万物，何处出尘氛？

　　　　　　　　　　——《观李固山水图三首》之二

（十）懒心似江水，日夜向沧洲。……

　　豪华看古往，服食寄冥搜。

　　　　　　　　　　——《西阁二首》之二

（十一）姹女萦新裹，丹砂冷旧秤。……

　　养生终自惜，伐叛必全惩！

　　　　　　　　　　——《寄刘峡州伯华使君》

（十二）岂辞青鞋胝？怅望金匕药。……

　　妻子亦何人？丹砂负前诺。

　　　　　　　　　　——《昔游》

（十三）秘诀隐文须内教，晚岁何功使愿果？

　　更讨衡阳董炼师，南游早鼓潇湘柁。

　　　　　　　　　　——《忆昔行》

（十四）往与惠询辈①，中年沧洲期。

　　天高无消息，弃我忽若遗。……

　　咽漱元和津，所思烟霞微。

　　知名未足称，局促商山芝。

　　　　　　　　　　——《幽人》

（十五）我欲就丹砂，跋涉觉身劳。

---

① "惠询辈"：晋代名僧惠远与道家许询，借此二人以代表释道两家的道友。——作者注

安能陷粪土？有志乘鲸鳌。

或骖鸾腾天，聊作鹤鸣皋。

——《送王砅使南海》

以上举了十好几例，基本上是按着年代先后叙列的，可以看出杜甫从年轻时分一直到他临终，都在憧憬葛洪、王乔，讨寻丹砂、灵芝，想骑白鹤、跨鲸鳌、访勾漏、游仙岛。他是非常虔诚的，甚至于想成为彻底的禁欲主义者（"伐叛必全惩"）。由于办不到，他埋怨妻子的牵连、家事的累赘，在临终时公然涕泗滂沱。这怎么能够说是"暂时受了李白的影响"，有如"昙花一现"呢？

如果一定要说是受了影响，那倒可以更正确地说：李白和杜甫的求仙访道，都是受了时代的影响。不要忘记，唐朝的统治者姓李，他们把老子李耳（所谓"李老君"）奉为鼻祖，在极力推崇道教。特别是唐玄宗李隆基，他更是迷信神仙符箓的糊涂大仙，他的尊号是"玄宗至道大圣大明孝皇帝"，不已经就"玄之又玄"了吗？生在这样时代的士大夫阶层，无论是想做官或想出世，都不能不受时代思潮的影响。不仅李白和杜甫而已，所有盛唐的诗人如王维、高适、岑参等等，都有同样的倾向。更不仅是诗人，当时的画家、音乐家、舞蹈家也都受了同样的影响。所谓《霓裳羽衣曲》难道不就是求仙访道思想的音乐化或舞蹈化吗？

杜甫是淑世心切的人，以契稷自比，想拯济天下苍生，但朝廷既重视道教，即使不是出于信仰的虔诚，你也非歌颂道教不可。不要忘记，杜甫在天宝十年（751）曾经奏献《三大礼赋》，一时受到唐玄宗的欣赏，杜甫也视以为无上的光荣。在他的诗里面屡屡提到他所认为光荣的这件往事。

忆献三赋蓬莱宫，自怪一日声辉赫。
集贤学士如堵墙，观我落笔中书堂。

——《莫相疑行》

曳裾置醴地，奏赋入明光。天子废食召，群公会轩裳。

——《壮游》

这是多么得意呀！因此，他很自负："赋或似相如"（《酬高使君适相赠》），"赋料扬雄敌"（《奉赠韦左丞》），他的《赋》可以和司马相如、扬雄抗衡，所指的主要就是这《三大礼赋》了。

《三大礼赋》到底是怎样的性质呢？都是十足地歌颂道教的东西，今天读起来，实在令人难受。

早在天宝九年十月，大骗子太白山人王玄翼向唐玄宗李隆基说，他看到了"玄元皇帝"，"玄元皇帝"亲自告诉他，在宝仙洞里有《妙宝真符》。李隆基派遣大臣去寻找这项《真符》，果然找到了。于是便朝献太清宫，并朝享太庙，合祭天地于南郊。杜甫"不觉手足蹈舞，形于篇章"。于是便呈献了《朝献太清宫赋》，同时又呈献了《朝享太庙赋》和《有事于南郊赋》。这就是所谓《三大礼赋》。作赋的灵感是从骗子道士太白山人王玄翼那里得来的，杜甫的研究家们似乎把这事完全丢在脑后了。

尽管是令人难受的陈腐文字，为了把问题弄清楚，不能不加以探讨。姑且把《朝献太清宫赋》作为一个解剖的对象吧。

什么是"太清宫"？那是西京长安崇祀老子的地方。唐高祖李渊既尊老子为鼻祖，高宗李治以乾封元年（666）更尊称之为"玄元皇帝"。玄宗天宝二年又上尊号为"太圣祖"。依据道教的说法，有所谓"三清"，即"圣（人）登玉清，真（人）登上清，仙（人）登太清。太清有太极宫殿"（《太真经》）。老子是至上的仙人，所以崇祀他的地方便称为"太清宫"。但在东都洛阳的老君庙，则别称为"太微宫"。两者都是当时至高无上的神庙。

杜甫在《太清宫赋》中大捧而特捧其"天师张道陵"，说什么"列圣有差，夫子（孔丘）闻斯于老氏"。以契稷自比的圣人之徒，为了谄媚皇家，在这里降身为张道陵的小徒孙子了。我们要知道，在唐时老子的地位是在孔子之上的。老子是"玄元皇帝"，孔子则只封为"文宣王"，在初只是配享周公旦的。杜甫于老子与孔子有所轩轾，这也是时代使然。

当然，我们也不要忘记，在《朝享太庙赋》里面也有讥刺方士的话："孝武之淫祀相仍，方士奋其威棱，以轻举凭虚。"注家认为，是借汉武帝来对唐玄宗进行谲谏。其实这又是另一种方式的投机。开元初年在姚崇、宋璟的影响之下，曾经有过一段时期排斥佛老。例如，开元二年沙汰（淘汰）僧尼，以伪妄还俗者万二千余人。禁止创建佛寺，命令百官家毋得与僧尼道士往还。又如开元十三年改"集仙殿"为"集贤殿"，谓"仙者凭虚之论也，贤者济理（治）之具也"。当年并曾禁州县更献祥瑞。杜甫是有意投这个已成往事的旧机，称颂唐玄宗是远远超过了汉武帝的。

杜甫还有一首长诗,《冬日洛城北谒玄元皇帝庙》,也就是朝拜太微宫。这是天宝八年(749)在洛阳做的,和《朝献太清宫赋》是相为表里的作品。诗写得很庄重,杜甫是费了大力气的。在诗里,他谴责了司马迁,推崇了唐玄宗。"世家遗旧史,《道德》付今王。"上一句就是说:司马迁的《史记》把孔子的传记列为世家,而把老子仅与庄周、申不害、韩非同入一《列传》,尊孔子而贬老子,这是遗憾。下一句是说:唐玄宗为老子《道德经》作注,传遍于天下。

关于《史记》的篇次,唐玄宗在开元二十三年曾经作过一次篡改。他从《老庄申韩列传第三》中,把《老庄列传》剔出,与《伯夷叔齐列传第一》相合,作为《老庄伯夷叔齐列传第一》。现存张守节《史记正义》本便还保留着这种篇次。但照杜甫的诗看来,李隆基的篡改,做得还不够彻底。他应该把《老子列传》提升为世家,或者和《孔子世家》合并而为《老子孔子世家》。甚至提升为本纪,率性与常王同列,这样才可以补救司马迁所留下的遗憾。

太微宫里面有壁画,是名画家吴道子的手笔,画着唐代的高祖、太宗、高宗、中宗、睿宗,即所谓"五圣",附有千官的行列。杜甫大力赞扬了壁画的气魄,说它气象森罗,转移着大地的心轴,笔意超妙,动摇着神庙的宫墙。杜甫怀着一片的虔诚,竟想留在神庙里当一名掌管香火的执事。"谷神如不死,养拙更何乡?"——这是诗末的最后两句。"谷神不死,是谓玄牝;玄牝之门,是谓天地根。"是老子《道德经》里面的一章①。这里在"谷神不死"之中加了一个"如"

---

① 《道德经》第六章。——编者注

字,是"俨如"的如,而不是"假如"的如,也就是"祭如在,祭神如神在"(《论语·八佾》)的如。加添一个"如"字,正表明杜甫的毕恭毕敬。这首诗,竟有人说是"对于玄宗过分地推崇道教表示不满"(冯至《杜甫传》46页),这样替杜甫护短,未免过于滑稽了。

杜甫还有一篇特别古怪的文章,《前殿中侍御史柳公(涉)紫微仙阁画太乙天尊图文》。假托一个"石鳖老"和"三洞弟子"的对话,谈得玄之又玄、神乎其神,一个石鳖老俨然像一个老道士。文中有"今圣主诛干纪,康大业,物尚疵疠,战争未息",注家以为"当是乾元初回京后所作"。肃宗乾元元年(758),杜甫四十七岁,那样的怪文章,像道士的疏荐文,亏他作了出来,而且保留下来了。对于《庄子》读得很熟,但参加进了一些"仙官、鬼官","四司五帝","北阙帝君","龙虎日月之君","北斗削死,南斗注生"等等货色,杜甫的道家面貌完全暴露无遗了。

要之,杜甫对于道教有很深厚的因缘。他虽然不曾像李白那样,领受道箓成为真正的道士,但他信仰的虔诚却有过之而无不及。他的求仙访道的志愿,对于丹砂和灵芝的迷信,由壮到老,与年俱进,至死不衰。无论怎么说,万万不能认为,"暂时受了李白的影响",有如"昙花一现"的。

其次说到杜甫的信仰佛教。

杜甫不仅信仰道教,而且还信仰佛教。这也是时代潮流的影响。唐代帝室尽管推崇老子,但自南北朝以来日益兴盛的佛教,特别经过武则天的扶植,确实达到了发展的最高峰。就以唐玄宗李隆基为例吧,他注了《孝经》,注了《道德经》,同时又注了《金刚经》,儒释道三家，在他看来，是三位一体。在这样一个时代的士大夫阶层，要想不受佛教的影响，那是很难办到的。因此，说"杜甫和佛教没有发生过因缘"，那完全是可笑的主观臆断。还是让杜甫自己来进行反驳吧。

一般编年体的杜甫诗集，大都把《游龙门奉先寺》列为第一首，注家认为诗作于开元二十四年（736）杜甫游东都洛阳时，当年杜甫二十五岁。这要算是早期的作品了。请看诗的内容吧：

> 已从招提游，更宿招提境。阴壑生虚籁，月林散清影。
> 天阙象纬逼[①]，云卧衣裳冷。欲觉闻晨钟，令人发深省。

流露出这样深厚的宗教情绪，怎么能够说"和佛教没有发生过因缘"呢？

龙门奉先寺是武则天捐助脂粉钱二万贯，在唐高宗调露元年（679）开凿创建的。所谓"寺"，在目前已经没有了，但是石窟和佛像保存得相当完好，是龙门一带最大的石窟，佛像雄伟。一九五九年我曾经去游览过，我能够欣赏那雕刻艺术的杰出，但如杜甫所感受到的宗教情绪，我却丝毫也没有感受到。这也就是由于时代不同、意识不同的原故了。"阴壑生虚籁，月林散清影"，在这里不是蕴含着充分的"禅味"吗？"欲觉闻晨钟，令人发深省"，简直像一个和尚在作诗了。

[①] "天阙"即指伊阙龙门，言高与天逼。有人改"阙"字为"阅"，非是。——作者注

事实上杜甫是一位禅宗信徒,有诗为证。

> 许生五台宾,业白出石壁。余亦师粲可,身犹缚禅寂。

在这首《夜听许十一诵诗》一诗中他交代得很明白。"白业"是佛教用语,据《翻译名义集》,"十使十恶,此属乎罪,名为黑业。五戒十善,四禅四定,此属于善,名为白业。""石壁",注家以为是汾州北山石壁玄中寺,"(高僧)昙鸾,大通中游江南,还魏后移驻玄中寺,今号鸾公岩"云云(见《续高僧传》);但我怀疑就是禅宗始祖达摩面壁的故事。"粲可"是璨与慧可,《唐书·神秀传》:"达摩传慧可,慧可尝断其左臂以求其法。慧可传璨,璨传道信,道信传弘忍。"弘忍是神秀与慧能的师傅,神秀为北宗,慧能为南宗。北宗以普寂为第七祖,曾盛极一时。开元中,慧能弟子神会入东都,住荷泽寺,面抗北祖,大播曹溪顿门,把普寂的门徒们争取过去了。

杜甫集中最长的一首诗《秋日夔府咏怀》,五言百韵,长达一千字。其中也叙述到他和禅宗的关系。

> 身许双峰寺,门求七祖禅。落帆追宿昔,衣褐向真诠。

关于"双峰寺"与"七祖"的说明,注家之间有所争论。一说"双峰寺"是指北宗。《神秀传》云:"弘忍与道信并住东山寺,故谓其法为东山法门。"东山寺在蕲州(今湖北蕲春县)双峰山。故"双峰寺"当指北宗,北宗以普寂为"七祖"。但南宗的发祥地也可称为"双峰寺"。《宝林传》云："慧能大师传法衣在曹溪（广东曲江县东南）宝林寺，宝林后枕双峰。咸淳中，魏武帝玄孙曹叔良住双峰山宝林寺，人呼为双峰曹侯溪。"南宗的"七祖"则是荷泽神会，神会虽于德宗时始正式立为"七祖"，但在肃宗时已召入宫中供养，是事实上的南宗七祖。杜甫诗中的"双峰寺"和"七祖"究竟何所指呢？《秋日夔府咏怀》一诗作于唐代宗大历二年（767），于时北宗已早衰，诗中的"双峰寺"指曹溪宝林寺，"七祖"指荷泽神会，是毫无疑问的。因而杜甫是南宗的信徒也是毫无疑问的。

正因为这样，杜甫在同一诗的煞尾处还把自己对佛道二教的信仰作了一番比较。两者他都是信仰的，但他认为求佛近而求仙远，成佛易而成仙难，因而他有意于舍远求近、避难就易。这也就是说，他是更倾向于信仰佛教了。这是他的晚年定论，我们不能加以忽视。为了把问题彻底阐述清楚，不妨把《秋日夔府咏怀》的结尾几句，仔细地作一番解释。

　　　　本自依迦叶，何曾籍偓佺？炉峰生转盼，橘井尚高褰。
　　　　东走穷归鹤，南征尽跕鸢。晚闻多妙教，卒践塞前愆。
　　　　顾恺丹青列，头陀琬琰镌。众香深黯黯，几地肃芊芊。
　　　　勇猛为心极，清羸任体孱。金篦空刮眼，镜象未离铨。

用典太多，诗意十分晦涩，但大体上是可以了解的。杜甫承认他自己是真正的佛教信徒（"本自依迦叶"——迦叶是佛教三十五祖之首）；虽然也信仰道教，但并没有入道籍（"何曾籍偓佺"——偓佺是能飞行的仙人，代表道家）。"炉峰"即指庐山香炉峰，晋代名僧惠远居东林寺，所藏南北翻译的佛经最多，白居易《东林寺经藏西廊记》云："一切经典，尽在于是。"故"炉峰生转盼"喻言佛教的净土近在咫尺。"橘井"则切道教而言，《神仙传》：苏耽将仙游，辞其母，谓"明年天下将大疫，庭边井水、檐边橘树，可以代养"。届时患者饮井水，食橘叶而愈。故"橘井尚高褰"喻言道教的修积，还高不可攀。

"东走穷归鹤"是用丁令威的故事。丁令威是辽东人，学道化为鹤，飞回辽东，集于城门华表。有少年弯弓射之，翱翔于空中而歌："有鸟有鸟丁令威，去家千岁今来归。城郭犹是人民非，何不学仙家累累！"冲霄而飞逝。仙人远在辽东，而且仙鹤一去不复返了。

"南征尽跕鸢"是马援的故事。马援征伐交趾，谓其僚属："我在浪泊西里间，下潦上雾，毒气熏蒸，仰视飞鸢，跕跕堕水中。"[①]这一典故用到这里十分勉强，与马援的事迹无关，只是取其有关产丹砂的交趾而已。丹砂是修仙炼丹的人所依赖的原料，据说交趾所产最好，但要到交趾去采集，岂不是为道太远？

因此，"东走"、"南征"都不是路，不要外求，更不要远求，最好回到自己的心境上来。极乐不在远，此心即是佛。故接着说："晚闻多妙教，卒践塞前愆。"所谓"妙教"就是指禅宗的道理，特别是南宗顿门，不立言说，见性成佛。由外求转入内省，由飞仙转入成佛，这样认真地实践到底，便可以堵塞了以前走错了的道路。

---

① 《后汉书·马援传》。——编者注

顾恺之在瓦官寺所画的维摩诘壁画是很有名的。王简栖所做的《头陀寺碑文》，碑在鄂州，文辞巧丽，为世所重。有好些庙宇，人为的香烟弄得昏昏暗暗；庭园的草木长得森森芊芊。神气俨然，但都是求诸迹象，执空无而为实有。这些也都属于"前忿"之列，是前人走错了的道路。看来，杜甫到晚年也好像彻底大悟了，所以他要"勇猛为心极，清羸任体孱"。内心要彻底扫除烦恼，身体即使衰老残废也满不在乎，好像他自己也可以做到像慧可那样断臂而求法了。

当然，杜甫在实际上并没有做到，末尾两句正是对自己的批评。"金篦空刮眼，镜象未离铨"，就是说自己虽然知道，并没有做到；眼睛虽然用"金篦"（喻佛理，见《涅盘经》）刮过，仍然还有内障，把镜内的虚象看得太认真，仍然是执空无而为实有。这自我批评倒是满老实的，他在苦心惨淡地做五言百韵的排律诗，大立言说，实际上和顾恺之的丹青、王简栖的碑文，同一是人为的香烟、多余的花草。

然而杜甫是一位禅宗信徒，是毫无疑问的。

由上可见，杜甫和佛教的因缘很深，决不是什么"昙花一现似的瞬息即逝"。同样为了避免孤证单行的谴责，我要再多引些证据在下边。

（一）近公如白雪，执热烦何有？
——《大云寺赞公房四首》之四
（二）漠漠世界黑，驱驱争夺繁。

惟有摩尼珠，可照浊水源。

——《赠蜀僧闾丘师兄》

（三）老夫贪佛日，随意宿僧房。

——《和裴迪登新津寺》

（四）客愁全为解，舍此复何之？

——《后游（修觉寺）》

（五）甫也南北人，芜蔓少耘锄。
久遭诗酒污，何事忝簪裾？
王侯与蝼蚁，同尽随丘墟。
愿闻第一义，回向心地初。

——《谒文公上方》

（六）庾信哀虽久，周颙好不忘。
白牛车远近，且欲上慈航。

——《上兜率寺》

（七）不复知天大，空馀见佛尊。
时应清盥罢，随喜给孤园。

——《望兜率寺》

（八）传灯无白日，布地有黄金。
休作狂歌老，回看不住心。

——《望牛头寺》

（九）穷子失净处，高人忧祸胎。……
思量入道苦，自哂同婴孩。

——《山寺》

（十）清闻树杪磬，远谒云端僧。……

　　　永愿坐长夏，将衰栖大乘。

　　　　　　　　——《陪章留后惠义寺饯嘉州崔都督赴州》

（十一）重闻西方止观经，老身古寺风泠泠。

　　　妻儿待米且归去，他日杖藜来细听。

　　　　　　　　——《别李秘书始兴寺所居》

（十二）问法看诗妄，观身向酒慵。

　　　未能割妻子，卜宅近前峰。

　　　　　　　　——《谒真谛寺禅师》

（十三）放神八极外，俯仰俱萧瑟。

　　　终然契真如，得匪金仙术？

　　　　　　　　——《写怀二首》之二

（十四）五月寒风冷佛骨，六时天乐朝香炉。

　　　地灵步步雪山草，僧宝人人沧海珠。……

　　　方丈涉海费时节，玄圃寻河知有无？……

　　　飘然斑白身奚适？傍此烟霞茅可诛。

　　　　　　　　——《岳麓山道林二寺行》

就只举出这十四例吧，大抵上是依照着编年的次第，表明杜甫从早年经过中年，以至暮年，信仰佛教的情趣是一贯的，而且年愈老而信愈笃。在这里特别值得注意的是"不复知天大，空馀见佛尊"二句，把释迦牟尼看得比天还大，天上地下，唯佛独尊。比较起来，"先圣文宣王"的孔丘没有了，"至圣玄元皇帝"的老聃也没有了。俗世的荣华富

232

贵不用说是虚幻,连自己拼命作出来的"诗"都是胡闹("妄"),和他一辈子所嗜好的"酒"同时把他"污"了。所以他很想出家,但是又丢不下妻子。这些零碎摘录出的诗句所表现的一贯的情趣,和《秋日夔府书怀》中的心境,是完全合拍的。他为了极端信佛,连长沙岳麓山的大小和尚都被看成大海里的明珠。("僧宝人人沧海珠",释家以佛、法、僧为"三宝",僧是"三宝"之一,故称"僧宝"。)他屡次说他想学周颙,周颙是何许人呢?据《南史》本传,此人是南朝宋齐间人,"音词辩丽,长于佛理,……兼善《老》《易》","清贫寡欲,终日长蔬。虽有妻子,独处山舍"。杜甫想学他,从这里也可以看出他实在想抛妻别子,但又割舍不得。杜甫曾经有诗讥评过陶渊明,说"陶潜避俗翁,未必能达道。……有子贤与愚,何其挂怀抱!"(《遣兴五首》之三)其实他比陶渊明还要关心他的妻子。

以上我就杜甫的诗文来证明了他相信道教,也相信佛教。比较起来,他信佛深于信道。他是禅宗的信徒,相信明心见性,不立言说。"方丈涉海费时节,玄圃寻河知有无?""方丈"就是方壶,海上三神山之一;"玄圃"在昆仑山上;两处都是神仙所居。两句诗的意义就是说:求仙既费事,而且毫无把握。所以他宁愿就在岳麓山道林寺附近筑一间小茅房("诛茅")住下来,当个老和尚了。这就是想实现"炉峰生转盼"——西天近在咫尺的拟想中的实践,但是,没有办到。

很明显,杜甫的精神面貌,在他辞世前的几年,特别倾向于佛教信仰。他虽然没有落发为僧,看他的情绪似乎比所谓"僧宝"还要虔诚。"不复知天大,空馀见佛尊"的老诗人,与其称之为"诗圣",倒宁可称之为"诗佛";难道不更妥当吗?

杜甫嗜酒终身

诗人和酒，往往要发生密切的联系。李白嗜酒，自称"酒中仙"，是有名的；但杜甫的嗜酒实不亚于李白。我曾经就杜甫现存的诗和文一千四百多首中作了一个初步的统计，凡说到饮酒上来的共有三百首，为百分之二十一强。作为一个对照，我也把李白现存的诗和文一千五十首作了一个初步的统计，说到饮酒上来的有一百七十首，为百分之十六强。当然，不能仅仅根据这样的统计而得出结论，说杜甫的嗜酒还甚于李白。李白的诗文，遗失的比杜甫更多：李阳冰《草堂集序》谓李白在安史之难以来的八年间"著述十丧其九"，其后虽然屡经补辑，但散佚依然是不会少的。

因此，要肯定杜甫嗜酒不亚于李白，还应该从杜甫诗中去找进一步的证据。

往昔十四五，出游翰墨场。……
性豪业嗜酒，嫉恶怀刚肠。……

饮酣视八极，俗物多茫茫。

——《壮游》

请看，这是杜甫的自白。十四五岁时他已经是位酒豪了！因此，到了壮年时期，他和李白与高适相遇，同游梁宋齐鲁，一同饮酒赋诗、打猎访古，气味十分相投。高李死后，杜甫有《昔游》《遣怀》二诗反复追怀，其情甚哀，愈令人想见当年浪游的豪迈。

李白和杜甫，他们两人那时候是特别情投意合的。他们有酒同醉，有被同共，有手同携，有景同登临，似乎比起一般的兄弟来还要亲热。

余亦东蒙客，怜君如弟兄。醉眠秋共被，携手日同行。

这是杜甫《与李十二白同寻范十隐居》诗中的几句，正是他们在山东一带漫游的时候，他们是多么亲热呵！

杜甫有《赠李白》七绝一首，大约是和《同寻范隐居》一首同时作的。但这首诗一向被人们误解得很厉害。

秋来相顾尚飘蓬，未就丹砂愧葛洪。
痛饮狂歌空度日，飞扬跋扈为谁雄？

一般的研究家们都认为杜甫在规戒李白。大家都知道李白好仙，故"丹砂葛洪"句是指李白；李白好酒，故"痛饮狂歌"句是指李白；李白好任侠，故"飞扬跋扈"句也是指李白。因此，不久前还有人在说,这诗是"李白一生小像"。这才真是片面的见解。人们不仅看漏了第一句中的"相"字,而且对于杜甫的真相根本没有明确的了解。实际上杜甫是同样好仙,同样好酒,同样"痛饮狂歌",同样"飞扬跋扈"的。

要说杜甫也"飞扬跋扈",或许有人要特别反对。但请实事求是地来看看问题吧。杜甫自称"饮酣视八极,俗物多茫茫";请问,这是不是"飞扬跋扈"?杜甫有一首诗叫《今夕行》,叙述他在咸阳客舍无事可做,敞开衣服和旅客们一道赌博,"凭陵大叫呼五白",自称为"英雄",要像南朝刘毅那样"家无儋石输百万";请问,这是不是"飞扬跋扈"?杜甫自己是承认的,他自称为"狂夫",而且到了老来他还在说:"自笑狂夫老更狂"(《狂夫》),可见杜甫并不自以为是文质彬彬的圣人君子。因此,《赠李白》那首七绝,决不是"李白一生小像",而是李白与杜甫的双人合像。

其次,广文馆博士郑虔,是杜甫的另一位酒友——不,不是友,而是"师"。请读那首慷慨激昂的《醉时歌》吧,诗题下原注"赠广文馆博士郑虔"。

诸公衮衮登台省,广文先生官独冷。
甲第纷纷厌粱肉,广文先生饭不足。
先生有道出羲皇,先生有才过屈宋。
德尊一代常坎坷,名垂万古知何用!
杜陵野客人更嗤,被褐短窄鬓如丝。
日籴太仓五升米,时赴郑老同襟期。

得钱即相觅，沽酒不复疑。

忘形到尔汝，痛饮真吾师！

清夜沉沉动春酌，灯前细雨檐花落。

但觉高歌有鬼神，焉知饿死填沟壑！

相如逸才亲涤器，子云识字终投阁。

先生，早赋《归去来》！石田茅屋荒苍苔！

儒术于我何有哉？孔丘盗跖俱尘埃！

不须闻此意惨怆，生前相遇且衔杯。

这是天宝十二年（753）潦倒在长安时作的，时年四十二岁。痛快淋漓，仿佛在读李白的作品。请看他对于郑虔是如何敬佩，对于"痛饮"是如何倾倒！

这位郑虔，倒真是一位多才多艺的老"博士"。他能诗，能画，会写字，会弹琴，而又是星历家、医药学家、兵法家。他最有趣的是饭吃不饱偏好喝酒，没有钱便向朋友讨钱去喝。好朋友苏源明便是他讨钱的对象，"赖有苏司业，时时乞（给）酒钱"（《戏简郑广文虔，兼呈苏司业源明》）。酒后爱向天弹琴（"嗜酒益疏放，弹琴视天壤"，见《八哀诗》之七），又常常自称为"老画师"（"酒后常称老画师"，见《送郑十八虔贬台州司户，伤其临老陷贼之故，缺为面别，情见于诗》）。

这位先生在天宝十四年安禄山叛变时，陷没在洛阳。后来逃回了长安，但仍然被谪贬为台州司户参军，以广德二年（764）卒于台州（浙江临海县）。杜甫既尊敬他，也同情他。死后有诗哀悼，认为从此天下没有文章了。（"文章扫地无"，见《哭台州郑司户、苏少监》，苏少监即苏源明，与郑虔同年去世。）杜甫还在长诗《八哀诗》中加以哀悼，郑与苏是和李光弼、张九龄等人被同等看待的。

其后肃宗乾元元年（758），在长安任左拾遗，杜甫也并没有因官居谏职而停止好酒。《曲江二首》之二是最真实的记录。诗是七律，只切取其前四句如下：

朝回日日典春衣，每日江头尽醉归。
酒债寻常行处有，人生七十古来稀。

这和李白的"百年三万六千日，一日须倾三百杯"（《襄阳歌》），有什么不同呢？不同之处，仅仅是浪漫与写实有所偏重而已。每天都要质当衣服来喝酒，而且要喝到"尽醉"。没有衣服进当时，便赊债，而且处处都有"酒债"。酒喝太多了，不伤身体吗？顾不了那么多，反正人活到七十岁是很少有的。杜老实在是拼命在喝酒——说他"拼命"，一点也不夸大，这是他自己的说法。另有《曲江对酒》一首是同时之作，中有这样的两句：

纵饮久拼人共弃，懒朝真与世相违。

为了要"纵饮"，便不惜抛开职务——"懒朝"。虚应故事，上朝应卯，有什么用？别人看不起，只有么回事。和世道合不来，倒是千真万确的。

在长安任左拾遗时分的诗,不妨再引两例吧。

　　街头酒价常苦贵,方外酒徒稀醉眠。
　　径须相就饮一斗,恰有三百青铜钱。
　　　　　　　　　　　　——《偪侧行,赠毕曜》

这就是《醉时歌》里面的"得钱即相觅,沽酒不复疑"的漫衍了。

　　数茎白发那抛得?百罚深杯亦不辞!……
　　此身饮罢无归处,独立苍茫自咏诗。
　　　　　　　　　　　　——《乐游园歌》

　　就有几根白头发,哪里就能把酒抛掉?就用大海杯罚我一百杯,我也不推辞!别人不理我,我只朗诵我自己的诗。没有穿戴上朝衣朝冠的杜甫,和"斗酒诗百篇"的李白,为了纵饮不惜倾家破产的李白,似乎没有两样。

　　杜甫这样拼命嗜酒的态度,从少年到老,一直到他临终,都没有改变。

　　浅把涓涓酒,深凭送此生。
　　　　　　　　　　　　——《水槛遣兴二首》之二
　　莫思身外无穷事,且尽生前有限杯。
　　　　　　　　　　　　——《绝句漫兴九首》之四

以上是在成都时的诗。

> 寇盗狂歌外，形骸痛饮中。……
> 此身醒复醉，不拟哭途穷。
>
> ——《陪章留后侍御（彝）宴南楼》

以上是在梓州时的诗。

> 早岁与苏郑，痛饮情相亲。二公化为土，嗜酒不失真。
>
> ——《寄薛三郎中据》

以上是在夔州时的诗。苏即苏源明，郑即郑虔，杜甫说他们去世之后，自己依然在认真好酒。

特别是在夔州，有一首诗活画出了杜甫好酒的情况，也活画出了一个真正的杜甫。诗的题名是《醉为马坠，诸公携酒相看》，七言，凡十四韵。那时杜甫已经五十六岁了。这位老诗人本来是一位骑马的能手。他也喜欢马，诗集中歌颂骏马或哀怜老马的诗屡见。有一天，夔州刺史柏茂琳招宴，他骑马醉归。从白帝城跑下瞿唐，"低身直下八千尺"，使路旁的白垩粉墙像电闪一样急转。他因为有本领，满不在乎，把马鞭垂在手上，不提缰绳，放马飞跑。马跑得来浑身是汗，雄猛难当。诗人自己很得意："向来皓首惊万人，自倚红颜能骑射。"（"我这个白发老人一向是使万人骇目的，我自己有本领，年轻时就能骑马射箭了。"——这倒不是虚夸,他曾同李白、高适一道骑马打猎,有诗纪其事。)但哪料得马失前蹄,一下把他摔下鞍来,跌伤了,在寓里睡在床上养伤。就在这时候,朋友们来慰问他。诗人拄着拐杖,还由童仆搀扶着起来应酬。慰问者是携带着酒肉来的,于是宾主都开口大笑,相互提携,在一道流泻着清泉的溪边,席地而坐,开怀痛饮。

酒肉如山又一时,初筵哀丝动豪竹。
共指西日不相贷,喧呼且覆杯中渌。

好不痛快!又有酒,又有肉,酒坛酒罐,肉盘肉串,堆积得如山如峦。还有琵琶和羌笛的合奏,大叫大喊,干杯干杯!太阳西斜了,哪用管它!诗人完全忘记了自己受了伤,而且对于别人的关心还认为是多事呢。

何必走马来为问!
君不见嵇康养生被杀戮?

这是诗的最后两句,是诗人在"喧呼"中的"喧呼"。——"不要管我!落马受伤有什么要紧呢?不用谈它!嵇康作过一篇《养生论》,会讲究卫生的吧,然而杀了头!你难道不知道?"这真可以说是要酒不要命了。("走马"二字当是指自己"醉为马坠"那件事,不是怪客人骑马而来。)

大历三年春,由白帝城放船出峡以后,沿途都在喝酒。特别在江陵,遇见了尚书李之芳、秘书监郑审,他们一同会集,《宴胡侍御书堂》,饮酒赋诗。杜甫所作的五律一首,有"吾侪醉不归"之句。但在席散后,接着他又同李之芳两人月下对酌赋诗,诗题为《书堂饮既,夜复邀李尚书下马,月下赋绝句》。题上虽然没有说到饮酒,但诗里面是叙述得很明白的,竟然喝了一个通夜。

  湖月林风相与清,残尊下马复同倾。
  久拼野鹤如霜鬓,遮莫邻鸡下五更。

这时杜老五十七岁,身体已经很衰弱,然而酒兴却是一点也不衰。"久拼野鹤如霜鬓",就是说我总要拼掉这条老命。"遮莫"是尽管,尽管邻家的雄鸡叫破五更天,使得东方发白。实在是豪情不减当年。("下五更"的"下"字,我解之为破,攻破城池曰"下"。)

  饥藉家家米,愁征处处杯。

这是《秋日荆南述怀三十韵》中的一韵,就和离不开吃饭一样,也离不开喝酒,而且都要靠朋友周济。

  酒酣耳热忘头白,感君意气无所惜。

这是《醉歌行，赠公安颜少府，请顾八题壁》中的一韵，具体地提出了一个靠朋友慷慨的例证。

人人伤白首，处处接金杯。

这是进入湖南境内的诗，题为《发白马潭》，白马潭在岳州巴陵县。杜甫进入湖南以后，他一直住居在船上。但他的船是被酒坛酒罐挤满了的。《回棹》一诗中有这样的两句：

巾拂那关眼？瓶罍易满船！

不想再征引了。总之，杜甫的嗜酒并不亚于李白，有他的大量诗篇可以证明。新旧研究家们的眼睛里面有了白内障——"诗圣"或"人民诗人"，因而视若无睹，一千多年来都使杜甫呈现出一个道貌岸然的样子，是值得惊异的。

最后不能不接触到杜甫死于牛肉白酒的那一场公案了。杜甫以大历五年（770）夏四月到了耒阳，不久便突然死去了。唐人郑处海的《明皇杂录》载其事："杜甫客耒阳，游岳祠。大水遽至，涉旬不得食。县令具舟迎之。令尝馈牛炙白酒，……甫饮过多，一夕而卒。"处海，郑余庆之孙、郑瀚之子，《新唐书》作"处晦"。案兄弟四人名《唐书·郑余庆传》作允谟、茂谌、处海、从谠，均从"言"旁，当以作"诲"为是。太和中（827—835）进士，上距杜甫之死仅六十年左右。史称其人"方雅好古"，所述杜甫死因不会是无稽之谈，故新旧《唐书·杜甫传》均从其说。

关于在耒阳阻水、县令馈送酒肉事，杜甫有诗纪之。题为《聂耒阳以仆阻水，书致酒肉，疗饥荒江，诗得代怀，兴尽本韵，至县呈聂令；陆路去方田驿四十里，舟行一日，时属江涨，泊于方田》。诗系五言，凡十三韵，叙述到聂县令由耒阳送信去，在渺茫的大水中找到了他。他称聂令是聂政和聂嫈姊弟的后人，义士和烈女的流风余韵由县令承继下来了。说到不久前由诗人的朋友狄博济——狄仁杰的曾孙，曾经称赞过聂令是一位人才，是前朝翰林的后人，做一个小小的县令是委屈，是大才小用。这样看来，这个聂令显然不是什么坏人。

聂县令知道诗人为洪水所阻，经历了"半旬"，他便送了酒肉去慰劳。杜甫认为礼遇甚厚，可以解忧。"礼过宰肥羊，愁当置清醥"。字面上说的不是"牛肉"而是"肥羊"。但肥羊在这里是修辞，出处是《诗·小雅·伐木》："既有肥羜，以速诸父。"既言"礼过宰肥羊"，可见是牛而不是羊了。

诗中还夹叙了长沙臧玠之乱，诗人是因为避难而至耒阳的。这一方面表明了诗人关心国家大事，另一方面也表明了诗作于大历五年夏季。臧玠之乱在四月庚子（初八日），杜甫为避难而至耒阳，时令毫无龃龉。

但在这里却产生了问题。人们以为牛肉白酒无致死之理，说杜甫死于牛酒是诬枉杜甫，丑化杜甫，是有意的捏造。

首先是有人假借韩愈的名义，作了一首《题杜子美坟》，提出了这个问题：

当时处处多白酒，牛肉如令家家有。

饮酒食肉今如此，何故常人无饱死？

作伪者加以揣测，以为杜甫是在水中淹死的，他和屈原、李白一样，"三贤所归同一水"。杜甫死后，"朝廷"追问，聂令便伪造了一座假坟，并诡称杜甫死于牛酒，以蒙蔽上方。这样便使杜甫受了诬枉："坟空饫死已传闻，千古丑声竟谁洗？"

诗为韩愈集中所不载，风格不类。李白死于腐胁疾，不死于水，韩愈也不会不知道。故该诗断然不是韩愈做的，估计是五代或北宋的人所假托。

又有李观的《杜拾遗补传》，和这首诗的说法大抵相同，但却在一处大闹笑话。《补传》里说："江水暴涨，（子美）为惊湍漂没，其尸不知落于何处。泊玄宗还南内，思子美，诏天下求之。聂令乃积空土于江上，曰：子美为牛肉白酒胀饫而死，葬于此矣。以此事闻"云云。文章非常可笑。唐玄宗死于宝应元年（762），杜甫死于大历五年（770），玄宗之死，早于杜甫有八年之久！

李观如果是唐人，唐人有两李观。一与杜甫同时，官终于检校工部尚书。一与韩愈同时，乃李华之从子，贞元进士，年二十九卒，为文不袭前人，与韩愈不相上下。无论是前一李观，或后一李观，都不至于这样糊涂，连唐玄宗死在杜甫之前都贸贸然无所知。《补传》也是假托是毫无疑问的。

尽管韩愈的诗、李观的《补传》都是假托，但新旧研究家们却一致倾向于否认郑处诲和新旧《唐书》的记载，力辩杜甫不死于牛酒。

在这里对于怀疑派有一个仿佛可靠的根据，便是元稹的《杜君（甫）墓系铭》。《墓系铭》中说"扁舟下荆楚间，竟以寓卒，旅殡岳阳，享年五十有九。……嗣子曰宗武，病不克葬。没，命其子嗣业。嗣业以家贫，无以给丧。收拾乞丐，焦劳昼夜，去子美没，馀四十年，然后卒先人之志"。文中没有提到死于牛酒，可见真是出于虚构了。

然而元稹的《墓系铭》非常简略，它没有说到杜甫的死因。所谓"扁舟下荆楚间"是说他由夔门东下；如果不是东下，则应该说作"北上"，然而不是这样。所谓"旅殡岳阳"，安知不是宗武由耒阳启发其父的尸骨，仅运至于岳阳而自己病没，因而暂殡。而且"旅殡岳阳"的应该还有杨氏夫人的尸骨以及宗武的尸骨，这些在《墓系铭》中都被省略了。杜甫的长子宗文也没有下落。（可能在杜甫出峡时，留在了四川，不则也当死于湖南境内。）因此，元稹的文章并不能作为坚强的反证。

其实死于牛酒，并不是不可能。不过不是"饫死"，或"饱饫而死"，而是由于中毒。聂令所送的牛肉一定相当多，杜甫一次没有吃完。时在暑天，冷藏得不好，容易腐化。腐肉是有毒的，以腐化后二十四小时至二十八小时初生之毒最为剧烈，使人神经麻痹、心脏恶化而致死。加以又有白酒促进毒素在血液中的循环，而杜甫的身体本来是在半身不遂的状况中，他还有糖尿病和肺病，腐肉中毒致死不是不可能，而是完全有可能的。

腐肉中毒而死，是杜甫的不幸，但并不是什么侮辱，也不是什么丑化。为了美化杜甫之死，而把那位"义士烈女"的后人武断地判定为坏人，倒是有点不公平的。

为了美化杜甫之死，人们还煞费苦心地从杜甫诗作中造内证。一般编年体的《杜甫诗集》，大率在耒阳一诗之后还有所收辑，多至五、六首，表明杜甫不是死于耒阳，亦即不是死于牛酒。为了把事实弄清楚，有必要加以检讨。今举仇兆鳌《杜少陵集详注》以为例。

仇氏集本在耒阳诗之后还收有六首诗：（一）《回棹》，（二）《过洞庭湖》，（三）《登舟将适汉阳》，（四）《暮秋将归秦，留别湖南幕府亲友》，（五）《长沙送李十一衔》，（六）《风疾舟中伏枕书怀三十六韵，奉呈湖南亲友》。据这六首诗看来，编者的意向是很明了的，即杜甫最后决心北归，离开耒阳而下洞庭，结果在未到岳阳之前死于途中。以"三十六韵"的长诗殿尾，意在证明诗人的超凡入圣，在临死之前都还能做出那样的长诗。但仔细研究起来，都成问题。

（一）《回棹》：这一首的编次早有争论。黄鹤以为"旧编大历五年作，然诗中不言臧玠之乱（案在大历五年四月湖南兵马使臧玠杀了观察使崔瓘），当是四年至衡州，畏热，将回棹，欲归襄阳，不果，而竟留于潭（长沙）也"。这说法是对的。诗中明言"火云滋垢腻"，又回忆襄阳岘山的凉爽，显然是在盛夏或早秋时所作。如果作于大历五年，何以像臧玠之变的那样大事，诗中毫不涉及？但仇兆鳌反对黄鹤的说法，依旧编于大历五年。仇云："杜诗凡纪行之作，其次第皆历然分明，不当以欲行未果之事载之诗集。"其实杜甫诗集中正有"欲行未果之事"的编载。例如在四川梓州作的《将适吴楚留别章使君》，那时连饯行酒都吃了，因严武第三次入蜀，再任东西川节度使，杜甫没有走成，率性又回到成都。仇兆鳌是研注杜甫的专家，这首诗被编入他的《详注》第十二卷,请问:何以又"以欲行未果之事载之诗集"?

(二)《过洞庭湖》:这首诗最成问题,根本不是杜甫的诗。潘子真《诗话》:"元丰中有人得此诗,刻于洞庭湖中,不载名氏。以示(黄)山谷,山谷曰:此子美作也,今蜀本收入。"蜀本究何所依据,是大成问题的。原诗是五律,不长,不妨把它抄在下边:

蛟室围青草,龙堆隐白砂。护堤盘古木,迎棹舞神鸦。
破浪南风正,回樯畏日斜。湖光与天远,直欲泛仙槎。

由"破浪南风正"而言,的确是在向北走。时令是在夏天,故下句又言"畏日",即夏日可畏。如果真是杜甫的诗,则应该是北上过洞庭湖之作,故可编于大历五年。但诗所表现的是壮年得意者的情趣,特别是末联:"湖光与天远,直欲泛仙槎",或作"云山千万叠,低处上星槎",两种句子都表示出作者的心情舒畅,前程万里,得意十分,和贫病交迫的杜甫晚年情趣大有天渊的距离。然而仇兆鳌认为"此诗之精练,非公断不能作"。彻底武断,毫无道理。而且与下列数诗的时令互相抵触,在编列次第上不知道他如何能心安理得?

(三)《登舟将适汉阳》:此诗,黄鹤也认为"作于大历四年之秋,欲登舟而不果行"。仇兆鳌斥为"无据",而他所据的却只是"王彦辅、郑昂、鲁訔皆谓作于大历五年之秋"。这样采取多数决是可笑的。据我看来,黄鹤的说法倒不是"无据",而是有据。诗中同样不言臧玠之乱,而却言"中原戎马盛",是指回纥、吐蕃之扰攘。又有句云"秋帆催客归",与《回棹》当是同时之作,略有先后而已。

(四)《暮秋将归秦,留别湖南幕府亲友》:这首诗,黄鹤的见解却和王彦辅相同,以为作于大历五年秋。诗意的衰飒确是老杜所作,与无名氏的《过洞庭湖》恰成对比。这倒可借以证明《过洞庭湖》决不是杜甫之作,既经在夏天过了洞庭湖而北上了,何以在"暮秋"还在长沙告别幕府亲友?这不是有点滑稽吗?但这诗作于大历五年秋之说却是毫无根据。诗当作于臧玠之乱发生以前,故能从容向幕府亲友告别,结果仍是"欲行而未果"。杜甫入湖南后,一直是以船为家,他要南走北走尽可以随心所欲。故本诗也同样作于大历四年的暮秋。

(五)《长沙送李十一衔》:这首诗的问题稍微复杂。诗里面有纪年的数字:"与子避地西康州,洞庭相逢十二秋。"他和李衔在西康州避地之后,又在洞庭附近相逢已经"十二秋"了。西康州就是同谷县,杜甫以乾元二年(759)冬寓同谷,历"十二秋"则为大历五年(770)。在仇兆鳌看来,这就成了"五年秋自衡归潭之一证"。如果杜甫在大历五年"秋"都还在长沙,他自然不能在夏季死于耒阳,但何以在夏季又已经过了洞庭呢?今案:问题是在这个"秋"字。"秋"字在这儿并不是春夏秋冬之秋,而是等于一个年头。以杜甫在同谷的时期来说,他以乾元二年冬初寓同谷,以季冬去成都,在同谷还未住满一个冬季,然而却称之为一"秋"了。准此,可知大历五年的一"秋"同样也可以解为一个年头。"秋"字在诗里是韵脚,为了押韵,故采用了"秋"字。这不能作为大历五年的秋天杜甫还在长沙的证明。如果杜甫在当年春初与李衔相别于长沙，也尽可以算作"十二秋"了。诗中有"朔云寒菊倍离忧"句，长沙地暖故在春初犹有"寒菊"，不能以为秋季的证明。

（六）《风疾舟中伏枕书怀三十六韵，奉呈湖南亲友》：这诗同《长沙送李十一衔》一样，也有纪载年岁的数字。"十暑岷山葛，三霜楚户砧。"杜甫以乾元二年入蜀，大历三年出蜀，前后有十个年头，故言"十暑"。以大历三年入楚至大历五年，则为"三霜"。但这儿的"暑"和"霜"，也同前诗"秋"字一样，只代表一个年头。杜甫到同谷是冬季，根本没有经历过在岷山附近的乾元二年的暑天；以大历三年春季出峡，也根本没有经历过在夔州境内的大历三年的暑天；然而他却称为"十暑"。"三霜"也值得推敲。"霜"是代表秋天的，杜甫以大历三年的冬天由公安赴岳州，他虽然没有在湖南经历那年的秋天，湖北也是"楚"，自然可算作一"霜"。但假如他以大历五年的春天打算北上，准冬季或春季可以算作一"暑"之例，则春季也尽可以算作一"霜"了。诗人为了修辞，往往使用些不准确的字眼，解诗的人是不好看得那么死板的。

但注家也注意到诗中有"群云惨岁阴"和"郁郁冬炎瘴"等句，认为杜甫是以大历五年的冬天才离开长沙。其实这些句子是大历三年冬初来长沙时的回忆，诗中另有"春草封归恨，源花费独寻"，要这才说的是当前的实景。

因此，这首《风疾舟中伏枕书怀》，同前面五首中的四首（《过洞庭湖》一首非杜甫作品，故除外）一样，是作于耒阳诗之前。这些都不能作为杜甫非死于耒阳或非死于牛酒的证据。死于牛酒，并不是什么丑事，也不能算作诬蔑，没有必要一定要在这些地方替杜甫斤斤计较。

不久几年前的研究家们也很不喜欢杜甫死于牛酒的这个故事。有人说："这传说从唐中叶以后便传布得很广，它和李白醉后水中探月而死的故事是同样地荒诞无稽。"（冯至《杜甫传》181页）李白死于"腐胁疾"（见皮日休《七爱诗》之一，是由于酒精中毒而诱致的脓胸穿孔症），水中捉月的故事诚然是"荒诞无稽"；但杜甫死于牛酒，既见诸史籍，又可以用腐肉中毒被酒所促进而加以科学的说明，怎么能够同样斥为"荒诞无稽"呢？

要之，杜甫死于牛酒是毫无可疑的。

杜甫与严武

杜甫同严武的关系，一般来说，是比较有始有终的。

他们同是和房琯接近的人，也因房琯的失败而受到蹭蹬。严武虽然不久之间恢复了他的宦海航程，一帆风顺；杜甫则是闲散或沉滞在下寮，一辈子郁郁不得志。

杜甫以唐肃宗乾元二年（759）十二月至成都，时年四十八岁。隔了两年的上元二年（761）十二月，比他小十四岁的严武被任为成都府尹兼御史大夫，充剑南节度使。当时是合剑南和东西川为一道。因此，杜甫在成都的生活颇受到严武的照顾。在严武是第二次入蜀，在此前曾任剑南东川节度使。

但严武二次入蜀，为期不久，只有半年多点。在代宗宝应元年（762）四月，玄宗、肃宗父子相继去世，父先子后，相隔仅十四日。七月，严武被召回长安，充山陵桥道使，监修玄、肃父子的陵墓。在这七月里，杜甫亲自送严武至绵州（今四川绵阳县），二人有诗唱和。

严武去后，诗人高适继任成都尹。剑南兵马使徐知道勾结邛州羌兵占据西川，扼守剑阁，严武回京之路受到一时的阻塞。杜甫这时已往梓州（今四川三台县），有诗慰问严武，严武也有答诗，有句云"跋马望君非一度，冷猿秋雁不胜悲"（《巴岭答杜二见忆》，附见杜集《九日奉寄严大夫》之后），两人的情义是颇为深厚的。

徐知道之变为时不久，因徐与羌兵有矛盾，徐被羌将所杀，乱子在八月里就平定下去了。

杜甫留居梓州，不久把成都的家眷接了来。他和梓州刺史兼东西川留后章彝，过从甚密，做了不少的诗。就集中所见，在题上或注中明确标明者，有下列十一首：

（一）《陪章留后惠义寺饯嘉州崔都督赴州》；

（二）《陪章留后侍御宴南楼，得"风"字》；

（三）《台上，得"凉"字》（与上首同时作）；

（四）《章梓州橘亭饯成都窦少尹，得"凉"字》；

（五）《章梓州水亭》（原注："时汉中王（李）兼、道士席谦在会，同用'荷'字韵"）；

（六）《随章留后新亭会送诸君》；

（七）《冬狩行》（原注："时梓州刺史章彝兼侍御史留后东川"）；

（八）《山寺》（原注："章留后同游，得'开'字"）；

（九）《桃竹杖引，赠章留后》；

（十）《将适吴楚，留别章使君留后，兼幕府诸公，得"柳"字》；

（十一）《奉寄章十侍御》。

章彝是杜甫在梓州的东道主。这人本是严武的僚属，在留守任内是相当飞扬跋扈的。例如《冬狩行》，叙述章彝"夜发猛士三千人"，举行大规模的冬狩，猎围之大在"东西南北百里间"。杜甫比之为帝王的"春蒐冬狩"。杜甫看到了这样的情况，也采取了司马相如、扬雄等对待皇帝的手法，一方面大大地恭维，一方面又微微地讽谏。当时是什么时代？吐蕃侵入了长安，代宗逃跑到陕州，"天子不在咸阳宫"。而在这时候兴师动众，举行田猎，这就使得杜甫在诗里近乎呼号地喊出："得不哀痛尘再蒙？呜呼，得不哀痛尘再蒙！"古时皇帝出奔叫作"蒙尘"，这样的呼号，似讽又似颂了。因为章彝也尽可以借口说：我的狩猎，正为练习野战，准备为王前驱呢！

再看《山寺》那首诗吧。章彝骑着紫马，被人簇拥到一座山寺里去。扈从之盛，杜甫用了一句话来形容："树羽静千里！"（旌旗蔽野，使千里内的人肃静回避。）虽然用的是夸大手法，但总得有一定的底子。山寺十分破旧，和尚们穿着褴褛的袈裟。这也表明时代的衰敝，连寄生虫及其巢穴都破败得不成样子了。和尚们向留后恳求施舍，留后大人立即向宾从倡议捐献，咄嗟之间便聚积了一大笔款子，使"诸天必欢喜，鬼物无嫌猜"。杜甫接着又加上了两句："以兹抚士卒，孰曰非周才？"——用这样的态度来爱护士兵的人，谁能说不是全才呢？这样也是似讽似誉，杜甫看来是煞费苦心的。

杜甫和这样的人相周旋，而且倚为东道主，因而有时也昧着良心大加吹捧。像《奉寄章十侍御》那首诗，除吹捧之外，任何讽刺意味也领略不出来了。

> 淮海维扬一俊人，金章紫绶照青春。
> 指挥能事回天地，训练强兵动鬼神。
> 湘西不得归关羽，河内犹宜借寇恂。
> 朝觐从容问幽仄，勿云江汉有垂纶！

把一位飞扬跋扈、在国难期间穷欢极乐的地方军阀，竟公然毫无保留地歌颂起来。章彝是扬州人，竟称之为"淮海维扬一俊人"，说他有旋乾转坤的军事才能，所训练出的强兵可以使神号鬼哭。既比之以刘先帝的股肱关羽，又比之以汉光武所倚重的寇恂。章彝正要上京朝觐，如被朝廷留用，地方上的民众会舍不得他离开，要同寇恂的故事那样，向朝廷"借"回。最后还希望他向朝廷推荐自己，自比钓鱼的姜太公。表面上虽说：不要说有老人赋闲在江上钓鱼，事实上正是要他不要忘记提说。杜甫庸俗的江湖气息，在这首诗里面又充分泛滥起来了。

不过和这样的人相处似乎也并不那么舒畅，杜甫在梓州期间，他曾经往梓州所属的射洪（今射洪县西北）、通泉（今射洪县城关）等地去游览，又曾到过汉州（德阳）、阆州（阆中）。一方面是游览，一方面也好躲避和这些人的应酬。最后他竟决定要离开梓州东出夔门了。请看《将适吴楚，留别章使君留后》那首诗吧，诗里面有这样的话：

> 常恐性坦率，失身为杯酒。近辞痛饮徒，折节万夫后。
> 昔如纵壑鱼，今如丧家狗。既无游方恋，行止复何有？
> 相逢半新故，取别随薄厚。不意青草湖，扁舟落吾手。

说自己非常谨慎，生怕酒后失言惹出大祸——这两句颇有渊源，留待下文阐述。近来连酒也戒了。出门靠朋友，或多或少的程仪得到新旧的朋友们的惠赠，没想出连洞庭湖来的船都弄到手了。"不意青草湖，扁舟落吾手"：青草湖是洞庭湖的湖尾，杜甫所弄到的船可见是湖南船要回到洞庭去的。程仪送得最多的，毫无疑问，就是那位"使君留后"。"眷眷章梓州，开筵俯高柳。楼前出骑马，帐下罗宾友。健儿簇红旗，此乐几难朽！"盛大的饯别宴在高楼上举行，宾友众多，马匹骈阗，红旗簇荡，其乐难忘！"几难朽"，"几"字可平可仄，可见杜甫在玩弄手法。

杜甫在梓州、阆州一带停留了两年，已经决定出峡，连饯行酒都吃了，然而他没有走成。为什么？是因为在代宗广德二年（764）二月，严武又以剑南东西川节度使第三度入蜀！杜甫真是高兴得不得了，立即寄了诗去表示欢迎。

> 殊方又喜故人来，重镇还须济世才！
> 常怪偏裨终日待，不知旌节隔年回。
> 欲辞巴徼啼莺合，远下荆门去鹢催。
> 身老时危思会面，一生襟抱向谁开？
>
> ——《奉待严大夫》

（在这异乡，真是高兴，老朋友又快来了。像东西两川这样的重镇是需要你那样的济世大才。经常诧异为什么下级将领们整天在等待你；谁知道你的大驾仅仅隔一年又回来了。我正打算离开巴蜀僻地，在这四处有啼莺的时候，船（鹢）都准备好了，在催我远下荆门。我年纪老了，处在国家艰难的情形下，总想见你一面。平生的志愿，除你而外，还好向谁开陈呢？）

衷心欢悦的脉搏在诗句里面跳动着。接着取消了出峡的念头，率领着妻子，又回到成都去了。

在这里想顺便提出一个比较微妙的问题：在严武离开成都之后，是高适继他的后任。高适是杜甫的诗友，杜甫在诗中每以高适与李白并提。他们在天宝初年曾经同游梁宋等地，打猎访古，饮酒赋诗，高谈雄辩，目中无人。严武离开了之后，杜甫为什么不回成都去依靠高适，而却留在梓州依靠章彝？

要回答这个问题，只须想到唐玄宗与唐肃宗父子之间的矛盾便可迎刃而解了。经过安禄山叛变之后，高适和李白、杜甫已经站在敌对者方面。高适是肃宗一边的人，李白和杜甫是靠近玄宗的。特别在讨伐永王李璘时，高适是肃宗所任命的统帅。永王为地方兵力所击败身死之后，高适兵未血刃而罢，由淮南节度使经过一段时期在洛阳任太子少詹事之后，出任彭州刺史，再迁蜀州，接严武的后任。杜甫在这时之所以不回成都，我们便可以恍然大悟了。李白是不满意高适的，在寻阳狱中，有诗讽刺过他。杜甫也是不满意高适的，在梓州流寓时，也有诗讽刺过他。

在高适"镇蜀"任内,吐蕃内犯,攻陷陇右,直逼长安。蜀郡西北部的松州、维州、保州等地都被包围,后来也终于陷落了。杜甫有《警急》《王命》《征夫》和《西山三首》等诗纪其事,对于高适的无能曾予以刻骨的讥刺。姑且把《警急》一首举出以示例:

才名旧楚将,妙略拥兵机。玉垒虽传檄,松州会解围。
和亲知计拙,公主漫无归。青海今谁得?西戎实饱飞!

这在讥讽高适:内战内行,外战外行。他讨伐李璘时是统帅,身任淮南节度使兼领广陵等十二郡,那些地域在古时都属于楚,故称适为"楚将"。那时的名气多大呀,俨然拥有神机妙算。(其实打败永王的"军功"并不是他所建立的。)现在在成都附近的玉垒山虽然有军书飞传,在"名将"的统帅下,松州早迟是会解围的吧。(其实是沦陷了。)朝廷在讲和亲,真是糟糕,弄得金城公主没有着落。青海目前在谁的手里呢?(已落在吐蕃的手里!)西来的吐蕃族已经吃得饱饱的,把虏获物含着飞走了。(飞向何方?飞向长安!)这对于高适的讽刺可以说是深入骨髓。

严武是房琯所引用的人,故高适和严武也应该处于对立地位。高适无能,只好让严武第三次入蜀。杜甫,如上所述,寄诗严武表示了热烈的欢迎。对严武的热烈欢迎,也就是对高适的无情冷送;说严武是"重镇"所需要的"济世才",也就是斥高适为不配膺任"重镇"的非济世之才;自己的怀抱只能向严武打开,也就是说不能向高适打开。要之,杜甫与高适的交谊,在晚年也不如早年那样融洽无间了。

严武在抵御外患上，比起高适的本领来，的确要高得多。他第三次入蜀后，以广德二年（764）七月率兵西征。九月破吐蕃七万余众，拿下了当狗城（在四川理番县东南）。十月又拿下了盐川城（在甘肃漳县西北）。同时遣汉州刺史崔旰（即崔宁）在西山追击吐蕃，拓地数百里。这和郭子仪在秦陇一带的主力战相配合，终于把吐蕃的大举入侵击退了。这和高适的无能，恰成为鲜明的对照。

严武对于杜甫是相当尊重的。第三次入蜀后，在当年六月便向朝廷推荐杜甫任节度使署中的参谋，授职检校工部员外郎，赐绯鱼袋。这就使杜甫又成为了朝廷的命官，杜甫本人也非常满意。他在诗中常常夸示他的省郎的官衔，也常常提到朝廷所赏赐的鱼袋。后人称杜甫为"杜工部"，称成都杜甫草堂为"工部草堂"，也就根源于这儿。

杜甫在严武幕中只有半年。幕僚生活对他并不惬意，在永泰元年（765）正月，辞职获准，他便回到草堂去了。但他和严武的关系还是维持着的。回到草堂后，有《敝庐遣兴奉寄严公》一诗可证：

野水平桥路，春沙映竹村。风轻粉蝶喜，花暖蜜蜂喧。
把酒宜深酌，题诗好细论。府中瞻暇日，江上忆词源。
迹忝朝廷旧，情依节制尊。还思长者辙，恐避席为门。

诗是写得很娓婉的，但不免有点罗嗦。只消前四韵就够了，他却补上后二韵，把自己的愿望说得个倾箱倒箧。他是希望严武有暇的时候下访草堂，煮酒论诗，但又怕他会回避自己的以席为门户的陋室。

259

诗中的"节制"、"长者",都是指严武。严武比杜甫年轻十四岁,但他是杜甫的长官,朝廷的节度使。其实这些话尽可以不必说,是谁都知道的。

但杜甫的这个愿望没有得到满足,就在同年的四月,严武突然病死于成都,年未满四十。这对杜甫是一个沉重的打击,他在五月中便立即买舟南下,离开了他经营了五六年的成都草堂,从此不复返了。

杜甫离开成都之后,由水路经过了嘉州(乐山县)、戎州(宜宾市)、渝州(重庆市)、忠州(忠县)等地,最后寄居在夔州(奉节县)。在忠州时,他有《哭严仆射归榇》一诗,并上船拜见了严武的母亲。诗中有句云"老亲如宿昔,部曲异平生",悼死唁生,是包含有不少眼泪的。自称为"部曲",表明是部下,杜甫当时在病中,故言"异平生"。

严武的父亲严挺之,死于天宝元年,年七十岁。大杜甫三十九岁。如果严武的父母,年岁相差不远,他的母亲在伴着他的灵柩出蜀时,怕已经在八十岁左右了。"一哀三峡暮,遗后见君情"。杜甫的哀感是相当长久的,作为后死者,愈久愈回念故人的情谊,耿耿难忘。在两年后,杜甫在夔州写了八首长诗,即《八哀诗》,悼念他所尊敬的八位人物——王思礼、李光弼、严武、李琎、李邕、苏源明、郑虔、张九龄。在悼严武的诗中有句云:

诸葛蜀人爱,文翁儒化成。公来雪山重,公去雪山轻。

他比严武为诸葛亮,为汉武帝时使蜀郡文物开展起来了的文翁。

严武的一去一来，使蜀中的崇山峻岭为之载轻载重。对于严武，可谓推崇备至。严武早卒，他又比之以颜回，比之以贾谊，反复咏叹，一往情深。诗的最后两句是："空馀老宾客，身上愧簪缨。"——以老幕僚自居，而不尽地感怀恩谊，蒙他使自己成为了朝廷的命官，未能尽职，不免惭愧。

在杜甫和严武之间这样美好的交谊中，但却有过浓厚的一片乌云存在。《新唐书》本传中叙述到这件事。

> 武以世旧，待甫甚善，亲至其家。甫见之，或时不巾。而性褊躁傲诞，尝醉登武床，瞪视曰："严挺之乃有此儿！"武亦暴猛，外若不为忤，中衔之。一日欲杀甫及梓州刺史章彝，集吏于门。武将出，冠钩于帘三。左右白其母，奔救得止，独杀彝。

严武欲杀杜甫一节，《唐书》本传中没有提到。说者以为：此说出《云溪友议》，不足信。然《云溪友议》所载，和《新唐书》也有出入。《云溪友议》是唐人范摅所作，卷上《严黄门》项下有云：

> （严武）拥旄西蜀，累于饮筵对客骋其笔札。杜甫拾遗乘醉而言曰："不谓严挺之有此儿也！"武恚目久之，曰："杜审言孙子，拟捋虎须？"合座皆笑，以弥缝之。武曰："与公等饮馔，谋欢，何至于祖考矣！"房太尉琯亦微有所误，忧怖成疾。武母恐害贤良，遂以小舟送甫下峡。母则可谓贤也。然二公几不免于虎口乎！……支属刺史章彝，因小瑕，武遂棒杀。

两两比照，内容并不全同。"以小舟送甫下峡"之说，完全不符事实。《云溪友议》所述断然是有所附会的。《新唐书》作者宋祁等人想当别有所据。今天原始资料缺乏，无从判定真伪。但从情理上讲来，要说严杜之间毫无一点瑕疵，恐怕也是说不过去的。

据理推测，"严挺之乃有此儿"，并不是怎么侮辱的话，而是包含有赞美的意思。同一《云溪友议》，叙述严武幼时因其父宠爱小妻而冷落其母，遂槌杀其小妻玄英，而坦然自承。严挺之反而高兴地说："真严挺之之子！"杜甫所说的那句话，或许是这句话的翻版吧？错误所在，大约是以长辈自居，直说出了严挺之的名字。作为酒后的失言，严武纵"暴猛"，何至便因此而动了杀念？再进一步说，"严挺之乃有此儿"的酒后失言，细审应该是严武初次任东西川节度使时的往事，那时杜甫还不是严武的僚属。至于"欲杀甫及梓州刺史章彝"则明白地是严武三次入蜀时的事了。值得注意的是杜甫被和章彝连系了起来。

杀章彝事，《唐书》也有所记载："章彝初为武判官，及是，小不副意，赴成都，杖杀之。"通过上述杜甫在梓州与章彝交游的十一首诗看来，章彝这个人是相当跋扈的。看他那副神态，专搞独立王国，可能有一片不可告人的野心。毛羽一丰满时，他便可以为所欲为。这在当时的节度使或刺史之类的官僚间，已经逐渐形成为一种风气，成为后来的藩镇割据的胚胎。因此，严武的杖杀章彝，可能还有相当重大的原因，决不是因为什么"小不副意"或"小瑕"。其所以动了欲杀杜甫的念头，也可能是和章彝的案情有所牵连。上述的十一首诗中，有若干首表示杜甫与章彝的关系太深，很不利于杜甫。在这些诗之外，是不是还有其他密件，不得而知。要之，严武动过"欲杀"的念头和严母的缓颊，看来，并不是完全不可能的事。

严武欲杀杜甫，杜甫也可能知道一些风声，这使他常常怀有戒心。上述在梓州向章彝及其僚属告别时，说到了"常恐性坦率，失身为杯酒"，这不明明包含着在成都时的戒心吗？特别是章彝被杖杀，对他应该是一项冲击。严武杀了章彝，即使对于杜甫的态度没有丝毫改变，杜甫也会感受着不安。杜甫过了半年的幕僚生活而终于辞谢了，一般的说法是他和年青的僚友们合处不来。但实际上他和严武的关系也不免有些隔阂。辞谢幕府后所作的《莫相疑行》和《赤霄行》的几首诗，透露了这里面的消息。

《莫相疑行》里说："晚将末契托年少，当面输心背面笑。"这所谓"年少"，一般的注家认为是指同幕者，但何以说到"末契"，何以说到"托"？可见"年少"中应当包含有严武。

《赤霄行》里说，孔雀遭到牛角的抵触，飞燕遭到鹈鹕的吓。孔雀和飞燕是自比，牛和鹈鹕是比更有权势的人。接下去自己告诫自己："老翁慎莫怪少年，……记忆细故非高贤。"这里的"少年"，注家也以为指"同列少年"。其实，是很难把严武除外的。

寓居夔州时的诗，有两首值得在这儿叙述。一首是《别李义》，另一首是《寄狄明府博济》。李义是王室的旁系，狄博济是狄仁杰的曾孙，两人都要到西川去在官场中找出路。杜甫都劝告了他们。对李义的劝告是："愿子少干谒，蜀都足戎轩。误失将帅意，不知亲故恩。……猛虎卧在岸，蛟螭出无痕。王子自爱惜，老夫困石根。"对狄的劝告也说到"虎",说到"蛟",劝他"早归来,黄土污衣眼易眯"。像这些话,能说不是杜甫自己的经验之谈吗?当然,严武是有文采、有武功的人,比起一般纯粹的"猛虎"或"蛟螭"来是有所不同。这就是杜甫所以深深哀悼严武之死的主要原因了。

问题总当一分为二地去看。杜甫和严武的关系,一般说来,是比较有始有终的,但也不能否认他们之间总不免有些扞格。这本来是无关宏旨的问题,但为了更全面地了解杜甫,不能不叙述到这样一个侧面。一定要说杜甫决不曾酒后失言,一定要说严武决不会动欲杀之念,看来,都不免是一偏之见。

杜甫与岑参

杜甫的诗友岑参（715—770），同是盛唐的第一流诗人，小杜甫三岁。他遗留下来的作品不多，现存《岑嘉州集》只存三九二首，可见散佚了的作品必然不少。

天宝年间，杜甫在长安时和他过从很密，曾经同登过慈恩寺塔，同游过渼陂，杜甫均有诗纪其事。天宝十三年秋，久雨成灾，杜、岑二人虽同在长安，也长久不能相见，杜甫在《九日寄岑参》诗中有句云"思君令人瘦"，可见他们的交谊之深。

登慈恩寺塔是在天宝十一年的秋天。同登者除杜、岑二人外，还有高适、储光羲、薛据，都有诗，但薛据的诗已失传。现存四人诗中，说者以为杜诗最雄壮，"其气魄力量自足压倒群贤，雄视千古"（《杜诗镜铨》评语）。雄壮是没有问题的，但原诗的写法，我总觉得过分夸大了。用过分夸大的手法来写实，待人们知道了实际，便会生出反效果。慈恩寺塔通称大雁塔，在西安市南郊大慈恩寺内，是七级浮图，高六十四米。杜诗说它"高标跨苍穹"；向上看，则"七星在北户，河汉声西流"；向下看，则"俯视但一气，焉能辨皇州？"

仿佛是在万千公尺的高空中眺望了。岑诗说："连山若波涛，奔凑似朝东；青槐夹驰道，宫馆何玲珑！"高诗说："宫阙皆户前，山河尽檐向。"储诗说："宫室低逦迤，群山小参差。"他们是把山河宫殿看得清清楚楚的，比较起来，要平实得多。

但杜甫诗的过人处是他在登临时关心国家大事，所谓"登兹翻百忧"。这种"先天下之忧而忧"的精神充分表现在诗的末尾八句。

回首叫虞舜，苍梧云正愁。惜哉瑶池饮，日晏昆仑丘。
黄鹄去不息，哀鸣何所投？君看随阳雁，各有稻粱谋。

"虞舜"是指唐太宗李世民，因为他受内禅而坐天下。"苍梧"喻李世民的坟墓——昭陵。"瑶池饮"指唐玄宗李隆基与杨玉环的欢乐，"昆仑丘"喻华清宫所在的骊山。"黄鹄哀鸣"是说人民失所，"随阳雁""稻粱谋"是说杨家兄弟姊妹们只顾私利而不惜祸国殃民。在天宝十一年早就透视到了四五年后的安史之乱，这和在同一年同一节季李白北游幽州，深感安禄山的跋扈，登黄金台而痛哭，有同声相应之实。

同游渼陂是在天宝十三年，杜甫的纪游诗《渼陂行》，是一首刻意之作。杜甫在这首诗里也竭尽了夸大的能事。我在这里想详细介绍一下，可以看出杜甫作诗的秘诀，也可以看出他的毛病之所在。

第一段：

岑参兄弟皆好奇，携我远来游渼陂。

> 天地黤惨忽异色，波涛万顷堆琉璃。
> 琉璃汗漫泛舟入，事殊兴极忧思集。
> 鼍作鲸吞不复知，恶风白浪何嗟及！

"岑参兄弟"有人说是岑况与岑参，恐未必然。岑参的亲兄弟有五人，即渭、况、参、秉、亚；还有从兄弟更不知道有多少人了。此于岑参之外没有点名的人，何以知其为兄，下文有所说明。

渼陂，在鄠县西五里，集终南山诸谷之水，合胡公泉而为陂（《长安志》）。陂上为紫阁峰，峰下陂水澄湛，环抱山麓，方广可数里，中有芙蕖凫雁之属（胡松《游记》）。元朝末年，游兵决水取鱼，陂涸为田（《陕西省通志》）。

人到渼陂，天候忽然变坏了，天昏地暗，波涛汹涌。"好奇"的岑参兄弟依然让船开出去了。杜甫虽然也很感兴趣，但也十分担心，怕覆舟落水，成为鱼鳖。陂中顶多只能有鱼鳖，诗中却以鲸鼍代之。鲸是海产动物，鼍是长江鳄鱼，断断乎不是渼陂所能有的。

第二段：

> 主人锦帆相为开，舟子喜甚无氛埃。
> 凫鹥散乱棹讴发，丝管啁啾空翠来。

船开出去，天候忽然晴明，船家十分高兴。满陂空翠，净无纤尘，鸥凫散乱，管弦齐奏，四处都在唱歌。但在这里一个重要的关键——天象转晴，却没有一点交代。这里必然有文字上的夺误，估计

"主人锦帆"四字或许是"天人锦帆"。忽然间,天开云锦,人张明帆,故言"天人锦帆相为开"。要这样,天候转好才有着落。可能是前人不解"天人"之意,改易为了"主人"。

第三段:

> 沉竿续蔓深莫测,菱叶荷花净如拭。
> 宛在中流渤澥清,下归无极终南黑。

陂中既有荷花菱叶,水深可知。正因此,故可以涸陂为田。但诗人却说它"深莫测",比之以渤澥,简直没有底("下归无极"),极尽了夸大的能事,但却造成了无法统一的矛盾。

第四段:

> 半陂以南纯浸山,动影袅窱冲融间。
> 船舷暝戛云际寺,水面月出蓝田关。
> 此时骊龙亦吐珠,冯夷击鼓群龙趋。
> 湘妃汉女出歌舞,金支翠旗光有无。

"云际寺"是云际山上的太安寺,在鄠县东南六十里(《长安志》),"蓝田关",在蓝田县东南六十八里,即秦代的峣关(同上)。

"骊龙吐珠"当是游船上的灯火,"冯夷击鼓"也是游船上的鼓乐。船上有游女歌舞,故拟之以"湘妃""汉女";又有旌旄繁饰,故比之以"金支""翠旗"(《汉房中歌》:"金支秀华,庶旄翠旌")。"群龙趋"是形容游船辐凑。手法是不用直喻,而用隐喻,有意酝酿出一个神奇诡异的境界。

末段:

咫尺但愁雷雨至,苍茫不晓神灵意。
少壮几时奈老何?向来哀乐何其多!

诗尾四句又愁到天候会突然变化,与诗首的实际变化相照应。诗人是忧心忡忡的,看来是在以天象的变化影射时局的变化。诗作于天宝十三年,越年的季冬安禄山就叛变了。对于时局的突变,和《登慈恩寺塔》有同样的预感。但杜甫把这治乱的契机,归之于"神灵",这是时代限制了他,也是阶级立场限制了他。就诗来说,特点是在尽力夸大,而毛病也就在过分夸大。

《岑嘉州集》中也有两首游渼陂的诗,一首是《与鄠县群官泛渼陂》,另一首是《与鄠县源少府泛渼陂》。诗都是五律,都是和地方官吏的应景之作。第二首十分平常,杜甫同游,也有五律一首,同样平常。第一首略用了夸大的手法,不妨把它引在下边:

万顷浸天色,千寻穷地根。舟移城入树,岸阔水浮村。
闲鹭惊箫管,潜虬傍酒樽。暝来呼小吏,列火俨归轩。

用了"万顷""千寻""地根""潜虬"等字样,和《渼陂行》

269

的手法有近似的地方。但《渼陂行》是刻意求工，《泛渼陂》是逢场应付，两者不能相比。特别是岑诗的最后两句，未免太官气十足了。岑是常游渼陂的，对于景色已经麻痹，难怪他写不出好诗来。

肃宗至德二年（757），杜甫被任为左拾遗，曾与裴休等人推荐岑参，被任为右补阙。他们同做着谏官，同是天子"近臣"，在这时同做过一些宫廷唱和之作。在封建时代，这样的诗是被人重视的；在今天看来，是毫无一顾的价值了。然而出乎意外的是几年前的研究家们却有人就这些诗来评比杜、岑的优劣。因此，我也想顺便接触到这个问题。

杜甫有五律《春宿左省》一诗，末二句云："明朝有封事，数问夜如何"；又有五律《晚出左掖》一诗，末二句云："避人焚谏草，骑马欲鸡栖。"

有人说，"我们只能从'明朝有封事，数问夜如何'、'避人焚谏草'这样的诗句中想象杜甫不过是一个小心谨慎的官吏。"（冯至《杜甫传》78页）又有人说，杜甫"这两首诗的结语，也不过是分用了傅玄'每有奏劾，竦踊不寐，坐而待旦'和羊祜'嘉谋谠议，皆焚其草，故世莫闻'的故事，仅是官样文章，只好给拾遗的官衔做一个应景的点缀罢了。"（傅庚生《杜甫诗论》14页）这些说法是比较客观的，虽然他们忘记了杜甫也有"懒朝"的诗句。但另一研究家表示不同意，认为前说"有点歪曲了杜甫"，后说"更是表面的看法"。于是他把岑参的《寄左省杜拾遗》的结语和杜甫的两首结语作了对照，下出断案。

> 我们只要拿岑参赠杜甫的"圣朝无缺事,自觉谏书稀"的诗句来作一对照,就不难知道谁是"小心谨慎"谁不是小心谨慎,哪是"官样文章"哪不是官样文章了。
>
> ——萧涤非《杜甫研究》29—30页

在这些地方斤斤计较,正是标准的封建意识的复活。作者也揭露了他自己的底。他举出《唐宋诗本》卷六十一所引的《杜甫补遗》中的一段话:

> 肃宗至德初,子美为拾遗,岑参为补阙。或问:"二人孰贤?"余曰:"子美贤。"或曰:"何以知之?"曰:"以其诗知之。子美之诗曰'避人焚谏草,骑马欲鸡栖',又曰'明朝有封事,数问夜如何';参之诗曰'圣朝无缺事,自觉谏书稀'。至德初,安史之乱方剧,朝野骚然,果无缺事耶?"

引用者以为"这批评是公平的"。其实何尝"公平"!对于岑参的应景之作虽然有所指责,但对于杜甫则只表示了真正的"片面的看法"。作为封建时代的诗人,岑参倒要本色一些;杜甫则是在过分粉饰自己。既已"避人焚谏草"了,何以又写进诗里,自我表扬?"数问夜如何?"是采自《小雅·庭燎》:"夜如何其?夜未央。……夜如何其?夜未艾。……夜如何其?夜向晨。……"毛诗序以为"美宣王也",虽未必尽然,但杜甫用到自己身上来,则确实是在美自己了。《小雅》的诗意很可能是旧时臣下待漏的心理,寝席不安,怕误了早朝的时刻。杜甫的诗句正是这样的用意。别人说他"小心谨慎"是一点也不过分的,但自己说自己"小心谨慎"同样也在美化自己。

岑参只是在美化朝廷,杜甫则美化了自己,又美化了朝廷。朝廷有了杜甫那样好的谏官,正足证朝廷有知人之明和用贤之美。这样的朝政还不休明吗?但实际是怎样呢?因此,把杜甫的诗说成"官样文章",倒是在替杜甫开脱;一定要说不是"官样文章",那又是什么货色呢?是忠心耿耿的自我标榜吗?岂不是帮了杜甫的倒忙!

要评比杜岑的优劣,适当的材料并不缺乏,何苦要在他们的宫廷诗里面去讨生活?从糟粕中能吸取出一定的精华吗?杜岑两人先后曾寄居在成都,成都的古迹往往得到他们的同样的歌咏。对于神话传说的看法,杜甫的见识有时要比岑参高出一头地。例如李冰所作的石犀,便是很好的例子。

石犀原在成都府南三十五里。《华阳国志》载:李冰昔作石犀五头以厌水精,穿石犀渠于江南,命之曰犀牛里。后转二头在府中,一头在府市市桥门,二头沉之于渊。"郦道元《水经·江水注》亦云然。

《岑嘉州集》中有《石犀》一首,五言六句,很素朴地相信着传说,歌颂了石犀,歌颂了李冰,认为李冰之功超过了夏禹。

> 江水初荡潏,蜀人几为鱼。向无尔石犀,安得有邑居?
> 始知李太守,伯禹亦不如!

杜甫有《石犀行》则怀疑了传说，诅骂了神祇，突出了"众力"和"人谋"，认为像石犀这样的"诡怪"应该让它们随江水漂去。两人的见识、态度和诗的风格完全不同。把诗并列起来，便立地可以看出有上下床之别。

> 君不见秦时蜀太守，刻石立作三犀牛。①
> 自古虽有厌胜法，天生江水向东流。
> 蜀人矜夸一千载，泛溢不近张仪楼。②
> 今日灌口损户口，此事或恐为神羞。
> 修筑堤防出众力，高拥木石当清秋。
> 先王作法皆正道，诡怪何得参人谋？
> 嗟尔三犀不经济，缺讹只与长川逝。③
> 但见元气常调和，自免洪涛恣凋瘵。
> 安得壮士提天纲，再平水土犀奔茫？

杜甫的诗极力破除迷信、伸张理智，在封建时代能够有这样的作品是很少见的。当然，如果把"先王"二字改为"庶民"，"蜀人"二字改为"蜀儒"，那就更合乎实际，也更合乎我们近代人的口胃了。

又成都西门外旧有石笋二，一南一北对立。南笋长一丈三尺，围

---

① 二头已沉入于渊，杜甫只见其三，故不言五。——作者注
② 成都府城，相传为张仪所筑。——作者注
③ "缺讹"是说有缺少，有变迁，指沉于渊的二头而言。——作者注

一丈二尺；北笋长一丈六尺，围九尺五寸；相传是"西海之眼"。大概是新石器时代"巨石文化"的孑遗，西方人谓之"门希尔"（Menhir）。杜甫有《石笋行》一首，和《石犀行》是同时所作的姊妹篇。一起一结都是同一格调。一起是"君不见益州城西门，陌上石笋双高蹲？古来相传是'海眼'，苔藓蚀尽波涛痕"；一结是"嗟尔石笋擅虚名，后来未识犹骏奔；安得壮士掷天外，使人不疑见本根？"同样在极力破除迷信，在这一点上是可取的。《石笋行》还讽刺了朝政，但他却不敢直斥"至尊"，而只责备"小臣"。这又是"贵人岂不仁？"的那一套，又一次暴露了杜甫的痼疾，受着时代和阶级的限制。这一限制不仅使杜甫在诗歌的成就上受到影响，而且使他在破除迷信的努力上也极不彻底。例如，他有《杜鹃》一诗，中四句云："杜鹃暮春至，哀哀叫其间；我见常再拜，重是古帝魂。"他认真相信杜鹃鸟是古代蜀王杜宇的魂所转化，故闻其声而再拜。这迷信神话传说的程度却又远远超过岑参了。

在这里想讨论一下杜甫诗集中那首《狂歌行赠四兄》的作者问题。先把诗的全文抄在下面：

与兄行年校一岁，贤者是兄愚是弟。
兄将富贵等浮云，弟窃功名好权势。
长安秋雨十日泥，我曹鞴马听晨鸡。
公卿朱门未开锁，我曹已到肩相齐。
吾兄睡稳方舒膝，不袜不巾踏晓日。
男啼女哭莫我知，身上须缯腹中实。

>　　今年思我来嘉州，嘉州酒香花满楼。
>　　楼头吃酒楼下卧，长歌短咏迭相酬。
>　　四时八节还拘礼，女拜弟妻男拜弟。
>　　幅巾鞶带不挂身，头脂足垢何曾洗？
>　　吾兄吾兄巢许伦，一生喜怒常任真。
>　　日斜枕肘寝已熟，啾啾唧唧为何人？

这首是集外诗，见陈浩然本，又见《文苑英华》，向来的注家似乎还没有人怀疑过[①]。其实这诗断然不是杜甫的诗！

我们知道杜甫不曾久居嘉州（今四川乐山县），他只在永泰元年（765）五月，由水路离开成都时路过过一次，是很短暂的一次。有《宿青溪驿》一诗是在嘉州境内作的。除此而外，很难找出第二首。看来他匆匆路过，似乎并不曾登岸。他经过了嘉州、戎州（宜宾）、泸州、渝州（重庆），九月到了云安，在此养病。第二年的春间到了夔州（奉节），作了较长时期的寓居。

嘉州既只是匆匆路过，和《狂歌行》中所述的情况完全不符！《狂歌行》是在嘉州久住的人作的，而且是有"权势"的人。诗中说作者的"四兄""今年思我来嘉州"，可见作者在嘉州住了不止一年。又说"四时八节还拘礼"，古人以立春、春分、立夏、夏至、立秋、秋分、立冬、冬至为八节，可知"四兄"到嘉州也住了至少半年

[①] 此文写成后，得见清代同治年间人施鸿保《读杜诗说》已论及此诗之非杜作。其说云："与公诗大不类，疑是晚唐人诗，误编入公集者。……公在嘉州亦无几时，与'四时八节'句不合。"——作者注

或一年。这和杜甫的情况可有丝毫相合的地方吗？杜甫之于嘉州，恐怕连"楼头吃酒楼下卧，长歌短咏迭相酬"的时间都不曾有过。故可以断言：《狂歌行赠四兄》决不是杜甫的诗。

那么，是什么人作的呢？我想，应该就是岑参的诗。岑参做过嘉州刺史，到任的时候杜甫养病在云安，是在永泰元年与大历元年之间。杜甫在云安曾有《寄岑嘉州》一诗：

> 不见故人十年余，不道故人无素书。
> 愿逢颜色关塞远，岂意出守江城居？
> 外江三峡且相接，斗酒新诗终自疏。
> 谢朓每篇堪讽诵，冯唐已老听吹嘘。
> 泊船秋夜经春草，伏枕青枫限玉除。
> 眼前所寄选何物？赠子云安双鲤鱼。

事情也很凑巧，岑参之父岑植是做过云安县丞的。云安鲤鱼，对于岑参可能会有双重的情谊了。诗当作于大历元年（766）的春天。"不见故人十年余"，稍微算长了一点。杜岑两人同做谏官时是在至德二年（757），到大历元年只有十个年头。可能是杜甫没有记准确，也可能是"十年许"的笔误或者刊误。在这十个年头里，岑参的生活主要是在西北边塞上度过的，他和杜甫彼此没有通音问。岑参到嘉州得到了杜甫的寄诗之后，毫无疑问又恢复了他们之间的诗札往还。岑参定有答诗，或者不时把自己的新作寄给不久便寓居在夔州的杜甫。《狂歌行赠四兄》便是其中之一，故被后人误收为杜甫的作品。

　　断定《狂歌行赠四兄》为岑参所作,有没有什么障碍呢?丝毫也没有!岑参以永泰元年与大历元年之间就任嘉州刺史,在任两年半。《岑嘉州集》中有《阻戎、泸间群盗》一诗,题下注云:"戊申岁,余罢官东归,属断江路,时淹泊戎州作。""戊申"是大历三年。他是七月去官的,《东归发犍为至泥溪舟中作》一诗云:"前日解侯印,泛舟归山东。平旦发犍为,逍遥信回风。七月江水大,沧波涨秋空。"杜甫以同年正月中旬出峡,故他们两人在四川境内没有得到会面的机会。

　　岑参既在嘉州住了两年半,和《狂歌行》中所述的情况便相合无间。诗中有"长安秋雨十日泥",所说正是天宝十三年秋长安久雨成灾时事。当时岑参和杜甫都在长安,岑参也有"兄"在长安,杜甫《渼陂行》中的"岑参兄弟皆好奇"的那个"兄",看来就是这位"四兄"了。到此才可以了解:杜甫在诗中为什么不把兄来领头,而用岑参来领头?原来那位兄是一位超级大名士,不管事的。"四兄"只长岑参"一岁",说为岑况未尝不可,但岑况是做过单父令的人,他是刘长卿的朋友,长卿有诗赠之,一称岑况,一称岑单父。《岑嘉州集》中有《梁园歌送河南王说判官》诗一首,末四句云:"单父古来称宓生(宓子贱),只今为政有吾兄(自注:"家兄时宰单父");轺轩若过梁园道,应傍琴台闻政声。"这位岑况是一位良吏,和"四兄"的性格不同。"四兄"可能是岑参的从兄。

　　李白有《送岑征君还鸣皋》诗,岑征君是岑参的兄弟行,也不知其名,但其性格却与"四兄"相符。先请看李白的诗吧。

岑公相门子，雅望归安石。奕世皆夔龙，中台竟三坼。
至人达机兆，高揖九州伯。奈何天地间，而作隐沦客？
贵道皆全真，潜辉卧幽鳞。探玄入窅默，观化游无垠。
光武有天下，严陵为故人。虽登洛阳殿，不屈巢由身。
余亦谢明主，今称偃蹇臣。登高览万古，思与广成邻。
蹈海宁受赏？还山非问津。西来一摇扇，共拂元规尘。

所述岑征君的家世有三代人做过宰相，和岑参《感旧赋序》所述完全相同："国家六叶，吾门三相矣。江陵公（岑文本）为中书令，辅太宗。邓国公（文本从子岑长倩）为文昌右相，辅高宗。汝南公（文本之孙岑羲）为侍中，辅睿宗。"这就是所谓"奕世皆夔龙，中台竟三坼"。岑征君以相门之子，隐沦遁世，不求闻达，李白称之为巢父、许由，与《狂歌行》中称四兄为"吾兄吾兄巢许伦"亦完全相符。岑参本有别业在陆浑，《岑嘉州集》中有《巴南舟中思陆浑别业》诗。《新唐书·地理志》：河南府陆浑县有鸣皋山。然则岑征君归鸣皋山是回陆浑别业了。看来李白诗中的岑征君即《狂歌行》中之"四兄"无疑。"四兄"只长岑参"一岁"，则当小李白十三岁，也可以说是忘年之交了。（颇疑"一岁"是"一纪"之误，岁星十二年一周天为一纪，因连类而致误。如此，则小李白仅一岁。）有趣的是李白友其兄而杜甫友其弟，正好表示了各人的性格。

嘉州是峨眉山所在的地方，郡城附郭也有些名胜地点，外地的人多加以赞赏。王渔洋在他的《蜀道驿程记》中说："天下之山水在蜀，蜀之山水在嘉州。"①照他说来，乐山的山水是天下第一了。我自己是乐山人，却没有那样的感觉，大概是习惯了的原故。李白和杜甫都曾经到过嘉州，但于嘉州山水都谈得很少。在这里担任过嘉州刺史的岑参多少补充了一些缺陷。举出两首如下，虽然并不怎么杰出，但可以表现出嘉州的风物和当时的时代潮流。

《上嘉州青衣山中峰》：

青衣之山，在大江之中。屹然迥绝，崖壁苍峭。周广七里，长波四匝。有惠净上人庐于其颠，唯绳床竹杖而已。恒持《莲华经》，十年不下山。予自公浮舟，聊一登眺。友人夏官弘农杨侯，清谈之士也。素工为文，独立于世。与余有方外之约，每多独往之意。今者幽躅胜概，叹不得与此公俱。爰命小吏刮磨石壁，以识其事，乃诗以达杨友尔。

青衣谁开凿？独在水中央。浮舟一跻攀，侧径沿穹苍。
绝顶访老僧，豁然登上方。诸岭一何小，三江奔茫茫。
兰若向西开，峨眉正相当。猿鸟乐钟磬，松萝泛天香。
江云入袈裟，山月吐绳床。早知清净理，久乃机心忘。
尚以名宦拘，聿来夷獠乡。吾友不可见，郁为尚书郎。
早岁爱丹经，留心向青囊。渺渺云智远，幽幽海怀长。

---

① 小方壶斋本《蜀道驿程记》中，并无"天下山水"之说。据《舆地纪胜》卷一四六引宋·邵博《题清音亭》："天下山水之盛在蜀，蜀之胜曰在嘉州。"又，何宇度《益都谈资》（湖北先正遗书本）卷上引苏长公云："天下山水在蜀，蜀之山水在嘉，嘉之山水在凌云。"是天下山水在蜀之说，早见于宋、明人记载。——编者注

胜赏欲与俱，引领遥相望。为政愧无术，分忧幸时康。
君子满天朝，老夫忆沧浪。况值庐山远，抽簪归法王。

《登嘉州凌云寺》：

寺出飞鸟外，青峰戴朱楼。搏壁跻半空，喜得登上头。
殆知宇宙阔，下看三江流。天晴见峨眉，如向波上浮。
迥旷烟景豁，阴森棕柟稠。愿割区中缘，永绝尘外游。
回风吹虎穴，片雨当龙湫。僧房云蒙蒙，夏月寒飕飕。
回合俯近郭，寥落见远舟。胜概无端倪，天宫可淹留。
一官讵足道？欲去令人愁。

　　青衣山，今名乌尤山。民间本称为"乌牛"，以山木葱茏，色近乌黑；孤岛耸立，形如水牛。"雅人"们以为不雅，改称为"乌尤"。山在凌云山之东、青衣江的北岸。

　　岑参的诗，一开首就问："青衣谁开凿？"可见作者也看出乌尤山和凌云山旧本一体，是被人凿开的，但他不知道开凿者为谁。开凿者是秦时蜀郡太守李冰，《汉书·沟洫志》载其事，志云："蜀守李冰凿离堆避沫水之害"，离堆即是乌尤山。《水经注》沫水下也叙述到李冰凿崖、斗败水神的故事。沫水即大渡河，俗名铜河，水势湍急，在与泯江合流处，曾几次改道。估计古时河口必正对乌尤与凌云相接之处，故凿通之以杀水势。夏季洪水期，乌尤四面环水，故云"独在水中央"，但到冬季，则北面水涸而成旱田。

现存的大渡河故道，更靠西，河口与凌云山的大佛崖正对。凌云山的大佛是在开元初年由海通和尚创议开凿，直到唐德宗贞元年间（785—804）韦皋镇蜀时始凿成，其用意也在减杀大渡河的水患。石佛因岩而成，把岩壁凹凿进去，靠壁凿成一尊弥勒大佛的坐像，水势免去与岩壁冲击，祸患因而减杀。岑参诗中未提大佛，盖因大佛尚未完功，或中途停顿了，有杀风景。

所谓"三江"，即大渡河、岷江与青衣江。岷江，俗名"府河"，古称"外江"，由成都南下，在乐山县城东北隅与大渡河合流东下而成青衣江。乐山县城，隔江与凌云山、乌尤山遥遥相对。乌尤山之东，在青衣江北岸尚有马鞍山，形如旧式马鞍。山浅，无林木寺宇。峨眉山则在乐山县城之西南，天晴时可以远远望见。诗称嘉州为"夷獠乡"，可见当时尚未十分开化。

所谓"虎穴"、"龙湫"，在凌云山上确有其地。有一处摩岩草书一大"虎"字，殆即所谓"虎穴"。又有一处摩岩草书一大"龙"字，其下有泉，殆即所谓"龙湫"。就其字迹观之，殆唐初人所为；或许是后人附会岑诗而刊刻的。

值得注意的是：以写边塞生活著名的岑参，在这两首诗中却表示着深厚的佛教影响，与李白、杜甫的倾向相同。这只不过举了两例而已，此外还举不胜举。所有的盛唐诗人，都是在时代思潮中淘荡，正如韩愈在《原道》中所说的"不入于老，则入于佛"。事实上老与佛，在居士们看来，也没有多么大的区别。后人概括为两句话："有酒学仙，无酒学佛"，正凿穿了这个浑沌。

岑参是江陵人，在他卸下了嘉州刺史的官职之后，本拟乘舟东下，直出夔门；但他在路上受了阻碍，不得不改道北上，到了成都。不久便在成都去世了。关于他去世的年月，学者之间小有争论。一边是赖义辉的《岑参年谱》（《岭南学报》一卷二期）断定他死于大历四年（769）。他的根据是杜甫《追酬故高蜀州（适）人日见寄》诗的序文："今海内忘形故人，独汉中王（李）瑀与昭州敬使君超先在"，不提岑参，可见岑参已殁。诗序署明作于"大历五年正月二十一日"，可见岑参必死于这个日期之前，故赖氏《年谱》作出了死于大历四年的推定。

闻一多别有所见，他发现了《岑嘉州集》中有《故仆射裴公挽歌三首》，是挽左仆射冀国公裴冕的。裴冕死于大历四年十二月戊戌，可见在这个日期之前，岑参还在世。闻一多于他所做的《岑嘉州系年考证》（《闻一多全集》卷三）中便改订为"大历五年庚戌（770）五十六岁，正月，卒于成都旅舍"。

这个问题看来好像解决了，其实还是悬挂着的。闻一多的考虑还欠周到。大历四年十二月月大，朔日是乙未，"戊戌"是初四日，到年底除夕还有二十七天。裴冕是宰相，他的死耗当然会用飞马快报，不要十天就可以由长安传到成都。岑参的挽诗作于十二月中旬，作诗时或许已在病中。不能断然否定：他在作诗之后即死于十二月的下旬。

上述杜甫诗序作于大历五年正月二十一日，杜甫时在长沙。岑参的死耗从成都传到长沙，需要相当的时日。既不能用飞马快报，又因冬令水枯，由成都至重庆一段，一般采取旱路，需要十天。再由重庆舟行出峡，这时已不是"千里江陵一日还"了，一般需要三天。由湖北境内转入长沙是上水，更需要时日。岑参假定死于正月元旦，旧习元旦之后至少有五日至十日百业休息，杜甫在二十一日以前便能在长沙得到岑参的死耗是不可能的。

因此，我认为岑参当死于大历四年十二月下旬，但依阳历则已进入公元七七〇年了。

杜甫与苏涣

唐代宗大历四年（769），杜甫将要去世的前一年，他在长沙遇见一位他所十分钦佩的诗人。那就是苏涣。杜甫做了一首诗来纪述他们的相遇。诗题是：《苏大侍御访江浦，赋八韵纪异，有序》。有的集本没有另标题目，即以九十余字的序文为题。其文如下：

> 苏大·侍御·涣，静者也。旅寓于江侧，不交州府之客，人事都绝，久矣。肩舆江浦，忽访老夫舟楫而已。茶酒内，余请诵近诗，肯吟数首。才力素壮，辞句动人。接对明日，忆其涌思雷动，书箧几杖之外，殷殷留金石声。赋八韵纪异，亦见老夫倾倒于苏备至矣。
>
> ——据明刊《集千家注杜工部诗集》本

单看此文，已经表现了"备至"的"倾倒"，附有五言诗一首，现只存七韵，竟说苏涣的诗超过了建安文学，足与西汉的司马相如、扬雄相比。听了他的朗诵，使得乾坤几次反复，使得自己返老还童，如像吃了灵芝仙草，使得湘妃、湘夫人在船窗外鸣咽，使得精灵们都聚集着不肯离开，使得湘江的流水镇静了下来，不再翻波涌浪。真真是"倾倒备至"，这在杜甫的一生是第一次，也是唯一的一次。他对于李白的佩服没有到这样的程度，对于郑虔和苏源明没有到这样的程度，对于高适与岑参更没有到这样的程度。杜甫的诗，自言"纪异"，的确是奇异的一件事。以下请读他的诗的原文：

庞公不浪出，苏氏今有之。再闻诵新作，突过黄初诗。
乾坤几反复，扬马宜同时。今晨清镜中，胜食斋房芝。
余发喜却变，白间生黑丝。昨夜舟火灭，湘娥帘外悲。
百灵未敢散，风波寒江迟。

苏涣虽身为侍御，却"不交州府之客"，故比之为东汉的庞德公。庞德公隐居于襄阳岘山之南，足迹不入城市。但庞德公是隐者，苏涣却不是真正的隐者，诗的开头两句只是泛泛相比而已。"黄初"是魏文帝曹丕的年号，与汉献帝的建安年分相衔接，故"黄初诗"即指建安文学。"突过黄初诗"便是说远远超过了建安诸子和曹丕、曹植的作品。言"黄初诗"而不言"建安诗"，在杜甫的心目中或许是把曹操和孔融的诗除外了的。

诗序与诗题都说是"赋八韵纪异"，但现存的诗却只有七韵，无疑是失去了一韵，即是失去了两句共十字。在"突过黄初诗"之后，照诗的局势看来，一定还有两句以表示苏诗的内容如何杰出、朗诵的声调如何雄壮，兼绾二者以收承上启下之效。因此，我不揣冒昧，根据诗序中的叙述，试为补写了两句：

殷殷金石声，滚滚雷霆思。

要这样才足以表明所以能"突过黄初诗"的实际，所以能具有使"乾坤几反复"的气魄。我所试补的这两句及所插入的地位，虽然不敢说一定和杜甫的原文相符，但我相信是相去不远的。

"乾坤几反复"的"几"字，可以读为"几乎"的几（平声），也可以读为"几何"的几（上声）。应该采取后者。因为，如果是乾坤几乎反复，那就不足以表达"倾倒备至"之意，和下文的泣鬼神也不相称。解为乾坤几次反复，便犹如《观公孙大娘弟子舞剑器行》里面的"天地为之久低昂"了。

这样使得杜甫为之"倾倒备至"的苏涣，到底是怎样的人呢？唐人高仲武的《中兴间气集》中选了他的《变律诗》三首，并附有小传。

涣本不平者，善放白弩，巴中号曰白跖。贾人患之，以比盗跖。后自知非，变节从学。乡赋擢第，累迁至御史，佐湖南幕。崔中丞（瓘）遇害，涣遂逾岭，扇动哥舒（晃）跋扈交广。此犹龙蛇见血，本质彰矣。三年中作《变律诗》十九首（或作"九首"，殆误），上广州李帅（勉）。其文意长于讽刺，亦育陈拾遗（子昂）一鳞半甲，故善之。……

《新唐书·艺文志》著录"苏涣诗一卷",注文略本此,谓"巴蜀商人苦之,号白跖,以比庄蹻"。庄蹻是楚庄王的兄弟,初为盗贼,即古有名的盗跖。其后向西南开拓,成了云南的滇王。云南的楚雄,据说即因庄蹻而得名。涣与蹻的行径极相似,只是一成功,一失败而已。

　　崔瓘以潭州(今湖南长沙)刺史兼湖南观察使是在大历四年七月,兵马使臧玠据潭州作乱,杀了崔瓘,是在大历五年四月。苏涣到长沙实际还要早些,但杜甫是大历四年正月到长沙的。未几杜甫入衡州,夏季因怕热复折回长沙。因此,可以肯定,杜甫与苏涣的相遇是在大历四年的秋末。诗中有"风波寒江迟"句,可以为证。他们两位见面后,在长沙城外的湘江边上时相过从,杜甫还在其他的诗中提到苏涣。《暮秋,枉裴道州(虬)手札,率尔遣兴寄递,近呈苏涣侍御》中有这样的一段:

> 宴筵曾语苏季子,后来杰出云孙比。
> 茅斋定王城郭门,药物楚老渔商市。
> 市北肩舆每联袂,郭南抱瓮亦隐几。
> 无数将军西第成,早作丞相东山起。

　　这是裴虬去道州时在长沙的饯行宴上,杜甫曾经向他提到苏涣,说这位苏秦的后人真正杰出,住在"定王城"(即长沙城)[①]外和自

[①] 汉景帝之子长沙王刘发,号定王,在位二十七年。又唐肃宗第十三子李侗封于长沙,宝应初去世,年甚幼,亦号定王。此称长沙为"定王城",是兼汉、唐二定王而言。——作者注

已经常在药商鱼市中见面,有时同坐轿子到城北去游览,有时又到城南坐在矮椅上看农家种地。他认为这位朋友具有宰相才,不久的将来希望他像谢安石一样抛去东山的隐居生活,拯救天下的苍生。比之为苏秦,只是切他的姓氏;比之为谢安石,那就又一次表达了"倾倒备至"的情怀。诗的最后四句是:

> 附书与裴因示苏,此身已愧须人扶。
> 致君尧舜付公等,早据要路思捐躯。

说得相当诚实,相当殷切。自己老了,不行了,连行动都需要人扶持了。一切雄心壮志都让给两位仁兄,请你们早一点青云直上,致君于尧舜,为治国平天下而奋不顾身吧!以"致君尧舜"期待苏涣与裴虬(裴是附带着说的),较之比以谢安石又算进了一境,是比之以契稷了。

臧玠之乱,杜甫与苏涣同往衡州避难。杜甫有《入衡州》一诗,对当时的衡州刺史阳济,也把苏涣盛加称赞过一番。

> 剧孟七国畏,马卿四赋良[①]。门阑苏生在,勇锐白起强。

比之为侠客剧孟,比之为文豪司马相如,比之为名将白起,说他有文武全才,而又任侠好义。杜甫对于苏涣的生平与性格,看来是十

[①] 司马相如字长卿,故省称为"马卿"。又"四赋"谓《子虚赋》、《上林赋》、《大人赋》、《哀二世赋》。此言苏涣足比司马相如,有文才。——作者注

分清楚的。期之以"致君尧舜",是出于杜甫忠君思想的主观愿望。苏涣后来要造反,恐怕杜甫不曾料到,或者有所感触而预为之规戒吧。在这一点上,可以明白地说,杜甫也并不是苏涣的真正的知己。

使杜甫"倾倒备至"的还有苏涣的诗。苏涣诗一卷可惜失传了,于今存世的只有四首。在三首《变律诗》之外,另有《怀素上人草书歌》一首,与《变律诗》同收入《全唐诗》中,仅此而已。

先来讨论《怀素上人草书歌》吧。这诗,一名《赠零陵僧兼送徐广州》。"零陵僧"即是怀素上人,"徐广州"则是广州刺史徐浩。徐浩在广州刺史任内只有一年半光景。《唐书·代宗纪》:大历二年四月"以工部侍郎徐浩为广州刺史、岭南节度观察使"。又,三年十月"以京兆尹李勉为广州刺史、充岭南节度使"。怀素去广州依徐浩,必当在大历二年四月以后和大历三年十月之前(或者稍后一点也有可能,因朝廷的任免在前,而实际的瓜代应稍后)。杜甫是大历四年正月才到长沙的,可知苏涣到潭州是在杜甫之前。《怀素上人草书歌》自然要算是"近诗",但这首诗并不怎么出色,不足以使杜甫"倾倒备至"。诗是七言,也不能比以主要是五言体的"黄初诗"。不妨将全诗仔细吟味一下。

> 张颠没在二十年,谓言草圣无人传。
> 零陵沙门继其后,新书大字大如斗。
> 兴来走笔如旋风,醉后耳热心更凶。
> 忽如裴旻舞双剑,七星错落缠蛟龙。
> 又如吴生画鬼神,魑魅魍魉惊本身。(吴生即吴道子。)

钩锁相连势不绝，倔强毒蛇争屈铁。

西河舞剑气凌云，孤蓬自振唯有君。

今日华堂看洒落，四座喧呼叹佳作。

回首邀余赋一章，欲令羡价齐钟张。（钟繇、张芝。）

琅诵×句三百字，何似醉僧颠复狂？

忽然告我游南溟，言祈亚相求大名。

亚相书翰凌献之，见君绝意必深知。（献之即王献之。）

南中纸价当日贵，只恐贪泉成墨池。

开头一句"张颠没在二十年"便是问题，很不像诗句。一般把"没在"作去世解，在大历二、三年时张旭已去世二十年，则张旭应死于天宝五、六年。这和别的资料大有抵触。资料之一，如李白《猛虎行》，叙述安禄山占领了洛阳，李白南奔，三月在溧阳酒楼与张旭相遇。可见天宝十五年时张旭犹未去世。资料之二，宋人无名氏编《宝刻类编》收有张旭所书《千字文》残帖六百九十字，末署"乾元二年二月八日"[①]，比天宝十五年更后四年。因此，"张颠没在二十年"句，毫无疑问，必有错误。原诗是有蠹蚀的，如"琅诵×句三百字"即夺去一字。我疑"张颠没在二十年"当是"张颠没世已十年"的蠹蚀残文，如此不仅文从字顺，可以成为诗句，与其他资料也可毫无龃龉。由大历三年上推至乾元二年恰为十年，则张旭去世盖即在乾元二年，而苏涣的诗则作于大历三年。

---

① 《宝刻类编》卷三。——编者注

《草书歌》虽不怎么出色，但精神是可取的。末句"只恐贪泉成墨池"，大有深意。这一方面嘲骂了贪污分子，另一方面也警告了怀素和尚。这正是"不交州府之客"者的怀抱和吐嘱。广州刺史徐浩，事实上就是一个大贪污分子。《资治通鉴》代宗大历五年说他"贪而佞，倾南方珍货以赂（元）载"。知道了这一层，苏涣诗的用意就更加显豁了。

怀素的草书，继张旭之后，有名于世。李白也有《草书歌行》一首赠怀素，不妨录出，以资比较。

> 少年上人号怀素，草书天下称独步。
> 墨池飞出北溟鱼，笔锋杀尽中山兔。
> 八月九月天气凉，酒徒词客满高堂。
> 笺麻素绢排数箱，宣州石砚墨色光。
> 吾师醉后倚绳床，须臾扫尽数千张。
> 飘风骤雨惊飒飒，落花飞雪何茫茫！
> 起来向壁不停手，一行数字大如斗。
> 怳怳如闻神鬼惊，时时只见龙蛇走。
> 左盘右蹙如惊电，状同楚汉相攻战。
> 湖南七郡凡几家，家家屏障书题遍。
> 王逸少，张伯英，古来几许浪得名！
> 张颠老死不足数，我师此义不师古。
> 古来万事贵天生，何必要公孙大娘浑脱舞！

这首诗，比苏涣的那一首要好得多，但前人多以为伪作。苏轼首发其难，谓"其'笺麻素绢排数箱'之句，村气可掬"。[①]李白和其他诗人每每有率直之句，这是不成其为理由的。清代的注家王琦，谓"以一少年上人而故贬王逸少、张伯英以推奖之，大失毁誉之实。至张旭与太白既同酒中八仙之游，而作诗称许有'胸藏风云世莫知'之句（案见《猛虎行》），忽一旦而訾其'老死不足数'，太白决不没分别至此。断为伪作不疑矣。"

今案：张芝（伯英）以章草名世，所存手迹在唐代已属有限，而且已不入时，故谓之为"浪得名"。王羲之（逸少）真迹近章草，伪迹甚多，即传世《兰亭序》也是假造的。李白知道此中消息，曾有诗句云"兰亭雄笔安足夸？"（《鲁郡尧祠送窦薄华还西京》），"雄笔"是别人称之为"雄"，其实是伪迹，故不足夸。因而也谓之"浪得名"。"张颠老死不足数"，张旭如上所述，死于乾元二年，李白这首诗也当作于长流夜郎、遇赦放回、于乾元二年秋游零陵时所作。当时张旭去世了，所谓"不足数"者，是人已经死了，不必再提了。这犹如陶渊明的"死去何所道"（《挽歌三首》之三），多少有些愤世疾俗的意味。即使作为对于张旭的狂草有所不满，论理也没有什么"没分别"。杜甫也是一样，一方面在《饮中八仙歌》中称颂张旭，另一方面在《李潮八分小篆歌》[②]中却认真地菲薄张旭。"吴郡张颠夸

[①] 苏轼以《草书歌行》为伪作，见《东坡题跋》卷二。——编者注
[②] 关于李潮的书法，杜甫的称许颇为过甚其辞。赵明诚《金石录》中曾有所论及，顺便揭出，以为杜诗夸大之又一例："《唐慧义寺弥勒像碑》，李潮八分书。潮书初不见重于当时，独杜甫诗盛称之，以比蔡有邻、韩择木。今石刻在者绝少，惟此碑与《彭元曜墓志》耳，余皆得之。其笔法亦绝不工，非韩、蔡比也。"——作者注

草书，草书非古空雄壮。岂如吾甥（李潮）不流宕，丞相（李斯）、中郎（蔡邕）丈人行！"这不同样也是"没分别"了吗？李白和杜甫，在书法的观点上，也是有所同而又有所不同。李白的抑张旭而扬怀素，颇有奖励后进的用意；杜甫的抑张旭而扬李潮则完全是贵古贱今了。

又杜甫在《观公孙大娘弟子舞剑器行》诗序中曾说："昔者吴人张旭，善草书书帖，数尝于邺县见公孙大娘舞西河剑器。自此草书长进，豪迈感激。"而李白则说"古来万事贵天生，何必要公孙大娘浑脱舞！"这里也可以看出李杜二人之同而又不同。李白重视首创（即所谓"天生"），杜甫则重视学习。两者须得辩证统一，然后才能达到好处。

近人詹锳也认为李白的《草书歌行》是伪作。他的理由有二。其一，谓"怀素生开元十三年，晚太白二十五岁。今诗中一则云：'吾师醉后倚绳床'，再则云：'我师此义不师古'，太白一生倨傲，断不至对一少年上人若是之尊崇也。"（《李白诗论丛》55页）其二，谓"诗又云：'湖南七郡凡几家，家家屏障书题遍'。王琦注：'湖南七郡，谓长沙郡、衡阳郡、桂阳郡、零陵郡、连山郡、江华郡、邵阳郡。此七郡皆在洞庭湖之南，故曰湖南。'不知其何所据。按《新唐书·方镇表》广德二年置湖南节度使，共辖五州。'湖南'二字用作政治区划之名，当始于此。至宋太宗置湖南路，始统潭、衡、道、永、邵、郴、全七州，一桂阳监。太白卒于宝应元年，而此诗中已有'湖南七郡'之称，亦至可疑。"（同上）

今案：称怀素为"师"，是一般的通称，如画师、医师、巫师、禅师、法师等等。故诗中的两个"师"字（第二个"我师此义"的"师"字可能是动词）就等于"上人"，等于"和尚"，并非特别"尊崇"。至于"湖南七郡"犹如杜甫《兵车行》中的"山东二百州"，"山东"乃华山之东，"湖南"乃洞庭之南，在古时都非"政治区划"。"七郡"字样，在李白诗中尚别有所见，"七郡长沙国，南连湘水滨"（《送长沙陈太守二首》之二）。这所指的正是潭州长沙郡、衡州衡阳郡、永州零陵郡、连州连山郡、道州江华郡、郴州桂阳郡、邵州邵阳郡。七郡在汉时都是长沙国旧地，都在洞庭湖之南。王琦的注是有根据的，一点也没有错。因此，李白的《草书歌行》，不能说是伪作。

言归正传，还是来谈苏涣的问题吧。

苏涣是什么时候到广州的？大抵的期限是在大历五年四月臧玠之乱以后和大历八年九月与哥舒晃一同造反之前。关于哥舒晃的造反，《唐书·代宗纪》有扼要的叙述。

> 大历八年，……九月，……壬午（初十），岭南节度使、广州刺史吕崇贲，为部将哥舒晃所杀。，……十月，，……乙丑（二十三日），以江西观察使路嗣恭为广州刺史，充岭南节度使，封翼国公。
>
> 大历十年，……十一月，……丁未（十七日），路嗣恭攻破广州，擒哥舒晃，斩首以献。

《唐书·路嗣恭传》纪载得较为详细。传言"大历八年，岭南将哥舒晃杀节度使吕崇贲，反，五岭骚扰。诏加（路）嗣恭（以江南西道都团练观察使）兼岭南节度观察使。嗣恭擢流人孟瑶、敬冕，使分其务。瑶主大军，当其冲。冕自间道轻入，招集义勇得八十人以挠其心腹。二人皆有全策诡计，出其不意，遂斩晃，及诛其同恶万余人，筑为京观。俚洞之宿恶者，皆族诛之。五岭削平。"

路嗣恭杀人之多是可以惊人的，他把少数民族的一同起义者也"族诛"了。但这个大刽子手，同时又是一个大贪污犯。传上说他"及平广州，商舶之徒，多因晃事诛之。嗣恭前后没其家，财宝数百万贯，尽入私室，不以贡献。代宗心甚衔之"。这位皇帝也是一个好宝贝，他没有惩罚贪污犯，反因没有得到分赃而不平，对于路嗣恭没有"论功行赏"。不久代宗死了，他的儿子德宗即位。宰相杨炎受了路嗣恭的贿赂，又才追叙了路的"前功"。中唐的帝王将相就是这样一批货色。以这个标准来作衡量，可以肯定哥舒晃和苏涣的造反是完全有理的。

路嗣恭在平定岭南时，他的儿子路恕和降将伊慎，也出了力气。传上说："子恕，字体仁。初，岭南偏将哥舒晃反，诏嗣恭自江西致讨，授（恕）检校工部员外郎，得以军前便宜从事。俄而，降者继路，于是擢降将伊慎，推心用之。贼平，恕功居多。"

关于伊慎，唐人权德舆有《伊慎神道碑》（见《权载之文集》卷十七），为之歌功颂德。这是关于当年战役的第一手资料，不妨把有关的叙述摘录如下：

> 大历中，岭南裨将哥舒晃，盗杀其帅吕崇贲以乱。窃据府中，南方萧然。江西连帅路嗣恭承诏出师，命将孟瑶暨公（伊慎）以讨。公以水陆士徒，分道鼓行。晃之谋主苏涣、骑将王明悦，鸱张蚁聚，皆据扼害。公曰：寇不可玩，胜无幸焉。……乃舂其喉而溃其腹，斩首三千级，下韶州。其明年战于把江口，水道湍悍，戈船趑趄。公浮筏置薪，迎风纵焰。寇之焦没于水火者，终夕有声。又明年，军于滑口，于端州，于潮阳，次于广州。冬十月，斩晃、涣于泔溪，揭其首以徇。（案《代宗纪》作"十一月"，此作"冬十月"，殆夺去"一"字。）

哥舒晃和苏涣的造反，在今天的广东省内，东起潮阳，西至肇庆，北起韶关，南至广州，范围是相当广阔的；坚持了两年多之久，战争是相当激烈的。既得到少数民族的响应，也得到商人的支持，想来工人农民也是参加了的，然而终于失败了。这无疑是中了"诡计"。孟瑶、敬晃是流人，伊慎是降将，他们尽可以使用木马计，从内部来破坏堡垒。究竟是怎样的"诡计"，惜语焉不详。哥舒晃，和哥舒翰一样，当是西突厥别系突骑施族人，他对于"谋主"苏涣的计谋是否言听计从，不得而知。总之，轰轰烈烈的一场造反，持续了两年多，终于被镇压下去了。"五岭"被人"削平"了。

进一步来谈苏涣的《变律诗》吧。原诗本有"十九首"，估计是因袭《古诗十九首》的数目而撰作的一套组诗。仅存三首，其他十六首可惜不可复见了。诗是五言，正是"黄初诗"的主要体裁。仅存的三首，从内容来说，实在是别创一格。要这些诗才足以使杜甫"倾倒备至"。然而作诗的年代和地点却有问题。

南宋人洪迈在《容斋三笔》卷十七中收录了两首《变律诗》（即《养蚕》与《毒蜂》两首），据云"在广州作《变律诗》十九首上广帅"。案此说实以《中兴间气集》为蓝本。后书，前面已征引，在叙述苏涣进入岭南后，接着说"三年中作《变律诗》十九首，上广州李帅（勉）"。这仿佛认为《变律诗》十九首不是组诗，而是在"三年"之中断断续续做成的。"三年"的期限，很明显是从推算得来。李勉是以代宗大历三年十月任广州刺史兼岭南节度使，在职凡四年，他的后任就是吕崇贲。吕是大历七年十月被任为广州都督充岭南节度使（见《唐书·代宗纪》）。苏涣入广州，确切的年月虽不得而知，但总是在大历五年四月之后，故在广州与李勉相处可能有三个年头。这就是"三年中作《变律诗》十九首，上广州李帅"的依据了。

然而十九首分明是拟《古诗十九首》的组诗，决不会是在三年中断断续续做成的。到了广州，忙于实际工作，也不会有多的闲暇来从事诗作了。"上广州李帅"当是事实，然安知不是在大历五年四月以后不久苏涣初到广州时作为贽见礼而奉献的？

值得注意的是《中兴间气集》撰成于大历后不久，对杜甫的诗一首也没有选，而却把《变律诗》选了三首。把叛逆者的诗选作"中兴间气"之作，高仲武是有胆量的。幸亏他选了这三首，不然一首也不会保留下来了。这也就证明《变律诗》确是出色之作，要这样的诗才能使得杜甫"倾倒备至"。

因此，我能心安理得地相信：《变律诗》在长沙时就应该有了。杜甫所听到朗诵的，现存的三首诗一定被包含在内，让我们逐一地加以玩味吧。

《变律诗》之一：

> 日月东西行，寒暑冬夏易。阴阳无停机，造化渺莫测。
> 开目为晨光，闭目为夜色。一开复一闭，明晦无休息。
> 居然六合内，旷哉天地德。天地且不言，世人浪喧喧。

这首可以说是苏涣的宇宙观。宇宙是采取辩证的方式无休息地发展着的。天地、日月、阴阳、晦明、昼夜、冬夏、东西、开闭……由无数矛盾的对立统一而形成造化，这里没有人格神的存在。大抵是由《周易》的阴阳对立、"刚柔相推而生变化"的思想演变而来的。他主张效法"不言"的天地，注重实践。他的行事和他的这种主张相符，言行一致。因此，他的诗，读起来便不觉得陈腐、空洞，而是有他的行为作为保证的。杜甫称他为"静者"。"静者"的意思，杜甫在别的诗中曾下过界说，即"静者心多妙"（《寄张彪》），也就是说是有思想的人。其实苏涣不仅有思想，而且有行动，他大抵上是一个不言而行的人。他既不是消极的遁世者，也不是浮夸的愤俗派，而是胸有成竹的实践家。

《变律诗》之二：

养蚕为素丝,叶尽蚕不老。倾筐对空林,此意向谁道?
("林"或误作"床"。)

一女不得织,万夫受其寒。一夫不得意,四海行路难。[1]

祸亦不在大,福亦不在先。世路险孟门,吾徒当勉旃!

他是深知民间疾苦的,借养蚕女的劳心焦思以概其余。的确,锦衣玉食的人,谁知道耕织的辛苦?!"一女不得织"不仅是一女的问题,而是养蚕缫织者的共同灾难。"一夫不得意"也不仅是一男的事情,而是劳动人民的联带关系。一髪可以牵动全局,一举可系国家安危。由微可以知著,从小可以观大。涓涓之水,将为江河。笑得太早,不是太好。天下的局势是很艰险不平的,有识者能不黾勉努力吗?努力的目标是什么呢?就是要铲平险阻,争取劳苦人民能各得其所。志趣是够宏大的,但他说得相当娓婉。他之所以成为造反者的"谋主",并不是偶然的。

《变律诗》之三:

毒蜂一成窠,高挂恶木枝。行人百步外,目断魂亦飞。

长安大道边,挟弹谁家儿?右手持金丸,引满无所疑。

一中纷下来,势若风雨随。身如万箭攒,宛转迷所之。

徒有疾恶心,奈何不知几?

---

[1] 贾谊《论积贮疏》中引古语:"一夫不耕,或受之饥;一女不织,或受之寒。"殆出自《管子·轻重甲篇》"一农不耕,民或受之饥;一女不织,民或为之寒。"——作者注

这是一首讽喻诗。"毒蜂成窠"暗喻当时的政治舞台。当时的帝王将相、地方官吏、显族豪绅就是一大颗毒蜂窠。你要除去它，却不可轻率从事。一弹子打去，毒蜂群起而围攻，使得你身受万箭，无法摆脱，而终至于丢命。你虽然疾恶如仇，可惜太不懂策略（"几"）了。诗中的"挟弹儿"显然有所指。我认为所指的很可能就是李白。

　　李白生平曾经遭受过两次谗毁。第一次在天宝初年被张垍、高力士等轰出了长安，第二次是安禄山叛乱后随永王璘东巡被认为叛逆，初被囚于寻阳，后被长流夜郎。虽然在长流夜郎的途中遇赦放回，但李白以刑馀之身，在暮年还受到"世人皆欲杀"的围攻。这两次谗毁有内在的因果关系。李自豪放，写了不少忧谗畏讥、愤世疾俗之作，有时非常沉痛，非常激烈[1]。这其实就是打中蜂窠的弹子了。尽管玄宗换为肃宗，而毒蜂成窠依然还是那个局面。因而李白便不容于世而困死在当涂。

　　苏涣一定是同情李白的。他们同是蜀人，同是诗人，又同样不合乎流俗。苏涣要作诗惋惜李白，是极在情理中的事。他在舟中和杜甫见面时，所朗吟的"近诗"中无疑包含有《变律诗》，更无疑包含有《毒蜂成窠》这一首。他们除吟诗之外，也一定还交谈过李白的往事。长沙是李白曾游之地，李白受冤屈的遭遇，正好成为比较有正义

---

[1] 如《答王十二寒夜独酌有怀》中有句云："吟诗作赋北窗里，万言不值一杯水"；又"董龙更是何鸡狗！"董龙故事，见《十六国春秋》。前秦王堕好直言，右仆射董荣（小名"龙"）以佞幸进，堕疾之如仇，相见不与言。人或劝其降心相从。堕曰："董龙是何鸡狗，而令国士与之言乎？！"后为董所谗杀。——作者注

感的苏杜二人间的话题。

李白并不曾认真造反，而以谗毁终其身，苏涣说他"不知几"——不懂策略。怎样才算是懂策略呢？照着苏涣后来的行径来看，那就是要沉默寡言、发动群众认真造反吧？苏涣是这样办了，造反持续了两年半，但他也终至遭到杀身之祸。这是表明毒蜂窠太大了，整个封建社会就是颗大毒蜂窝，一个弹子自然无可奈何，弹子少了也是无济于事的。封建社会在苏涣死后还持续了一千多年，不敢弹打毒蜂窠的人，如不是自己成为毒蜂，便只好苟且偷安或潦倒至死。杜甫便是这潦倒至死一类的典型，尽管他"每饭不忘君"，尽管他反对"盗贼"——反对造反，但他的一生依然是一个悲剧。

造反诗人苏涣，在封建时代毫无疑问是一位突出的人物。他的起义虽然失败了，他的诗虽然只剩下四首（毁灭了的一定还有更好的作品），但他的造反精神是愈会被后人重视的。

如果要从封建时代的诗人中选出"人民诗人"，我倒很愿意投苏涣一票。

李白杜甫年表

年代	李白	杜甫	史事札记
武则天长安元年（701）	一岁。生于碎叶，在中亚巴尔喀什湖之南，碎叶河畔。		王维生。孟浩然十一岁。贺知章三十九岁。
长安二年（702）	二岁。		十月吐蕃寇茂州，都督陈大慈破之。
长安三年（703）	三岁。		吐蕃求婚。
长安四年（704）	四岁。		以秋官侍郎张柬之为同平章事。
唐中宗神龙元年（705）	五岁。其父李客迁居于蜀郡绵州彰明县之青莲乡。发蒙。（《上安州裴长史书》："五岁诵六甲。""六甲"即六十花甲，十干与十二支相配，盖唐时发蒙时有此课程。）		正月武后卧病。张柬之等发动宫廷政变，诛张易之、张昌宗等，使武后让位，中宗李显复辟。十一月武后去世，年八十二岁。
神龙二年（706）	六岁。		七月张柬之为武三思所杀。高适生。

305

续表

年代	李白	杜甫	史事札记
景龙元年（707）	七岁。		四月以金城公主妻吐蕃赞普。太子李重俊发兵诛武三思，未几败亡。
景龙二年（708）	八岁。		置修文馆学士，选公卿以下善属文者为之，从侍游宴赋诗，天下以文华相尚。
景龙三年（709）	九岁。		关中饥，米斗百钱。耕牛死十之八九。
睿宗景云元年（710）	十岁。读诸子史籍。		六月韦后毒杀中宗，称制，改元唐隆。临淄王李隆基兴兵攻杀韦后，其父相王李旦复辟，是为睿宗，改元为景云。李隆基被立为太子（时年二十五岁）。
景云二年（711）	十一岁。		正月癸酉可汗默啜请和。二月太子李隆基以末王成器女为金山公主，许嫁突厥默啜。三月以末王成器女为金山公主，许嫁突厥默啜。十二月召见天台山道士司马承祯言治道；谓"顺物自然而心无所私则天下治"。陈子昂卒于射洪县狱中。
玄宗先天元年（712）	十二岁。	杜甫以正月元旦生于河南巩县瑶湾。	八月睿宗禅位于太子李隆基，是为玄宗，改元。
开元元年（713）	十三岁。	二岁。	武后太平公主谋毒杀李隆基，事泄，死党甚众。以监者高力士为右监门将军，宦官之盛自此始。姚崇复为相。

306

续表

年代	李白	杜甫	史事札记
开元二年（714）	十四岁。	三岁。	玄宗自教法曲于梨园，受业乐工及官女皆称"皇帝梨园弟子"。置翰林院，招文章之士、琴棋书画术数僧道等以为翰林待诏，纳姚崇谏，淘汰天下僧尼，万二千余人还俗。二月敕母得与僧尼道士任还。禁百家母得创建佛寺，禁民间铸佛写经。
开元三年（715）	十五岁。观奇书，作赋，学剑术，好神仙。	四岁。	九月监察御史张孝嵩奉使定西域，大食（阿拉伯）等八国请降。岑参生。
开元四年（716）	十六岁。	五五岁时曾寄居于洛阳建春门内二姑母家。	六月突厥可汗默啜常为边患，为北部拨曳固所败，斩其首以献，制纸法传入欧洲。印度善无畏来。十月姚崇辞相位，荐广州都督宋璟自代。闰十二月姚崇罢相，宋璟继之。
开元五年（717）	十七岁。	六岁。寄居郾城（河南许州），曾观梨园弟子公孙大娘舞剑器浑脱。	十二月诏访求逸书。贾至生。
开元六年（718）	十八岁。读书于戴天山大匡山，依潼江赵征君蕤。任侠尚义气，喜为纵横术。	七岁。始学为诗。	正月禁恶钱。十一月吐蕃奉表请和。
开元七年（709）	十九岁。游成都，击剑为任侠，性倜傥，轻财好施。	八岁。	二月大府及府县业栗十万石，以敛恶钱，销毁之。《华严论》成。

307

续表

年代	李白	杜甫	史事札记
开元八年(720)	二十岁。冬，礼部尚书苏颋出为益州刺史，白于路中投刺，被称为"天才英丽，下笔不休"，预言将成大器。	九岁。学写大字，研究书法。	宋璟罢相，弛恶钱之禁，不空金刚来华。（按此二人与善无畏合称为"开元三大士"，印度金刚智、不空金刚智、善无畏。）
开元九年(721)	二十一岁。	十岁。	九月姚崇卒，年七十二。十二月《史通》作者刘知几卒。领国史衔历，僧一行造大衍历。
开元十年(722)	二十二岁。游峨眉山。隐居青城，养奇禽千计。	十一岁。	八月内侍杨思勗平安南梅叔鸾。为宦官专兵之始，卜相占候不得入百官之家。北庭节度使张孝嵩破吐蕃。
开元十一年(723)	二十三岁。在青城山。	十二岁。	十月置温泉宫于骊山，以教坊女弟子着五色衣歌舞之，初制《圣寿乐》，元结生。
开元十二年(724)	二十四岁。在青城山。	十三岁。	七月以内侍杨思勗为辅国大将军，宦者为大将军始于此。
开元十三年(725)	二十五岁。初出蜀，庆三峡，南游洞庭，在江陵遇司马承祯，作《大鹏遇希有鸟赋》。	十四岁。出与文艺人等交游。在洛阳岐王李范宅等处听李龟年乐曲。	四月内集仙殿为集贤殿。十月封泰山，天仪成。十月作水运浑天仪。
开元十四年(726)	二十六岁。游襄汉、扬州、金陵，东下金陵，上庐山，东下金陵、扬州，作客汝海。	十五岁。身体壮健，八月梨枣熟，自云每日能上树下摘枣。	正月岐王李范卒。天下户口七〇六九万五五五，四一四一万九七一二口。

308

续表

年代	李白	杜甫	史事札记
开元十五年（727）	二十七岁。还息云梦，故相许圉师家以闺孙女妻之，留居安陆。	十六岁。	徐坚等纂《初学记》成。吐蕃入寇凉州，河南节度使王君㚟破之。苏颋卒。年五十八。
开元十六年（728）	二十八岁。在安陆。江夏，有《早春于江夏送蔡十还家云梦序》及《黄鹤楼送孟浩然之广陵》诗，长女平阳（小名"明月奴"）始生于此年。	十七岁。	吐蕃屡次入侵，正月、七月、八月屡败之。八月施行《开元大衍历》。
开元十七年（729）	二十九岁。在安陆。	十八岁。	三月朔方节度使信安王李祎破吐蕃，拔石堡城。私安铜锡及以铜为器，采铜铅锡为钱。八月以民间多盗铸钱，禁止安铜锡及以铜为器，官家收灭之。
开元十八年（730）	三十岁。春夏之交经南阳赴长安，居终南山，识贺知章，崔宗之、王真公主"三十人。（《上韩荆州书》）"文章，"历抵卿相"之游证，为"酒中八仙"之游，游坊州、邠州等地。	十九岁。游晋，至郇瑕（今山西猗氏县）。未几，回洛阳。	十月吐蕃求和，许之。张说卒，年六十四岁。释智昇撰《开元释教录》。
开元十九年（731）	三十一岁。春回长安，仍居终南山。夏离长安，由黄河东下，寄居梁园（今开封附近）。	二十岁。游吴越，过金陵，下姑苏，渡浙江，泛剡溪。尝游金陵瓦官寺，见顾恺之壁画——维摩诘像。	宦官势力大盛。高力士受宠信，四方表奏尽先送力士。吐蕃称金城公主求《毛诗》《春秋》《礼记》两京及诸州各置太公庙，以张良、诸葛亮、李靖、乐毅、白起、韩信、孙武、李勣为"十哲"，配享。十月玄宗起东都。

309

续表

年代	李白	杜甫	史事札记
开元二十年（732）	三十二岁。《送梁公昌从信安王北征》，旋返安陆。	二十一岁。游吴越。	正月以信安王李祎为河东、河北两道行军副大总管，击奚、契丹，大破之。四月户口：七八六万二三六户，四五四三万一二六五口。
开元二十一年（733）	三十三岁。在安陆。	二十二岁。游吴越。	左丞相宋璟致仕。张九龄同中书门下平章事。玄宗自注《道德经》，令学者习之。
开元二十二年（734）	三十四岁。游襄阳，经汝海，识韩荆州，游龙门，洛阳。与元丹丘借游嵩山。	二十三岁。游吴越。	正月玄宗赴东都。二月以荆州刺史韩朝宗兼山南东道采访使。张九龄为中书令，幽州节度使张守珪大破契丹。口分田、永业田。以方士张果为银青光禄大夫，由是颇信神仙。
开元二十三年（735）	三十五岁（演？）参军。冬东都，与焦郡夫人结交。旋同赴太原，游晋祠。	二十四岁。归东都，赴京兆贡举，不第。	正月在东都耕藉田。大赦天下，都城辅三日，下令百二百里内剌史、县令以乐进。宽为移廉。十一月册杨玉环为寿王妃。玄宗修《老子义证》八卷。韦应物生。
开元二十四年（736）	三十六岁。移家东鲁，寓居任城，与孔巢父、韩准、裴政、张叔明、陶沔会于徂徕山，号"竹溪六逸"。	二十五岁。游齐鲁。（父杜闲，时任兖州司马）与苏源明结交，时源明读书东岳中。	四月张守珪平户讨击使安禄山讨奚、丹，大败，执送京师。玄宗敕免之，林甫不听。十月还西京。张九龄罢相，以李林甫兼中书令，大权独揽。
开元二十五年（737）	三十七岁。居东鲁。伯禽始生于此年。	二十六岁。游齐赵。（行踪不详。）	四月张九龄贬荆州长史，王维为监察御史。十一月宋璟卒。

310

续表

年代	李白	杜甫	史事札记
开元二十六年(738)	二十八岁。游洛阳。	二十七岁。游齐赵。	正月令州县里皆置学。三月杜希望攻拔吐蕃新城，以为威武军。六月张守珪大破契丹。立忠王李亨为太子。润州刺史齐澣开伊娄河。
开元二十七年(739)	二十九岁。由洛阳去淮南。秋在巴陵与王昌龄相遇。李有《巴陵赠李十二》诗，时王谪岭南。）冬元参军南下，同往随州，与元丹丘同学道于胡紫阳。	二十八岁。游齐赵。	八月追谥孔子为文宣王，使孔子南向坐，与周公旦平列，先是周公南向，孔子东向配享。盖嘉运大破突骑施于贺叶城（在今苏联哈萨克共和国巴尔喀什湖之南），摘其王吐火仙。
开元二十八年(740)	四十岁。春游南阳，旋返东鲁。许氏夫人殆卒于此年。	二十九岁。游齐赵。父杜闲尚在兖州司马任中，往兖州省亲。	张九龄卒。以寿王妃杨玉环为道士，号太真，时年二十二岁。西奚叛灭亡，连年丰收，京师米价酮木满二百。王昌龄游襄阳。孟浩然卒。
开元二十九年(741)	四十一岁。居东鲁。	三十岁。归东都。筑陆浑庄子偃师县西北二十五里首阳山下。与夫人杨氏结婚。	正月两京诸州各置玄元皇帝庙，崇祀老子。以老、庄、文、列为"四子"。习成、准明经考试，都督、谓之"道举"。八月以安禄山为营州都督，充平卢军节度使。玄宗亲注《金刚经》并修《文诀》。九月吐蕃陷甘肃境内石堡城。十月吐

311

续表

年代	李白	杜甫	史事札记
天宝元年（742）	四十一岁。春在东鲁，旋南下。孟夏登泰山，与道士吴筠共居剡中。吴筠应诏赴京，荐之于玄宗。秋应诏入京，被召见于金銮殿，命供奉翰林。	三十一岁。在东都。	正月得"灵宝"于尹喜故宅（在河南灵宝县），因改元。"有儒学博通，文辞英秀及军谋武艺者，所在具以名荐"。二月封庄子、列子、文子、庚桑子均为"真人"，所著称为"真经"。改侍中为左相，中令为右相。八月李适之为左相。九月两京玄元庙改为"太上玄元皇帝宫"。十月造长生殿。
天宝二年（743）	四十二岁。在长安，数侍游宴。醉中被召见，曾引足令高力士为之脱靴。	三十二岁。在东都。	正月安禄山人朝。三月江淮租庸转运使韦坚引浐水作广运潭告成，改西京玄元宫为太微宫，东京玄元宫为太清宫。李林甫领吏部尚书。
天宝三年（744）	四十四岁。春在长安。有诗送贺知章还乡。为高力士、杨玉环、张垍等人所毁，诏许还山，赐金放还。三月出京，经由商州东下。孟夏与杜甫相遇于洛阳，陈留访采访使李彦允，托请北海高如贵道士为授道箓。又与高适相遇，高、杜、李等地。人同游梁宋中等地。至齐州，从高如贵受道箓于紫极宫。岁暮还东鲁任城。	三十三岁。春在东京。与李白、高适相遇，同游梁宋。冬，豪饮畋猎。北渡黄河，登王屋山访道士华盖君，到齐州，访北海太守李邕。十月朔日，与李白、高适等同饮于李邕宅。	正月贺知章请度为道士还乡，遣左相以下饯别于长乐坡。度使。改各州玄元宫为紫阳宫。寿王妃杨太真（玉环）入宫。

312

续表

年代	李白	杜甫	史事札记
天宝四年（745）	四十五岁。春夏居任城。秋初至鲁郡（兖州）与杜甫相晤，同游甚密。取道邗州、扬州，秋末赴江东。冬末北赴苏州中。	三十四岁。再游齐鲁，李之芳为齐州司马，甫任之。秋初到鲁郡（兖州）自任城来会。与李白自任城来会后，二人从此无再见期。	八月册杨太真为贵妃。旧制："戍边者免其租庸，六岁而更。"边将耻败，士卒死者不申报，户口色役使王铁皆以为避课，岁之外悉其租庸，有征至三十年者，民无所诉。王铁岁进线百亿万缗，以供天子燕私。玄宗以为能。十月以王铁为御史中丞，京畿采访使。改两京波斯寺为大秦寺（天主教堂）。
天宝五年（746）	四十六岁。春初在苏州。后盘桓于扬州、安宜、淮安等地。秋间复返扬州，任此度岁。	三十五岁。由东京赴长安，与王维、岑参、郑虔、李邕、驸马郑潜曜（饮中八仙歌）等交游，《饮中八仙歌》当作于是时。	左相李适之罢。李林甫专权。嗣为河西、陇右节度使，兼领朔方、河东、与吐蕃战于青海、积石，皆大捷，讨吐谷浑，房其全部而还。
天宝六年（747）	四十七岁。春初在扬州。仲春游金陵。居当涂横望山（隐居山）颇久，秋间游会稽，旋返金陵。此后寓居金陵。	三十六岁。在长安应试落第。元结同遭此厄。	正月李林甫遣人杖杀李邕、裴敦复。诏求天下通一艺者诣京师应试，李林甫遽制之，"野无遗贤"。林甫上表称贺（今河北雄武城，今河北蓟县东北）。十月玄宗赴骊山温泉，改名为华清宫。十一月王忠嗣被安禄山必反，被贬为汉阳太守。以哥舒翰为陇右节度使，讨小勃律。十二月以高仙芝为安西四镇节度使，房其王归。

313

续表

年代	李白	杜甫	史事札记
天宝七年（748）	四十八岁。西游霍山。至庐江郡睎郡守吴王李祗，旋返金陵。	三十七岁。韦济求荐举。（善人分书）与书人分书）结交。	四月以高力士为骠骑大将军。十月玄宗在华清宫。杨贵妃三姊并为国夫人；以杨钊（国忠旧名）判度支。十二月哥舒翰筑城神武军于青海上，又筑城于龙驹岛以御吐蕃。封河南尹韦济为尚书左丞。
天宝八年（749）	四十九岁。在金陵。	三十八岁。冬日归东都，在玄元皇帝庙中观吴道子壁画。	闰六月册上老子"玄元皇帝"尊号。哥舒翰拔石堡城，攘吐蕃四百人，唐兵死者数万。不空和尚归自印度，携回《密藏方经·论》五百余部，是为密宗之始。以石堡城为神武军，哥舒翰加摄御史大夫。忠嗣卒。
天宝九年（750）	五十岁。在金陵。五月至寻阳，秋同北上游东鲁。《答王十二寒夜独酌有怀》诗当作于此时。诗中讥讽哥舒翰石堡之役，并伤李邕与裴敦复之被杀。	三十九岁。赴长安，与郑潜交游甚密。先后赠诗张垍以《雕赋》投延恩匮，不报。秋，长子宗文当生于是年。	五月封安禄山为东平郡王，置此七月封置"郑度"。玄宗题为博士。郑虔献诗书、画，玄宗题为"郑虔三绝"。杨钊献诗八月安禄山兼河北道采访处置使。入朝，荐杨国忠弟鉎妹往迎于戏水。国忠荐蜀郡土豪鲜于仲通为剑南节度使。
天宝十年（751）	五十一岁。春返南阳访元丹丘，秋至南阳所居梁园。北游塞垣，有《古风》《羽檄如流星》诗（二十四）讽剌鲜于仲通与杨国忠用兵云南之役刺民，又有《幽州胡马客歌》刺安禄山。	四十岁。献《三大礼赋》，命待制集贤院颇狼狈，应乃李林甫之嫉，生活困窘食国史分道捕人百余里，大败，深人百余里，大败，有《杜位宅守岁》诗纪之。	正月朝献太清宫、朝享太庙、有事于南郊（即杜甫所赋"三大礼"）。以安禄山兼河东节度使。四月剑南节度使鲜于仲通讨南诏，大败。募兵，无人应募。杨国忠遣御史分道捕人，押送人军，死亡相继。八月安禄山讨契丹亦大败，仅以二十骑逃归。十一月以杨国忠领剑南节度使。孟浩然卒，冬参于是年秋，高仙芝到长安。

314

续表

年代	李白	杜甫	史事札记
天宝十一年(752)	五十二岁。春游广平、邯郸等地，北游蓟门。秋抵幽州，目击安禄山之跋扈，有忧国之忠。曾在边地游猎，自言"一射两虎，一射中双鸟"。任黄金台上怀燕昭王而痛哭。	四十一岁。在长安，应召试文章无结果。三月归洛阳，旋返长安。与高适、岑参据共登慈恩寺塔，同储光羲、薛辞。在长安相聚，同储光羲、薛据共登慈恩寺塔，有《奉赠鲜于仲通二十韵》，求鲜于仲通向杨国忠推荐。	二月癸厥阿布思为回纥所破，安禄山诱降之，禄山部下劲兵益多。四月户部侍郎王铁因罪赐死，礼部员外郎崔国辅以铁近亲，贬竟陵司马。五月以杨国忠为御史大夫兼京畿采访使，凡王铁职务皆归之。秋，哥舒翰入朝，其幕僚高适同来。十一月右相李林甫卒，以杨国忠为右相兼文部尚书。杨国忠引鲜于仲通为京兆尹。
天宝十二年(753)	五十三岁。春归魏郡(河北大名县东)。再游大梁。旋经洛阳返梁未原，由梁南下，秋至宣城，复至金陵。	四十二岁。在长安。作《丽人行》，讽刺杨国忠一门权势。作诗《投赠哥舒翰二十韵》，希望暖引入幕，秋次宗武生。	正月鲜于仲通讽选人请为杨国忠刻颂，立于省门。安禄山与杨国忠有隙，国忠厚结哥舒翰以为己援。秦以翰兼河西节度使。玄宗照例西平郡王、京师森雨，米贵。杨贵妃及其三姊皆同行。段籀选《河岳英灵集》(起永徽至五年本年)，未选杜甫诗。
天宝十三年(754)	五十四岁。游广陵万(后改名为颍)，自王屋山来访，遇历越中，在此相遇。与魏万同赴金陵，泛舟于秦淮。在金陵以诗文稿托魏万，后魏万为《李翰林集》(今佚，序存)。与魏万别后，往来于宣城、秋浦、南陵等地，曾游黄山。《秋浦歌》十七首中有歌咏矿冶之工人之作，作于此时。	四十三岁。在长安。与郭度恒萧饮。作《醉时歌》。晚春游何氏山林，有归山天田之念。与岑参兄弟同游渼陂。卜宅长安城内下杜。亲往洛阳移家来京，作《秋雨叹》三首；诗二十韵》求汲引，作《上韦左相(见素)诗二十韵》求汲引，进《封西岳赋》。挚家往奉先安置。	正月安禄山入朝，加左仆射，兼闲厩群牧使。二月加杨国忠为司空。八月以韦见素为户部侍郎。是年户部奏天下郡三十余，县一，秋雨积六十余日，关中大饥。五品八；乡一二，八二九，户九，〇六九，一五四；口五二，八八〇，四八八，户口在唐代是极盛。苏源明为国子司业。

315

续表

年代	李白	杜甫	史事札记
天宝十四年（755）	五十五岁。在宣城郡，旋赴寻阳。此时夫人宗氏在梁苑，有书寄白，望其北归。《秋浦寄内》诗云："我自入秋浦，三年北信疏。……"有自梁苑遣人携五色鱼，开缄得锦字，归向内赠》诗，同时有《自代内赠》诗，始宗氏自作。)秋季返梁苑。不久，有安禄山反叛，苍黄南奔。有女宗氏适顿真。（翌年三月所作《扶风豪士歌》中有"我亦东奔向吴国"句，《猛虎行》又有"身身南避胡兵"句，所言，均此时避难河东南逃亡时事。）千里阻同年，复任来于金陵、宣城等地。	四十四岁。与郑虔、苏源明过从甚密。复夏至白水，勇氏舅随崔顼至至时已暂摄县令，秋随崔顼至奉先。十月回长安，旋改授右卫率府兵曹参军。任奉先县。在奉先县咏怀五百字》纪其事。应驸马郑潜曜之请，嫁叔皇甫氏生鄂王李、瑶与临晋公主，作《皇甫氏生鄂王李神道碑》（皇甫氏生鄂王李瑶碑文》）死于开元二十三年乙亥。载之再也，故知甫文必作于二十年后，误以为甫文天宝四年乙酉，时杜甫仅三十四岁，不得自称为"白发野老"。）	二月许东都将以蕃将代汉将。四月安禄山以蕃将代汉将。山请以东都洛阳之兵赴蓟门以益军额，许配马夫二名，以蕃将二十二人护送，河南尹达奚珣疑其有变，奏请止之。遣中使辅出诏之。十一月安禄山以十五万人反于范阳，陷河北诸郡。安西节度使封常清入朝，断河阳桥作守卫之备。以郭子仪为朔方节度使，平卢节度使张介然为河南节度使，荣王李琬为元帅，高仙芝副之。张介然陷于陈留，高仙芝副之。封禁，安禄山陷东都洛阳。以永王李璘为山南节度使（治襄阳），管襄阳、江北、陕西终南山南诸郡多沦陷。管猪潼关，和林格尔南诸郡县为副元帅。守潼关。禄山犯长安以哥舒翰为副元帅。卑乎陷长安，不周怀恩为大使。常青。以李哥舒翰为副元帅。常青。以李哥舒翰为副元帅。河北诸郡皆响应，安禄山反后，郭子仪使李光卿，常山太守颜杲卿起兵讨贼，杨国忠劝玄宗幸西蜀。待百万众，高适拜左拾遗，转监察御史。赐白万俊，高适拜左拾遗，王昌龄为向丘尉所杀。

316

续表

年代	李白	杜甫	史事札记
天宝十五年—肃宗至德元年(756)	五十六岁。春在宣城,当涂,溧阳之间。始熟识四流长方于中途路,出希望玄宗征伐之意。作乐阳府《胡无人》《扶风豪士歌》,作《猛虎行》。有《西上莲花山》诗(《古风》五十九首之十九),盖指安禄山陷洛阳、"俯视洛阳川,茫茫走胡兵,流血涂草野,豺狼尽冠缨"之句,当作于洛阳陷后。长安尚未失守之前。秋在余杭,隐居庐山屏风叠。永王李璘三次招之下山,从之。宗氏夫人阻之,不从;第三次次使者为谋主,白从东下,宗之璘舟东下。白有《别内赴征》三首、《在水军宴》及《在水军宴赠幕府诸侍御》及《在水军宴韦司马楼船观妓》诸诗。	四十五岁。正月留奉先,二月回长安,家人团聚,四月离长安赴奉先,携家至白水依崔顼。罢家逃难,经华原县,沦陷。三川县离而至鄜州,寄家羌村。八月离鄜州单身赴延安,投奔灵武,被送至长安,得出,出青坂。在长安写《哀王孙》《悲陈陶》《悲青坂》诸诗,时时念念鄜州家小。	正月安禄山在洛阳,自称大燕皇帝,将史思明陷常山,颜杲卿死难。郭子仪、李光弼兵出井陉,大破史思明。(纪万子)二月李光弼(河东节度使,分朔方兵)真源(河南鹿邑)令张巡起兵雍丘魏郡,河北李光弼大败史雍正(纪郡)太守,河北十余郡复。四月以来贼为颍川(许州)太守之。项郭子仪、李光弼大破史思明于嘉山(河北曲阳县东),复河北十余郡。六月九日哥舒翰与贼战于灵宝,大败,十二日黎明贼陷潼关。十四日至马嵬驿,杀杨国忠、杨贵妃。南行太子至李亭东向讨贼,降贵妃。长安沦陷。七月李亭即帝位于灵武,改元。以李光弼充天下兵马元帅,遣永王璘赴江陵,崔焕等知节度即命化,乃命韦见素、韶宗由顺化至彭原,以房琯为招讨兵月之二十一日与贼战,败之。十一月郭子仪率回纥等众与安禄山战于河上,引水师东下。肃宗会师讨永王。青徐山高适为淮南节度使,肃宗亲领河西北陇度支副使,来瑱、大开捐献,安官爵,以助军食不足。参领伊西北陇度支副使,陷贼,青贼装贼,后密奉灵武。

317

续表

年代	李白	杜甫	史事札记
至德二年（757）	五十七岁。正月作《永王东巡歌》，二月永王兵败，白逃彭泽，系寻阳狱中。宗氏夫人为之奔走营救，御史崔涣、宣慰大使崔涣、若朴末中丞宋若思参谋军事，若思释其囚，走河南讨贼，求朝廷录用。思上书荐白，十一月卧病宿松山。敕定罪长流夜郎，初因玄宗回长安，"赐民五日"，白有《流夜郎闻不预》一诗报。	四十六岁。陷居长安，作《哀江头》。郑虔谪台长安，杜甫潜校凤翔，有《喜达行在所》三首。五月十六日授左拾遗，房琯罢相，融肃宗怒，杜甫疏救，张镐救解之，同岑参为右补阙。	正月安庆绪杀其父安禄山，等围攻太原，李光弼大败之，原至凤翔境内，肃宗遣使和亲。三月吐蕃遣使和亲。四月郭子仪天下兵马副元帅，败床武功，退床武功，匹于张镐同平章事。九月收复西京。十月肃宗节度使，收复东京。十一月张镐还长安，苏宗发凤翔还京，安史宗由成都还长安。十二月李光弼司空，加河南节度使，史思明、乞食者属路。
乾元元年（758）	五十八岁。至江夏。江西上，留公作匀长夏曾云与张相公出镇荆州题。子弟一与陈补阙公自江夏，余时同流夜郎，公寄张左相荆余从吏去千里。五月五日瞻余诗，八月见天送车寄罗衣二诗涴州，同泛舟饯别郎官湖，十月册立太子，大赦天下，白被除外，有诗《放后遇恩不沾》。	四十七岁。在左拾遗任内，与王维、岑参、贾至同朝列，时相唱和，有《至镇汝州刺史，杜甫贬华州司户。秋尝往蓝田访崔兴宗，并访王维别业（宋之问故宅）。是年首为华州刺史，冬末归鄜州，军闲，又有《进灭残寇形势图状》。	二月李辅国依附淑妃张良娣，权倾朝野。四月史思明复反，五月立张良娣为后。五月严武贬巴州刺史，贾至贬岳州司马，房琯贬邠州刺史，刘秩、严武贬汝州，杜甫贬华州司户。七月以李嗣业行营节度使。八月以郭子仪等九节度使讨安庆绪，命李光弼、王思礼节度使走救卫州。十月李思礼破郑城，围之。十一月史思明河南汲县。王思礼败王师于相州（治今河南安阳）。王思明子敬悉贬岳州，王以财赋恶归内库，第五琦为度支盐铁使，请以财赋悉归内库，自是国家财富悉人主私概。

318

续表

年代	李白	杜甫	史事札记
乾元二年（759）	五十九岁。江行上三峡，途中，行至巫山遇赦，返舟回江陵。有"千里江陵一日还"之作。至江夏游岳阳，游李邕宅，修静寺。适贾至贬岳州司马，泛洞庭，与少年僧人怀素相遇，诗美其书法。	四十八岁。二月自陆浑山庄至东京，返经新安，不久自东京往华州。目睹离乱，作《三吏》《三别》，因饥懂，初夏回华州。弃官任秦州。是时不知李白之况，赋诗怀念，颇多唱赠。十月离秦州往同谷。十一月一日往成都。	正月李嗣业卒于行营，大赦。二月因关内大旱，史朝义杀安庆绪，入邺城收其众。九节度使兵因大旱饥懂，郭子仪断河阳桥，保守东都。五月子仪出任彭阳节度使，以邺河阳行营节度使。六月召郭子仪还京师。七月裴冕为成都尹，李光弼代之。为朔方节度使，史思明复陷东京。十月史思明攻河阳，李光弼大败之。
上元元年（760）	六十岁。春由零陵折返岳阳，旋《鹦鹉洲》诗，复往寻阳，作《庐山谣寄卢侍御虚舟》。寓居橡草。	四十九岁。居成都草堂。于浣花溪畔营草堂，秋应裴迪之邀，游新津，至彭州晤高适，旋返成都。	正月以李光弼为太尉，兼中书令，河阳破史思明于河阳西渚，授怀州。差称兵，以邺子若幽代领邓、宁、鄜、坊为鄜防镇之。六月田神功败史思明于郑州，七月李辅国迁玄宗于西内，高力士配流巫州，史光弼为蜀州刺史。斗米千钱。
上元二年（761）	六十一岁。曾游金陵，历阳二郡间，往李光弼东征临淮，行至金陵半途而返，因病"腐胁胸症"。（此公计当为肠胃冰，即日告逝。估计当就李阳冰，即当涂涂当涂养病。	五十岁。岁首回至新津，扩充成都草堂。八月草堂茅为秋风所破，即作新津。腊月任新津。桥成后，夜泛舟，自成都返蜀州（今崇庆县），与高适相遇。	二月李光弼与贼战于北邙山，败绩。怀州史朝义寇陕州，神策军节度使卫伯玉拒之。三月史朝义杀其父史思明，自称大燕王。四月川史光弼败。五月史光弼进位太尉，充河南副元帅，都统河南、淮南、东道五道节度行营，镇临淮。八月李辅国加兵部尚书，封郑国公，俄罢其相。又叙绵州，租庸使元载加刑部侍郎，暴动四起，十二月合剑南、东西两川为一道，以严武为成都尹兼御史大夫镇蜀。王维卒。

319

续表

年代	李白	杜甫	史事札记
代宗宝应元年（762）	六十二岁。暮春曾往横望山，与吴筠道士告别，有《下途归石门旧居》以纪其事。（此诗表明李白已从道教漫性化，成胸症慢性化，向陶弘靖穿孔，爱诗为"腐胁疾"之一"竟遭腐胁疾"。）十一月卒于李阳冰，死前以诗稿付李阳冰，嘱终为编次。去世时赋《临终歌》一首。	五十一岁。访草堂。七月严武入朝，甫送之至绵州，转赴梓州就章彝。由成都迎家来梓，吊陈子昂故居，游射洪，吊郭元振遗迹，《寄李白》诗，访郭元振遗迹，游通泉，欣赏薛稷壁画。（皮日休《七爱诗》之一"情况已了如指掌，有"老岭秋月下，病起暮江浜"句，指白养病于暮江涨无疑。	三月郭子仪进爵汾阳王。四月玄宗、肃宗父子相继去世。李辅国杀张后与越王系，代宗即位，乃发丧，号"尚父"。六月辅国进爵博陆王。以高适为成都尹。严武，监修二帝山陵。召还严武，剑南兵马使徐知道反，以兵拒剑阁。严武不得出。八月知道被高适击败，为老将所杀。十月以雍王适为天下兵马元帅，会诸道节度使及回纥兵于陕州，进讨史朝义，辅国被暗杀。收复东京、河阳。
广德元年（763）		五十二岁。春在梓州。历游涪城、盐亭、汉州等地，秋往阆州。回梓州，再游汉州，屡动出峡之念。未果。八月四日房琯病卒于阆州。秋僧舍，杜甫有作品。二十二日祭房琯，有文。屡有诗及吐蕃入寇，甚沉痛。是岁曾被任为严武功曹参军（殆由严武推荐），因已定计出峡，不就。	正月史朝义败走莫州，唐军围之。朝义往幽州发兵，叛将田承嗣以莫州降于唐。朝义至，不得入，以数百骑东奔。怀仙取其首以献。追废之，朝义自缢。怀仙人，葬河陇。三月葬玄宗于泰陵，葬肃宗于建陵。尽取奉天。八月房琯拜特进刑部尚书，回京前卒于阆州。十月吐蕃入寇，代宗出奔陕州，关内副元帅郭子仪反攻，回京师，武功，京师焚掠一空，吐蕃遂入长安，郭子仪反攻，京师焚掠一空，吐蕃陷松州、维州、保州。云山。十二月代宗还长安，吐蕃陷新城，高适不能御。

320

续表

年代	李白	杜甫	史事札记
广德二年（764）		五十三岁。春初携家住阆州，以便由水路南下至渝出峡。三月闻严武再任东西川节度使，复挈家回成都。六月严武荐杜甫为节度使署中参谋，检校工部员外郎，赐绯鱼袋。七月李光弼卒于徐州。九月吐蕃陷邠州，颖来成都相晤，拓地数百里，弟丰画《丹青引》赠画师曹霸亦郑虔死于台州，苏源明饿死于长安，有诗哭之。	正月立雍王李适为太子。以严武为剑南东西川节度使。要章彝为梓州刺史东川留后，彝将人朝，严武杖杀之。三月以太子宾客刘晏为河南江淮转运使，使关辅粮道复通。六月关中蝗，米斗千钱，晏为左散骑常侍。七月李光弼卒。九月严武蔡吐蕃，破吐蕃七万众。拔当狗城。十月收吐蕃盐川城。江南道观察使张怀恩引仆固怀恩小，破天，长安戍严。十一月吐蕃奉天。诏郭子仪出镇奉天。比天宝十三年，全国人口只一六九〇万余，有诗悲乱，全国人减少将近十分之七。
永泰元年（765）		五十四岁。正月三日解除幕府职务。四月严武死。五月携家离成都，乘舟南下，经嘉州，戎州，泸州，渝州，至云安养病。	正月左散骑常侍高适卒。加严武检校兵部尚书。四月西川节度使严武卒。九月杜鸿渐为西川节度使成都尹。五月仆固怀恩诱回纥、吐蕃、党项奴剌数十万众人寇，子仪屯泾阳，因啖英义，逐一击破之。郭英义，为普州刺史韩澄所杀，蜀中大乱。
大历元年（766）		五十五岁。春在云安。夏初有诗寄嘉州刺史岑参，迁往夔州，得柏茂琳之照拂，使主管东屯公田百顷，襄西溪柑林四十亩。	正月以杜鸿渐为山南西道、剑南东、西川节度副元帅；以岑参为嘉州刺史，鸿渐至蜀，请以节度使让崔旰、柏茂琳为夔州都督。八月杜甫以夔州税钱十五，请田头每亩二十，又有地头钱每亩二十，方亩青苗即征之，通号"青苗钱"。第五琦分理天下财赋。

321

续表

年代	李白	杜甫	史事札记
大历二年（767）		五十六岁。在夔州。春末茂琳常遣人为送疏柴来，弟杜观来省视，不久归蓝田迎新妇（侄妇）返江陵。眼暗息症（耳聋），病肺（疟）是十月十九日在夔州别驾元持宅观李十二娘舞剑器，作《公孙大娘弟子舞剑器行》。	正月复分剑南东、西川为二道。二月郭子仪入朝。代宗好祠祀，宰相元载、王缙、杜鸿渐皆佞佛以迎合之。营禁中祀僧百余人，寇至令诵《仁王经》以拒之，寇退厚加赏赐，胡僧受尊宠，势移权贵，下僚承风，皆废事事佛。九月吐蕃寇邠州、灵州，十月朔方节度使路嗣恭破吐蕃于灵州城下，吐蕃引去。
大历三年（768）		五十七岁。正月初旬仍在夔州。中旬出峡，将襄西果园四十亩赠吴南卿。三月抵江陵。人从弟杜位宅。秋移居公安，舟泊近岳阳，岁暮离公安，泊岳阳。是年七月岑参卸嘉州刺史职，东归江陵，道阻，淹滞戍沪间，二人未得相遇。赋《登岳阳楼》诗。	四月崔旰入朝，加检校兵部尚书，赐名宁。遣还蜀。五月杨子琳人据成都，崔宁安氏募兵击之。六月幽州兵马使朱希采为节度使使李怀仙，自称留后。同六月成德军节度使李宝臣反，朝廷竞武以希求知留后。八月吐蕃分兵人寇灵武，邠宁、京师戒严。邠宁节度使马璘击吐蕃，大败之。九月朔方骑将李晟，引去。十二月以马璘为泾原节度使，使郭子仪移朔方兵镇邠州，以御吐蕃。韩愈生。
大历四年（769）		五十八岁。正月初仍泊岳阳城下。不数日即驶去。二月初三抵湘潭县。二月酱石浦，继续向衡州，三月抵潭州，四月回棹至潭州寄死，与苏涣相识。	二月杨子琳杀夔州别驾张忠罪。以岭方杀夔州别驾张忠罪，三月衡州刺史韦之晋迁潭州刺史，衡州刺史崔瓘为潭团练观察使。十月杜鸿渐卒，七月以澧州刺史崔瓘为潭团练观察使。十月杜鸿渐卒，十二月初四裴冕卒。以裴冕参军于成都。

322

续表

年代	李白	杜甫	史事札记
大历五年（770）		五十九岁。春居潭州舟中。正月二十一日追和高适人日相忆诗，数"海内忘于年前人"不及岑参。知岑死于戍年前岁末。遇李龟年。奂同避臧玠之乱于衡州。行至耒阳遇大水，且令聂贵以牛酒。天热肉腐，中毒死。	三月鱼朝恩伏诛。四月十日湖南兵马使臧玠杀潭州刺史崔瓘，据城作乱。澧州刺史杨子琳、道州刺史裴虬、衡州刺史阳济出兵讨之。五月以羽林大将军辛京畿为潭州刺史，湖南观察使。七月京畿大饥。十一月吐蕃复寇灵州。是年青苗钱亩加一倍。

图书在版编目（CIP）数据

李白与杜甫 / 郭沫若著. — 北京：北京联合出版公司，2021.9（2024.9重印）
 ISBN 978-7-5596-5340-6

Ⅰ.①李… Ⅱ.①郭… Ⅲ.①李白（701-762）—人物研究②杜甫（712-770）—人物研究 Ⅳ.①K825.6

中国版本图书馆CIP数据核字(2021)第106949号

李白与杜甫

作　　者：郭沫若
出 品 人：赵红仕
责任编辑：夏应鹏

北京联合出版公司出版
(北京市西城区德外大街83号楼9层　100088)
北京联合天畅文化传播公司发行
北京美图印务有限公司印刷　新华书店经销
字数224千字　840毫米×1194毫米　1/32　10.5印张
2021年9月第1版　2024年9月第7次印刷
ISBN 978-7-5596-5340-6
定价：58.00元

版权所有，侵权必究
未经书面许可，不得以任何方式转载、复制、翻印本书部分或全部内容。
本书若有质量问题，请与本公司图书销售中心联系调换。
电话：010-64258472-800